本书得到东华大学人文社科出版基金资助

秦德君 ◎ 著

公共城市的地平线
超大型城市治理的问题、特性与逻辑

复旦大学出版社

人类用了5 000多年的时间,才对城市的本质和演变过程有了一个局部的认识,也许要用更长的时间才能完全弄清那些尚未被认识的潜在特性。

——[美]刘易斯·芒福德:《城市发展史》

城市的建设者必须仰望天空,但也必须脚踏实地。

——[美]爱德华·格莱泽:《城市的胜利》

前言

超大型城市是人类地平线上的新现象，是人类城市文明的新形态。日益产生着巨大影响力的超大型城市有着极高的公共性，这种公共性主要是指它超地域的巨大影响力和不断加剧的"全球性"特性。

超大型城市有着极高的治理性，即它的发展状况很大程度上取决于其治理行为的科学性。超大型城市治理的实质，是对城市现代性进行"重整"，它是一种革命性变革，是一种颠覆性城市创新。

今天城市效率以及很多治理命题，都产生于城市"超大"和公共性这一基点上。城市体量规模发展到一定阶段，就成为地域城市群的领袖，就产生"量变到质变"的裂变而成为世界重要城市序列的参与者。揭示"超大"与公共治理方式、公共治理思路、公共治理手段之间的关系，成为必要。

本书研究的一个重要背景，是长三角一体化国家战略的实施、长三角城市群的崛起和国家治理体系与治理能力现代化的推进。上海作为中国"城市样本"之一，在城市治理中遇到的许多问题具有先期性，其探索性、公共性、引领性不断增益。

超大型城市作为一种"型构"，已超出一般城市分析方法的视界。本书立足于超大型城市的特点和规律以及城市治理的新探索展开研究，注重对超大型城市内在问题的研究，如分析超大型体量与公共治理之间的动态关系，城市、人、自然三者之间的关系，人在城市中的位置等。在城市概念、文化观念、治理理念以及如何构建具有远见卓识的超大型城市现代化治理体系等方面，有诸多新的探索和思考。

目录

导论 ········· 1
  一、研究背景、研究对象、核心概念 ········· 2
  二、现象范围、相关理论、研究方法 ········· 9
  三、本书的理论结构 ········· 18

第1章 城市、城市社会、超大城市治理特性 ········· 21
  一、城市 ········· 22
  二、城市社会 ········· 28
  三、超大型城市 ········· 32
  四、超大型城市与治理变量 ········· 34

第2章 上海超大型城市治理历程分析（上） ········· 43
  一、从民主建政到巩固基层政权 ········· 44
  二、城市基层治理与体制构建 ········· 49
  三、乡村治理与简政放权 ········· 59

第3章 上海超大型城市治理历程分析（下） ········· 67
  一、从社区建设到街道体制改革 ········· 68
  二、探索超大型城市基层治理新路径 ········· 82

三、"街道经济"崛起：作用与局限 ········· 87
四、重心下移，强化区县管理职责 ········· 92
五、"浦东模式"与创新强度 ············· 97

第4章 超大型城市治理能力现代化分析 ········· 103
一、问题界定与研究界面 ··············· 104
二、上海城市治理能力现状、问题和压力 ····· 105
三、上海超大型城市治理结构性短板 ······· 111
四、"全球城市"坐标中的城市形态分析 ····· 127
五、推进"全球城市"的品级治理 ········· 130

第5章 城市与社会：新世纪后上海社会建设 ····· 141
一、新世纪上海社会建设迈出新步伐 ······· 142
二、城市"痛点"与社会建设难点重点 ····· 149
三、社会建设与社会发展 ··············· 154

第6章 城市社会体制建设及相关问题 ········· 163
一、"社会体制"的基本内容 ············· 164
二、社会体制创新主要方位 ············· 173
三、社会体制创新面临八个"跨栏" ······· 184
四、社会体制创新分层战略 ············· 187

第7章 社会组织能力分析：政策、体制的视角 ··· 193
一、上海社会组织基本状况 ············· 194
二、社会组织功能类型分析 ············· 201
三、创新、再造与重塑：社会组织更新议程 ··· 209

第8章 城市运行的制度性成本：膨胀动因与治理 …… 225
- 一、制度性成本形态与膨胀现状 …… 226
- 二、制度性成本调控：问题分析 …… 233
- 三、治理制度性成本持续攀升的思路 …… 237

第9章 城市资本、规制与营商环境 …… 245
- 一、改革开放与城市资本 …… 246
- 二、外资政策规制界面分析 …… 249
- 三、自贸区先行先试界面分析 …… 251
- 四、简化行政审批界面分析 …… 253
- 五、优化营商环境政策选择 …… 255

第10章 城市文化创新的界面、廊道与维度 …… 261
- 一、城市文化界面：错落的三重奏 …… 262
- 二、城市文化廊道：故事、传奇、城市性格 …… 264
- 三、城市文化创新：五个维度 …… 268

第11章 超大型城市治理的"共相"问题 …… 275
- 一、城市"规模"治理 …… 276
- 二、城市"伦理"治理 …… 278
- 三、城市"文化"治理 …… 280
- 四、城市"短板"治理 …… 281
- 五、城市"精细化"治理 …… 282
- 六、城市"品牌"治理 …… 285

第12章 城市领导力：变革的方位 …… 289
- 一、城市领导力新议程 …… 290

二、"五政治理模式"分析 ········· 293
三、城市领导力革新向度 ··········· 295
四、城市领导职能新特点分析 ········· 299
五、规划力、决策力、执行力 ········· 302
六、"结构性治理"与"问题性治理" ······ 310
七、确保理性决策的几个支点 ········· 312
八、"单一制"与城市治理创新 ········ 314

结语 创造城市地平线的新奇迹 ········· 317

主要参考文献 ··················· 326

后记 ························ 333

导　论

一、研究背景、研究对象、核心概念

1. 研究背景

城市问题是人类的基本问题。超大型城市的出现，是人类城市文明的第二个里程碑。超过 1 000 万人口的超大型城市成为人类有史以来最巨大、最复杂的聚落集群（megacity behemoth），成为一种新的"城市方式"（urban mode），也成为城市文明的一种新"型"。超大型城市治理成为人类治理革新的新地带，代表了 21 世纪经济和区域扩张方式。超大型城市拥有特定的权力和资源、地区辐射力、国际影响力，它对科技创新、工业、文化和艺术等的引领推动，是其他城市无法比拟的。同时，它具有更高的"治理性"。如何实现这种治理性，提升超大型城市的治理层级，发挥中心城市的辐射、引领作用，是推动现代化进程的重要手段，也是城市研究领域的重大问题。

党的十八大提出了"完善和发展中国特色社会主义制度、推进国家治理体系和治理能力现代化"这一全面深化改革的总目标。十八届三中全会《中共中央关于全面深化改革若干重大问题的决定》提出了加快"创新社会治理体制"这一重大命题。十九届四中全会《中共中央关于坚持和完善中国特色社会主义制度、推进国家治理体系和治理能力现代化若干重大问题的决定》提出坚持和完善中国社会主义制度的 13 个方面。同时进入新时代后，上海在城市治理中提出了一系列新理念、新举措，如"五大中心"、"四大品牌"、"三大文化"、举办两届中国进口博览会，中央交给上海的"三项重大任务"（增设自贸试验区新片区、在上海证券交易所设立科创板并试行注册制、推动长三角更高质量一体化发展）全面进入施工期，上海正加快构建更高层次的开放型经济新体制，全力打造对内对外的枢纽节点，充分发挥示范引领、突破攻坚作用；面对日益激烈的城市竞争、产业竞争、人才竞争，上海啃最难啃的骨头，提出了许多新一轮改革开放的标志性举措,加快推动首创性、示范性、引领性重大举措落地落实,这些新发展、新局面成为本书研究的大背景。

2017年12月15日国务院批复《上海城市总体规划(2017—2035)》,要求上海从长三角整体协调发展的角度发挥中心城市的作用,构建"上海大都市圈",打造具有全球影响力的世界级城市群。《上海城市总体规划(2017—2035)》,是立足于上海超大型城市当下实际的一项规划,提出了把上海建设成为"卓越的全球城市",令人向往的创新之城、人文之城、生态之城等战略性目标。[①] 2018年11月5日习近平总书记在首届进博会开幕式上宣布:"支持长江三角洲区域一体化发展并上升为国家战略。"此后长三角一体化进入快车道。2019年5月13日中央政治局审议《长江三角洲区域一体化发展规划纲要》,为长三角一体化全面推进注入了新的动力。而此前2010年5月国务院批准实施《长江三角洲地区区域规划》,提出长三角要建成亚太地区重要的国际门户、全球重要的现代服务业和先进制造业中心、具有较强国际竞争力的世界级城市群;2016年5月国务院常务会议通过《长江三角洲城市群发展规划》,提出到2030年"全面建成具有全球影响力的世界级城市群"。

从大的方面看,城市问题是文明进程中不断增加和出现的。新的城市问题,带来了许多新的变革导向。特别是超大型城市的出现,带来了许多新的治理命题。从人类文明进程看,超大型城市是人类地平线上的新现象,超大型城市治理是人类城市文明的新形态。超大型城市有着极高的治理性,即它的发展与状况决定于治理

---

① 构建由"主城区-新城-新市镇-乡村"组成的城乡体系和"一主、两轴、四翼;多廊、多核、多圈"的空间结构;完善由城市主中心(中央活动区)、城市副中心、地区中心和社区中心四个层次组成的公共活动中心体系;中央活动区包括小陆家嘴、外滩、人民广场、徐家汇等区域,16个城市副中心包括9个主城副中心、5个新城中心和金山滨海地区、崇明城桥地区的核心镇中心;形成城际线、市区线、局域线"三个1 000公里"的轨道交通网络,基本实现10万人以上新市镇轨道交通站点全覆盖;打造15分钟社区生活圈,社区公共服务设施15分钟步行可达覆盖率达99%左右。至2035年森林覆盖率达23%左右,人均公园绿地面积达13平方米以上;PM2.5年均浓度控制在25微克/立方米以下。

行为科学性的层级。从上海发展看，许多治理命题产生于鲜活的社会生活的流程中。本书对于上海社会治理战略重点的研究，基于上海改革发展的客观现实。《上海城市总体规划(2017—2035)》确立的新的城市发展目标，特别是近年我国超大型城市发展中出现的诸多城市问题；上海作为长三角一体化的核心城市和领头羊所担负的历史重任，上海作为中国城市强劲的增长极面临的问题，成为本书的现实背景。

研究贯彻党的十八大、十九大精神和习近平新时代中国特色社会主义思想，按照习近平总书记关于"创新社会治理体制"的要求，在治理体系与治理能力现代化的框架中，探索上海构建中国特色社会治理体制的战略重点和实施路径。研究运用社会治理前沿理论和形态分析方法，运用"顶层设计"思想方法，聚焦制约上海加快发展的深层次社会体制瓶颈，为上海全面落实"改进社会治理方式"各项目标，在城市社会治理方面建立更完备、更稳定、更管用的制度体系，提供系统性、建设性和可操作性的实施方案。

2. 研究对象

"科学本质上是解决问题的活动。"① 本书研究的对象，是新时代超大型城市治理现代化及其问题、特性与逻辑。本书要解决的核心任务，是在发掘、梳理中国一线典型城市上海1949年以来，特别是改革开放以来城市历史的基础上，厘清我国超大型城市的治理特性、共相问题，新时代城市治理重点选择以及应确立的创新取向和分层战略。

作为中国现代化城市和超大型城市的典型样本，上海的城市治理具有样本分析价值，能反映出当下中国城市治理的共同特性和发展逻辑。分析研究城市治理特别是超大型城市治理的现实问题，是

---

① [美] 拉里·劳丹：《进步及其问题——科学增长理论刍议》，方在庆译，上海译文出版社1991年版，第3页。

提升我国城市治理效能、提升城市能级的重要一环，对中国现代化进程有着重要的影响。

3. 核心概念

概念(concept)是一项研究的基本单位，是各类现象的抽象元素。一般认为社会科学研究要满足三个基本目的：探索、描述和解释。概念是探索、描述和解释的工具。本书研究有一些主要的分析概念，具体如下。

（1）超大型城市(super city)，也称"超大城市"。2014年10月29日，国务院发布《关于调整城市规模划分标准的通知》（国发〔2014〕51号）[①]，对原有城市规模划分标准作出调整，我国城市类型由四类变为五类，增设了"超大城市"的类型，该标准成为我国城市分类的最新标准。在这一标准中，①超大城市：城区常住人口1 000万以上；②特大城市：城区常住人口500万至1 000万；③大城市：城区常住人口100万至500万[②]；④中等城市：城区常住人口50万至100万；⑤小城市：城区常住人口50万以下。[③]

但在本书研究中，超大型城市不仅仅限于"城区常住人口"这一"人口体量"的含义，更包括了其更丰富的社会内容，即城市的"社会体量"，指超大型城市的经济、政治、文化、社会等影响力，对资源的支配方式，对周边地区的带动和辐射功能强度等社会内容。当我们说"超大型城市"的时候，除了人口社群这方面的内容外，事实上还包括了一种城市"型"(type)的含义，即一个城市作为一种"类型"所反映的丰富内容，如经济发展方式、城市治理方式、社会管理体系等内容和特点。在其根本上，是指一座城市的"文化方式"。

---

① 中央政府门户网站，www.gov.cn。
② 其中，300万以上500万以下的城市为"Ⅰ类大城市"，100万以上300万以下的城市为"Ⅱ类大城市"。
③ 其中，20万以上50万以下的城市为"Ⅰ类小城市"，20万以下的城市为"Ⅱ类小城市"。

作为一种新的城市形态，超大型城市在文化结构上构筑了一种怎样的新方式？超大型城市与城市治理存着怎样的变量关系？超大型城市有没有发展极限？如果有，怎样把握发展极限问题？如何着眼于城市运行效率最高、产出最大、引领示范功能最强，构建面向现代化、面向世界、面向未来的高效能的治理体系与创新分层战略？

（2）城市型社会（urban society）。中国已结束了以乡村社会为主体的历史时期，进入以城市型社会为主体的城市时代，它是中国社会结构的一个历史性变迁。正如法国哲学家和城市社会学家亨利·列斐伏尔（Henri Lefebvre）指出的，人类城市化的推进使我们进入了以城市为主体的"城市社会"。他认为"城市社会"这一概念，准确地描绘了城市化时代的特征和趋势。我们正在创造、进入的城市型社会是一个存在复杂问题的社会，需要开展"总体性反思、整体性批判"。[1]

从国际经验看，判断一个国家或地区是否进入城市型社会，衡量标准主要有城镇人口、空间形态、生活方式、社会文化和城乡关系五种指数。中国社会科学院城市发展与环境研究所2012年8月14日发布的《中国城市发展报告》指出：北京、上海、天津已迈入高级城市型社会之列，广东、辽宁已进入中级城市型社会，另有10个省份跻身初级城市型社会之列。

本书对超大型城市治理的研究分析，不只是一种"城市研究"（urban research），还是"城市型社会研究"（research on urban society）。城市研究主要关注城市结构、都市空间、城市定位、文化集丛、城市规模、城乡关系这些内容，城市型社会研究还关注城市运行背后更为复杂的社会内容，如新的城市方式、城市哲学（city idea）、社会分层、群体行为、治理方式、社会变迁、文化模式、城市社会预测

---

[1] 亨利·列斐伏尔认为，使用"城市社会"这一概念并不排斥具有鲜明整体批判色彩的"对消费进行控制的资本社会"这个概念。

（new way of city）等，尤其是城市群体心灵、城市文化生态、都市社会学（urban sociology）这些内容。

（3）治理变量（governance variable）。本书研究提出超大型城市的治理变量，是指当一个城市规模达到一定体量后，其治理的方式、方法所起的相应变化和所引发的特定的城市治理方式。这正是我们研究中很容易被忽视的。城市治理变量反映了城市治理的各种可能性、调适性、应然性、特定方式等情况。

治理状态变量是完全描述系统运动状态的最小个数的一组变量，可用 $x_1(t)$，$x_2(t)$，…，$x_n(t)$ 加以表示。"完全描述"是根据 $t=t_0$ 时的初始状态和 $t \geqslant t_0$ 时的输入量，可以确定 $t \geqslant t_0$ 任何的时域行为；"最小个数"意味着这组变量之间是相互独立的。

在状态向量上，如果把 n 个状态变量 $x_1(t)$，$x_2(t)$，…，$x_n(t)$ 看成是变量 $\boldsymbol{x}(t)$ 的分量，由 n 个状态变量所构成的变量 $\boldsymbol{x}(t)$ 为状态向量：

$$\boldsymbol{x}(t) = \begin{bmatrix} x_1(t) \\ x_2(t) \\ \vdots \\ x_n(t) \end{bmatrix}$$

治理状态空间以状态变量 $x_1(t)$，$x_2(t)$，…，$x_n(t)$ 为坐标轴构成的 n 维空间，为状态空间。在一定时间 t，状态变量 $\boldsymbol{x}(t)$ 是状态空间中的一个点。在状态空间描述中，状态方程表征的是系统的输入变量和状态变量之间的因果关系，反映了系统输入引起的内部状态的变化，其矩阵形式如下：

$$\dot{\boldsymbol{x}} = \boldsymbol{A}\boldsymbol{x} + \boldsymbol{B}\boldsymbol{u}$$

其中，

$\boldsymbol{x} = \begin{bmatrix} x_1 \\ x_2 \\ \vdots \\ x_n \end{bmatrix}$ 为 n 维状态向量；$\boldsymbol{u} = \begin{bmatrix} u_1 \\ u_2 \\ \vdots \\ u_m \end{bmatrix}$ 为 m 维输入向量；

$$A = \begin{bmatrix} a_{11} & a_{12} & \cdots & a_{1n} \\ a_{21} & a_{22} & \cdots & a_{2n} \\ \vdots & \vdots & & \vdots \\ a_{n1} & a_{n2} & \cdots & a_{nn} \end{bmatrix}$$ 为 $n \times n$ 维系统矩阵，表征系统内部状态变量之间的关系；

$$B = \begin{bmatrix} b_{11} & b_{12} & \cdots & b_{1m} \\ b_{21} & b_{22} & \cdots & b_{2m} \\ \vdots & \vdots & & \vdots \\ b_{n1} & b_{n2} & \cdots & b_{nm} \end{bmatrix}$$ 为 $n \times m$ 维输入矩阵，表征输入与状态变量之间的关系。

城市规模"本身也是政治的一种形式"①，而"界定规模的能力实际上是一种界定在特定问题上所取得的界限和关系的能力"。② 今天很多城市治理命题，实际上都产生于城市"大"体量这一基点上。超大型城市对城市效率、集体行动和社群公共生活正产生深刻的影响。这种"界定规模的能力"是本项研究重点之一。

（4）治理度（control degree）。指城市受治理行为干预所产生变化的幅度与层级。从超大型城市治理内在变量关系看：城市越大，治理规整度要求越高，国际化的驱动力越强。城市人口体量越大，作为聚合文明的城市的社会行为越丰富，集体行动越复杂。城市越大，效率命题越突出，现代化设施升级更新越快、系统性越强。但同时，城市越脆弱，城市越不可预测。城市越大，能耗越大，城市生态文明和人与自然的关系越成为一个问题。城市越大，人越客体化、边缘化，人的特质、人的价值，越成为新的城市伦理问题。

另外还有一些分析提出的概念如"住文化"（见第 4 章），认为"居住"是城市文化最本原的母体，中心城区大量人居被驱移中心

---

① ［美］卡洛琳·加拉尔、卡尔·T.达尔曼、艾莉森·芒茨等：《政治地理学核心概念》，王爱松译，江苏教育出版社 2013 年版，第 159 页。
② 同上。

地区之外,进行所谓"功能置换",用作功利性商务开发,使中心城区"人居稀""空人化""商务化",炮制"千城一面"的商区,有悖城市文化特性,是一种"逆文化",严重破坏城市文化发展,主张要恢复人气,尊重人居,养护人文,发展海派"住文化"。

二、现象范围、相关理论、研究方法

1. 现象范围

超大型城市的治理内容和命题,是一个有着内在逻辑结构的复杂体系。从中国城市实践看,治理基本问题至少包含:①城市规模(体量)治理;②城市品牌(角色)治理(包括城市品质治理);③城市短板(问题)治理;④城市伦理治理(以人的价值为中心的价值构建);⑤城市精细化治理;⑥城市文化治理,如何遵循"天道"和城市文化个性法则,倡导城市生态的自然哲学,依循城市内在的生命律动,遏制文化趋同、平庸的现象,培育城市文化个性。

"全球化的意义是深刻的。最明显的后果——它实际上也是主要的意图——是对现代性进行重整。"[①] 超大型城市治理实质上是对城市现代性"进行重整",它是城市治理的一种革命性变革,是一种颠覆性城市创新。

本书在发掘、梳理超大型典型城市上海1949年建制以来,特别是改革开放以来城市历史的基础上,研究分析超大型城市有哪些城市特性;作为一种新的城市形态,它给当下城市治理带来了什么,形成了哪些治理变量;超大型城市治理的基本问题以及新时代如何提升治理层级和质量。一项研究如果陈陈相因,没有实质的创新,是无价值可言的。本书提出超大型城市治理变量等问题,并把研究置于以下这些基点上。

---

① [英]多琳·马西:《保卫空间》,王爱松译,江苏教育出版社2013年版,第87页。

(1) 国际化的压力。当一个城市体量达超大规模时,会带来很多相应的变化和客观压力。面向国际化的驱动力加剧。也就是说,超大型城市会加剧国际化,这是客观情势。不加快走向国际化的超大型城市是不可思议的,如何适应这种趋势,是超大型城市治理的基本问题。

(2) 系统化的逻辑。城市越大,整合的驱动性越强,系统化要求越高。超大型城市实际上就是一个系统空间、系统世界,超大型城市是通过"系统"这种方式而存在的。系统化的整合逻辑(integrated logic)无处不在。在一定意义上,超大型城市的治理能力表现为如何实现系统化的能力。

(3) 精细化的需求。城市规模越大,结构越复杂,实施精细化治理的客观性越高。精细化治理是超大型城市的无可规避的必然选择,也是中国城市从"粗放型"管理迈向科学化治理,中国一线城市迈向"全球城市"要解决好的主要问题。

(4) 威权性的驱动。亚里士多德曾说:"我们应当考虑对于大多数的人类和城邦,究竟哪种政体和哪种生活方式最为优良这个问题。"[①] 今天超大型城市有一种客观情势,即有一种向更为集中统一的威权体制靠近的动因。正如发展中国家赶超型治理一般都存在集权化动力,发展中的超大型城市亦如是,强势型权力中心会形成。强势型领导力、覆盖性统筹力是对城市规模扩张的适应。这是"城市能力"(leadership capacity)、城市治理体系与治理能力的新问题。

研究从逻辑起点(问题确立),到逻辑终点(问题解决),都基于下列主要现象范围(phenomenon range)展开:

——超大型城市的"城市方式"与"城市行为"(urban behavior)。

——城市体量与治理之间的变量关系(variable relation)、超大型城市在国家治理体系与治理能力上的特定含义。

---

① [古希腊]亚里士多德:《政治学》,吴寿彭译,商务印书馆1965年版,第204页。

——超大型城市治理面临的主要问题、难点和结构性短板。
——超大型城市治理的内在结构、治理逻辑、认知视角。
——新时代中国超大型城市治理体系的创新取向和分层战略。

2. 相关理论

相关理论包括两个方面：一是与本书研究相关的理论观点；二是相关的城市理论。与本书有关的城市观点有如下六种。

（1）马克思"城市冲突"的观点。卡尔·马克思（Karl Heinrich Marx，1818—1883）是国际共产主义运动先驱，也是一名城市理论家，被视为城市社会学理论奠基者之一。他在《资本论》等众多著作中有丰富的城市分析。马克思目睹了欧洲19世纪繁荣发展的工业化城市中的社会变化，指出资本主义的兴起是与城市发展密切相关的。资本主义是工业化地区占据支配地位的生产模式，它依赖资本积累，而城市化依赖人口积累。

马克思认为城市创造了一种特殊的生活方式，人与人之间的社会关系，变成了物与物之间的关系，工人仅仅是机器齿轮中的轮齿而已（人的这种单质化不断为今天的城市现实所证实）。不同阶级之间冲突的发展，关键因素都是基于城市的。马克思强调阶级关系，认为要治愈工业城市里越来越明显的"城市疾病"，唯一方法是用社会主义新的生产方式代替资本主义。马克思描述了19世纪资本主义的驱动过程，就如何处理与资本主义有关的不平等、如何颠覆19世纪欧洲城市建设与管理的政治经济制度，提出了举世闻名的办法。

（2）托克维尔"城市文化"的观点。阿历克西·德·托克维尔（Alexis de Tocqueville，1805—1859）是政治社会学奠基人，也是一名"经典的城市规划专家"。[①] 他将19世纪城市聚居点迅速发展的社会

---

① ［美］丹尼尔·约瑟夫·蒙蒂、迈克尔·伊恩·博雷尔、林恩·C.麦格雷戈：《城市的人和地方：城市、市郊和城镇的社会学》，杨春丽译，江苏凤凰教育出版社2017年版，第105页。

视为人类组织的一种新形式,这对城市社会学意义重大。托克维尔认为空间布局、管理方法和人们的文化最终决定一个国家"社会的健康"。托克维尔认为城市"使个人学会创造新型的联系方式和一种新的人人平等的生活方式,这种生活与民主和城市的发展休戚相关"。① 在《论美国的民主》中,托克维尔提出一套含蓄的理念,说明文化在机构的形成及维持、在个人自主权威或"个性"中所起的作用。②

托克维尔以多种方式预见了城市亚文化和族群聚居地的兴起,敏锐地观察城市生活,比较不同文化背景如法国、英国、阿尔及利亚和美国的社会发展。城市分析中"用以理解社会和社会组织的那种历史的、比较的方法",托克维尔是这一方法的大师。

(3)滕尼斯"城市形态"的观点。斐迪南·滕尼斯(Ferdinand Tnnies,1855—1936)是现代社会学缔造者之一。他在许多著作中分析城市,有深远影响。在《礼俗社会与法理社会》中,滕尼斯界定现代城市是传统乡村的对立面。他列出了社会关系和社会机构的两个基本的组织原则,把这两个组织原则同它们出现的地方类型(城镇和城市)连接起来。滕尼斯展示了人类社会从一个阶段到另一个阶段的发展,即"礼俗社会"(Gemeinschaft)或"亲邻的社团"(communal association),它是传统的小型社区,人们相互熟悉,知道彼此姓名和职业。在小镇和村子里人们因亲属关系和家庭纽带而在一起,人际关系亲密。发展的另一端是"法理社会"(Gesellschaft)或"社会社团"(social community),就是现代城市,特征是极端个人主义、精于算计的商业交换,人际关系的基础法律。礼俗社会是自然物,法理社会是人为的。③

滕尼斯提出的"礼俗社会"和"法理社会",前者为乡村,后者是

---

① [美]丹尼尔·约瑟夫·蒙蒂、迈克尔·伊恩·博雷尔、林恩·C.麦格雷戈:《城市的人和地方:城市、市郊和城镇的社会学》,杨春丽译,江苏凤凰教育出版社2017年版,第107页。
② 同上。
③ 同上书,第114页。

城市；前者为熟人社会，后者是陌生社会；前者为"社区"，后者是"社会"。其理论分析对于认知今天的城市生活，有一定参考价值。

（4）涂尔干"城市社群关系"的观点。涂尔干（又名迪尔凯姆，Emile Durkheim，1858—1917）是社会学家，与马克思、马克斯·韦伯并列为社会学三大奠基人。涂尔干同滕尼斯一样，关注从礼俗社会到法理社会的转型，但他在《社会分工论》等著作中提出了一种迥异的理论模式。传统乡村生活呈现的是基于同质性的社会凝聚力的一种特殊形式，涂尔干称为"机械团结"（mechanical solidarity），社会关系基于共同的信仰、风俗、礼仪、日常生活和符号象征，个体参与相似活动、分担相同义务。

乡村和城镇共同的道德所促进的统一性随着岁月流逝而演变，取而代之的是一种新的社会凝聚力——源自工业化城市中专业化所引起的相互依赖。在工业城市中异质性起主要作用。城市个体之间宗教信仰、政治派别、民族背景、种族成分均不同，差异很大。人们做着不同类型的工作，过着迥异的生活。这种新的社会关系，被涂尔干称为"有机团结"（organic solidarity）。城市中社会关系以专业化和相互依赖为基础。

在涂尔干的理论中，"机械团结"和"有机团结"都是社会的自然形式，只是社会凝聚力的不同方式而已。涂尔干对这两种群体关系的分析，被认为是对城市理论的贡献，对于理解人与城市、市郊与城镇之间关系有借鉴作用。①

（5）韦伯"城市理性和现代性"的观点。马克斯·韦伯（Max Weber，1864—1920）著有城市化的经典论文《城市》（"The City"）。他关注市场、城市日常生活、人的社会行为和社会交往的意义。韦伯对城市最直接的分析涉及城市化。他采用比较框架，分析西方世界以及各历史时期不同城市。他认为一座城市可以视为拥有牢固的经

---

① ［美］丹尼尔·约瑟夫·蒙蒂、迈克尔·伊恩、博雷尔、林恩·C.麦格雷戈：《城市的人和地方：城市、市郊和城镇的社会学》，杨春丽译，江苏凤凰教育出版社2017年版，第116页。

济和政治体系的一个聚居点,有市场、有管理权。聚居点的标准是:"一个聚居点"构成一个国家城市社区,呈现贸易、商业关系相对主导的地位。城市密集的聚居点、住宅形成一片很大的聚居区,人与人之间"缺乏相互了解"。城市的政治和经济均依赖客观的官僚原则所决定的理性法律和规章制度,这种不掺杂个人感情的官僚原则和"庄园主""传统的"权威方式有极大不同。

"理性"成为城市化和城市性不可或缺的特征。在韦伯关于现代性的思想中,这是个不断出现的主题。韦伯用的"城市社区"(urban community)与滕尼斯不同。马克思、恩格斯对资产阶级持极其负面看法,韦伯则认为这个新兴阶级鼓励创新,促进个性化,对可持续发展的城市文化很重要。[1]

(6)齐美尔"城市精神生活"的观点。格奥尔格·齐美尔(Georg Simmel,1858—1918)是德国社会学家、哲学家,"一位温文尔雅的城市学者"。齐美尔在分析城市中认为:城市交往方式是"陌生"方式。城市里成千上万的人在空间上距离很近,在情感和文化上距离却很远。一个城市的陌生人在同一时间里既近又远。他们也许根本没有眼神的交流,更谈不上深度的联系。

齐美尔在1903年发表的《大都市与精神生活》("The Metropolis and the Mental life")一文中,认为城市的规模和城市中陌生人的数量,这两方面使人须保护自己,"避免感官上应接不暇"。[2]

陌生人间的频繁接触,给城市居民带来了独特的问题。在城市出现前,人们不需要在精神上作出这样的调整。在乡村里人与人的交往是习惯性的,但是城市"内在和外在的刺激快速、连续地交替",这需要个体在心理上适应城市环境,也对现代城市世界人们之间相处方式产生了深刻影响。为了过滤城市里遭遇的各种刺激,

---

[1] [美]丹尼尔·约瑟夫·蒙蒂、迈克尔·伊恩·博雷尔、林恩·C.麦格雷戈:《城市的人和地方:城市、市郊和城镇的社会学》,杨春丽译,江苏凤凰教育出版社2017年版,第117页。

[2] 同上书,第121页。

一个人必须参与智化(intellectualization)过程来应付城市的社会和建筑环境。齐美尔认为,现代城市环境使个人很容易地在与他人相处时变得矜持,人们在拥挤的大都市里感到从未有过的孤独和寂寞。

人与人交往时不得不"形成算计和被算计的心态"。一种理性的、精于算计的心态取代了传统的人际交往形式,按他的估量,要在现代城市里生存,必须拥有这种理性的、精于算计的心态。对他人采取一种理性、算计,不掺杂个人感情的态度,这是以金钱交换为基础的经济的原因和结果。

一种不掺杂个人情感的"金钱经济"取代了传统经济,物物交换不再有效。包括人在内的一切,都用元、分(或国家特定的货币方式)来估量,人们用经济价值来评估他人。一切都不掺杂个人情感,个体之间的理性行为创造了一种形式的社会秩序,抵御大都市潜在的混乱。

对能够适应城市环境的人来说,城市缺乏传统的社会控制会导致在更大程度上的个性化和创造性,人必须发挥更多的创造力和想象力,这使城市成为革新和社会变化潜在的场所。

本书涉及的城市理论工具如下。

(1)城市社会学。城市社会学是社会学研究的分支学科,产生于20世纪30年代,它以城市社会问题和城市社会发展规律等为主要研究对象。后来分化出诸多学术流派,如都市化派、亚社会派、生存学派、经济学派、环境学派、技术学派、价值学派、权力学派等。①

---

① 都市化派,注重研究与农村生活方式相联系的社会机制如何被城市所取代,研究角色分化、次属关系、价值观的世俗化以及规范秩序的解体等。亚社会派,研究人类在生物亚社会的压力和动力下被迫作出反应。生存学派,主要研究居民如何组织自己以保证人类生存的需要,认为城市是居民创造出来的,城市化的进程取决于生存活动的分工程度,分工又取决于社会技术发展水平。经济学派,主要从经济角度分析都市化和都市社会问题,认为都市化是市场和经济活动的重新组合。环境学派,认为都市问题是由都市生活违背了人性的尺度和大自然环境、工业都市破坏了人与自然的和谐关系造成的,都市污染正威胁着人类生存,主张彻底改造都市结构。技术学派,主要从技术角度研究都市位置、都市相互关系、都市人口和经济活动的空间模式。价值学派,认为城市居民价值和感情的差异造成城市的差异,社会文化制度对城市模式具有重要功能。权力学派,主要研究城市中各利益集团之间的竞争关系,权力在城市中的功能等。

这一理论的工具价值可以用来分析城市区位、城市社会结构、城市社会组织、城市生活方式、城市社会心理等方面。

(2) 科学管理理论。1911年泰勒(Taylor)的《科学管理原理》出版，这实际上是精细化管理的先驱性文献。进入工业文明后，随着企业规模扩大，技术过程日趋复杂，产品更新换代周期缩短，生产协作性要求提升，对企业管理形成了精细化、专门化的客观要求，包括决策理论、运筹学、系统工程在内的很多理论被运用于经济管理领域。泰勒科学管理理论的精髓是精细、准确、技术优化、科学性，它成为今天推进城市治理特别是精细化治理可以吸取、扬弃的重要理论渊源，特别是其中的定量分析与数学应用，以及系统结构与整体协调方法等。

(3) 田园城市理论。1989年英国城市规划师埃比尼泽·霍华德(Ebenezer Howard)的《明日——一条通向真正改革的和平之路》(1902年再版时更名为《明日的田园城市》)出版，倡导城乡一体新社会结构形态取代城乡分离形态[1]，其实质是对人类城市形态作重新定义，提供了一种新的思维方法。比如该理论认为城市无限扩展和土地投机是引起城市灾难的根源，如能控制和有意识地移植城市的"磁性"，城市便不会盲目膨胀。这一理论主张疏散过分拥挤的城市人口，使居民返回乡村。主线新型城市，是指建设一种把城市生活的优点同乡村的美好环境和谐地结合起来的田园城市，通过改革土地制度，使地价增值归开发者集体所有。[2] 这一理论关于邻里单位的设定、人车分离的交通、公园为邻里中心等理念，对于今天城市

---

[1] 1919年英国田园城市和城市规划协会经与霍华德商议后，提出田园城市是为健康、生活以及产业而设计的城市，它的规模足以提供丰富的社会生活，但不应超过这一程度；四周要有永久性农业地带围绕，城市的土地归公众所有，由一专业委员会受托掌管。

[2] 霍华德还设想了田园城市的群体组合模式：由六个单体田园城市围绕中心城市，构成城市组群，他称之为"无贫民窟无烟尘的城市群"。其地理分布呈现行星体特征。中心城市的规模略大些，城市之间以快速交通和即时迅捷的通讯相连。各城市经济上独立，政治上联盟，文化上密切联系。城市的群体组合把城市和乡村统一成一个整体化运作的城市系统。

治理也有助益。

（4）社会测量理论。社会测量（social measurement）的创始人是 J.L.莫雷诺（Jacob Levy Moreno）。早期的社会测量进行定量和组织的方法是矩阵法。M.L.诺思韦（Mary L. Northway）在 1967 年出版的《社会测量入门》一书中指出，在早期的社会测量中一般采用 3—4 个标准作为选择的基础，后来出现了标准化社会测量。[①] 社会测量的功能是使社会研究从定性走向定量。社会现象的数量化，强化了对事物的定性、定量分析，尤其是定量分析。数量化的结果不限于作数值上的阐明，也可作定性的阐明。这一理论工具将统计学和现代数学引入超大型城市研究，可对人们的社会态度及个性、品格以及社群行为、群体结构、社会环境的测量，加上大数据、云计算等综合智能手段的运用，使分析事物的手段和内容更为精确丰富。

3. 研究方法

以辩证唯物主义和历史唯物主义为指导：①运用历史研究法（纵向研究法），按历史发展顺序，发掘梳理 1949 年以来，特别是 1978 年改革开放以来上海城市治理的历程。②以史为纲，史论结合，论从史出。③运用数学或理论模型。定量方法主要用于可测量的变量（包括调研、观察和相关资料的分析），定性方法主要运用于搜集经验实证、参与观察以及定性资料分析等方面。④运用政治设计法，注重整体性和社会治理的"通盘考虑"，提供一种整体化方案，从比较本源的层次上触及和作用于社会。

[①] 与自然科学相比，社会测量的特点表现为自然科学测量的对象是有形物质的自然属性；社会测量的对象不仅涉及人的自然属性，如年龄、性别等，更多地涉及人的社会属性，如意识、行为、态度等。同时自然现象的测量工具，多为标准化的仪器，信度、效度很高，测量的误差易于求得，社会测量工具的外在形式是问卷题目或量表（亦称题器），信度和效度都较低，测量误差较难掌握。

三、本书的理论结构

研究设计（research design）是理论研究的计划，也就是一种发现、解释事物的战略。框架是整理事象的内在程序，是分析问题和解决问题的逻辑体系。本书的理论结构共由十四个部分组成，除导语、结语外，共十二章，是一个层层递进的理论结构。

导语是对研究相关问题的说明。结语是对研究的总结，作出基本结论，提出相关建议。

第一章在分析城市问题基础上，分析超大型城市的现实问题。今天超大型城市已是一种新的"城市方式"。城市体量与社会治理之间构成了变量关系，带来了新的治理命题。本章提出超大型城市存在规模治理、品牌治理、短板治理、伦理治理、精细化治理、城市文化治理等深层次的共性问题，构成了整个研究的基础。

第二、第三两章是对上海超大型城市治理历程的研究。从1949年新中国成立初期民主建政到浦东开发开放和上海自贸区探索，厘析上海城市治理，特别是基层治理的历史、特点、逻辑，街道体制、社区体制、两级政府、三级管理的运行机理、条理逻辑、特点特性、探索创新。

从第四章开始，进入专题性研究。第四章是对上海超大型城市社会治理能力的"整面研究"，一个总的透析。通过分析现状、问题和压力，本章聚焦城市治理的结构性短板，在"全球城市"坐标中形成城市形态分析，以及提升"全球城市"品级治理的操作线路。

第五章截取进入新世纪后第一个10年上海城市社会建设，是描述性研究，也是一种"断代"研究。客观地整理进入新世纪后上海城市转型的实践境况，归纳整理了当时上海的探索如"网格化"等，揭示其时城市转型出现的新现象、新问题和城市治理的走向。

第六章是上海社会体制建设的专题研究。"社会体制"是中国20

年来城市治理的核心概念。本章分析厘定社会体制的相关理论问题，如社会体制的内容、界面、方位和社会体制建设存在的结构性突出问题，形成推进社会体制创新的分层战略。

第七章是对上海社会组织参与能力的专题分析。描述分析社会组织的类型、构成、特性、发展状况和参与能力，客观诊断问题和困境，提出社会组织体系创新、再造、重塑的对策，操作性强。

第八章聚焦超大型城市制度性成本运行膨胀问题。由于我国一线城市运行成本持续膨胀，剖析城市成本内因是必须面对的城市基本问题。制度性成本是城市综合成本的决定性构成，它有实体形态、隐蔽形态、扭曲形态、既有形态等多种形式。本章形成了调控城市制度性成本的思路和方案。

第九章对城市资本、规制和营商环境开展分析。可以说营商环境已成为新的城市问题，营商环境背后是规制问题，显性结果是影响城市资本。在外资政策规制、自贸区先行先试、行政审批三个界面分析基础上，提出完善外商投资法治环境、规范政策体系、推行自贸区逻辑普遍化，推进行政审批实质性改革的政策选择。

第十章是城市文化的专题研究。文化是城市发展的灵魂，城市文化"空壳化"是中国城市的普遍现象。分析界定城市文化的三个大面，即人文、物理和它们的相交界面，疏通城市文化创新的廊道，重视故事、传奇和城市性格，提出城市文化创新的维度。

第十一章研究超大型城市作为一种"巨型存在"、一种生存方式，面临的六个突出的常态性治理命题。城市规模治理，是如何把城市规模控制在一个合理阶位上，既包括城市物理体量，也包括文化、人性、心灵以及城市间平衡问题。城市伦理治理，核心是要回答"谁拥有城市"的问题。城市文化治理，是如何解决好城市越大，文化越易趋同、平庸、失去个性的问题。城市短板治理，是一种医疗性治理，是如何把"城市病痛"降至最低，从"抓亮点"到"补短板"，是中国城市治理必须的转型。城市精细化治理，是要把可能的各类风险降至最低程度。城市品牌治理，本质上是确定城市在现代城市体系中的位置,担当怎样的角色,提升品牌能力。

第十二章聚焦城市的领导力问题。有好的城市领导力,才有好的城市治理。领导力革新有它的向度模型,由党委、人大、政府、政协构成的城市领导力体系,在职能上出现了新特点。着眼于城市效率和城市文明升级,对提升规划力、决策力、执行力,强化城市的"结构性治理、问题性治理",从而提升城市领导力,作出深度分析。

分析框架构成了一个层层递进的理论纵深,开展精准的科学分析,提出翔实的创新方案,提出超大型城市治理体系的技术设计。从分析概念到整个研究逻辑架构的形成,是一个充满原创的过程。框架安排基于的考虑是,不仅研究结论应当合乎逻辑,得出结论的路径也应当是合乎逻辑的。

本书的研究立足于中国改革开放和上海城市发展的实际,特别是上海确立的"卓越的全球城市"战略目标和直至本世纪中叶各阶段发展目标,聚集超大型城市的现实问题、城市特性和城市行为逻辑;立足于长三角一体化推进的具体实践,以史为纲,史论结合,论从史出,对历史的、现实的城市治理问题进行深度开掘,注重对城市转型和创新作路向分析。

第1章
城市、城市社会、超大城市治理特性

21世纪是人类的"城市世纪"。多琳·马西(Doreen Massey)把城市描述为"许多故事的交叉点""一系列独特的、共存的故事的汇聚点"。① 当今世界上一半以上人口居住于城市。美国有2.43亿人口拥挤在占全国总面积3%的土地上。东京及其周围的人口高达3 600万。孟买中心城市居住着1 200万人口。"在一个空间如此辽阔的星球上,我们选择了城市。"② 城市成为人类公共生活最基本的组织方式,今天人类历史进入了名副其实的"城市时代"。

一、城市

在人类所有的建设中,城市是能实际运行的最庞大事物。人类学研究表明,人类的"前城市聚居点"(pre-urban settlements),至少经历了10 000年之久,并在世界大部分地区都有着丰富的历史。19世纪中叶后,人们视之为"城市的地方"(urban places),渐以成熟的面貌出现。城市的原始命题,是用来解决生活便利的。历史上无论是"市",还是"城",都带来了便利和交往上的进步。

2017年7月国家统计局发布数据显示,我国有城市657座(360个县级市、293个地级市、4个直辖市)。

我们用"城市化"(urbanization)来讲述城市、市郊和城镇在悠久的历史、在各种文化背景里发展变化的故事,用"城市性"(urbanism)指代市民构建的生活方式或文化。③ 城市(city)是个历史范畴。当社会生产发展到一定历史时期,社会分工扩大,手工业和农业分离,商品生产和商品交换加剧,人类地平线上就出现了以交

---

① [英]彼得·布鲁克:《现代性和大都市:写作、电影和城市的文艺社群》,杨春丽译,江苏凤凰教育出版社2015年版,第1页。
② [美]爱德华·格莱泽:《城市的胜利:城市如何让我们变得更加富有、智慧、绿色、健康和幸福》,刘润泉译,上海社会科学院出版社2012年版,第1页。
③ [美]丹尼尔·约瑟夫·蒙蒂、迈克尔·伊恩·博雷尔、林恩·C.麦格雷戈:《城市的人和地方:城市、市郊和城镇的社会学》,杨春丽译,江苏凤凰教育出版社2017年版,第2页。

换活动为主要内容的城市聚落。5 500年前随着农业贸易的普及，出现小城镇。公元100年左右，世界上首个人口超过100万的大城市在罗马诞生。公元1 200年欧亚城市发展加快。

"城市是不可避免的自然构型，并以与其他生态系统相似的方式运转。"① 城市的产生也与人的社会性相关。城市既是器物文明的存在物，也是制度文明、精神文明的承载体。城市本身，已成为文明的一种方式，一种包含了多种特质的文明形态。

著名澳裔英籍考古学家戈登·柴尔德（Childe, Vere Gordon）曾列举"城市"的十个特征：①范围和人口均有一定规模；②分工专业化；③生产剩余物资能够集中；④社会阶级分化明显，上层阶级成员（包括宗教、政治、军事领域）组织并且统治社会；⑤国家和政府组织成形，其中的成员的资格是以其居住权为主，也就是说从基于血缘关系的农村居民转变为基于地缘关系的城市公民；⑥有公共建筑物，如神庙、宫殿、仓库、灌溉沟渠等；⑦有远程的贸易活动，所交易的货品不论在数量和专业化程度上均增加；⑧具有纪念性质的大型工艺品开始出现，而这些工艺品具有一致的形制；⑨文字出现，使得组织和管理的工作比较容易进行；⑩算术、天文、几何等较抽象的科学开始萌芽。② 这十个特征，客观描述了城市从器物到精神文化的演进逻辑。

历史上大面积的城市和城市群落形成后，带来了人们生活方式的巨大变迁，城市又成为包括文化创新在内的各种创新的中心地带。马克斯·韦伯指出："城市是独立的，但它紧密联系着经济、管理、仪式和政治的社团。"③ 城市被赋予着神奇的魔力，城市被视为财富与进步的场所、创新的引擎，是使人们富裕快乐的优裕之地。一方面，城市是文明的核心标志与核心成果，人类文明主要以

---

① ［澳］阿德里安·富兰克林：《城市生活》，何文郁译，江苏教育出版社2013年版，第222页。
② 马克垚主编《世界文明史》（上），北京大学出版社2004年版，第26页。
③ ［澳］阿德里安·富兰克林：《城市生活》，何文郁译，江苏教育出版社2013年版，第3页。

城市为场域得以生成、保存；另一方面，城市也成为人们进行文明创造的重要机制，城市的聚集与扩散为文明的创造、创新提供重要动力。①

20世纪后人类城市发生质的变化，城市成为现代化技术流量的发散地，智能化、信息化、网络化成为城市的突出形态。全球进入了新都市主义的新地段，"城市革命"成为普遍接受的现代化政策和增长导向的城市发展理念。但在相当长的历史中，城市发展缓慢，直到1800年，全世界的城市人口只占总人口的3%。进入近代后，随着产业革命的兴起，机器大工业和社会化大生产的出现，资本主义的产生和发展，才涌现出许多新兴的工业城市和商业城市，使得城市人口迅速增长。从1800—1950年，地球上的总人口增加了1.6倍，城市人口增加了23倍。在美国，1780—1840年的60年间，城市人口占总人口比例仅从2.7%上升到8.6%。1870年美国开始工业革命时，城市人口所占的比例刚超过20%。而到了1920年，这一比例骤然上升到51.4%。联合国预测，到2050年，世界上城市人口的比例将达到惊人的75%，超级大城市也将成倍出现，这也是历史的趋势。

今天的中国，已形成京津唐城市群、长三角城市群、珠三角城市群、山东半岛城市群和辽中南城市群。中国城市化水平每提高一个百分点，就意味有1 500多万农村人口导入城市。如何实现大量农业劳动力向城市非农产业转化，是各大城市下一步面临的挑战。

城市化是城市文明发展的必然逻辑，它是由经济社会发展引起的人口从乡村向城市集聚的过程。城市化的社会转型，根本上改变了城市和农村的生活形态。城市化包括了三个内容：一是城市数量和城镇人口增加，城镇人口在全国人口总量中的比重上升；二是城镇的形态和分布由各自独立的状况变成联系紧密的城镇系统；三是

---

① 陈忠：《城市社会的"总体性"及其伦理营建》，《光明日报》2017年2月6日。

城市生活方式的扩大和普及,即农村居民的生活方式日益接近城市居民。而城市化的核心,是"人"的城市化。

表 1-1 1950—2050 年世界比较发达地区和不甚发达地区城乡人口比例

地区	1950 年	2000 年	2050 年
比较发达地区			
总人口(千人)	813 561	1 194 199	1 245 247
城市人口比例(%)	52.5	73.1	86
农村人口比例(%)	47.5	26.9	14
不甚发达地区			
总人口(千人)	1 721 532	4 929 924	7 946 040
城市人口比例(%)	18	40.2	67
乡村人口比例(%)	82	59.8	33

资料来源:联合国秘书处经济和社会事务部人口司。转引自[美]丹尼尔·约瑟夫·蒙蒂、迈克尔·伊恩、博雷尔、林恩·C.麦格雷戈:《城市的人和地方:城市、市郊和城镇的社会学》,杨春丽译,江苏凤凰教育出版社 2017 年版,第 3 页。

1950 年,世界欠发达地区的总人口已是发达地区的两倍。到 2050 年,欠发达地区的人口将是发达地区人口的六倍以上(如表 1-1 所示)。

中国城市化一直处于低位。1949 年新中国成立时全国只有城市 69 个,县城和镇约 2 000 个,城镇人口 5 765 万人,占全国人口比例 10.64%。1953 年开始实施第一个五年计划,开始了大规模经济建设。工业化带动了城市化,城市吸引了大量农村劳动力,大批农村人口转为城市人口。城市人口的比例,1952 年为 12.46%,1965 年为 17.98%,1978 年为 17.92%,1980 年为 19.39%,1985 年为 36.59%。[①] 1979—1992 年,我国城镇化率由 18.96% 上升为 27.46%,提升了 8.5 个百分点;人口总数从 9.75 亿增加到 11.72 亿,城镇人口总数从 1.85 亿增

---

① 《中国大百科全书·经济学Ⅰ》,中国大百科全书出版社 1988 年版,第 74 页。

加到 3.22 亿，增幅 87.21%。地级市和县级市从 213 个增至 514 个，建制镇数量从 2 361 个激增为 14 539 个。

1993—2002 年，城镇化率由 27.99% 提升至 39.09%，10 年上升 11.1 个百分点。人口总数从 11.85 亿增加到 12.85 亿，增幅 8.44%，城镇人口总数从 3.32 亿增加到 5.02 亿，增幅达 51.20%，城镇人口增速高于全国总人口增速的态势尤为突出。从 2002 年年底党的十六大关注大城市与小城镇协调发展起，国内城镇化在保证较高增速的同时，开始形成"新型城镇化"的理念。

随着城市人口的增长和城市的发展，我国城镇化率从 2005 年的 43% 增长到 2015 年的 56.1%（见图 1-1），2015 年年末全国内地总人口 137 462 万人，其中城镇常住人口 77 116 万人，占总人口比重（常住人口城镇化率）为 56.10%。"十三五"规划提出我国城镇化率到 2020 年要达到 60%。

图 1-1　2005—2017 年中国城镇化率

资料来源：根据上海市年鉴统计。

从户籍人口城镇化率来看，2015 年我国常住人口城镇化率为 56.1%，户籍人口城镇化率则仅为 39.9%（见图 1-2）。国务院印发《关于推动 1 亿非户籍人口在城市落户方案的通知》，提出统筹推进本地和外地非户籍人口在城市落户，要求"十三五"破除城乡区域间户籍迁移壁垒，健全配套政策体系，到 2020 年全国户籍人口城镇化率提至 45%，各地区户籍人口城镇化率与常住人口城镇化率差距比缩小 2% 以上。

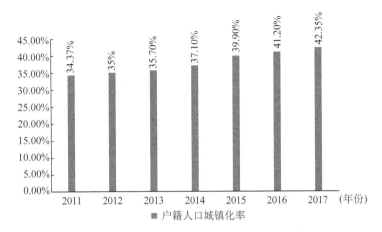

图 1-2　2011—2017 年中国户籍人口城镇化率

资料来源：根据上海市年鉴统计。

亨利·列斐伏尔"全面城市化"理论认为，城市化是一个无所不包的过程，横跨时空，全面改变社会，具有全球尺度。[①] 秩序、规制和系统的管理，成为人类城市文明的普遍命题，就是说，当人类开发了大规模的城市阵容后，出现了真正意义上的包括专业（技术）管理、系统管理在内的大规模集成管理的需求。

城市文明不仅包括建筑、器物等物性文明，还包括知识、价值、心理等智性文明，包括管理、治理及其相应的制度体系、理念哲学和新的城市方式，而后者更是人类城市文明发展进步的实质所在。城市治理迈过技术理性的历史阶段，进入了以理念、思想、哲学为衡量标准的新的城市时代。

---

① 列斐伏尔用戏剧化词语描述城市化过程是"扩张的城市攻击农村、损害农村、消融农村"，城市生活侵入农民生活，改变了农村的传统特征。农村被合并、消灭，纳入工业文明体系和消费网络。与此同时，随着金融、商业和工业网络的扩张，城市的传统社会和形态结构也遭遇解体，出现各种城市碎片的扩散，如郊区、居住区群、工业综合体、旅游度假区和遥远的城市边缘等。

二、城市社会

当城市超越一定规模的社群聚合，就成为城市型社会，城市也成为人类社会控制的策源地。但从国际社会经验看，判断一个国家或地区是否进入城市型社会，有着城镇人口、空间形态、生活方式、社会文化和城乡关系五方面的判断标准。其中，城镇人口是最为重要的标准。国际社会通常以人口城镇化率对城市作出划分：城镇化率在 51% 至 60% 之间，为初级城市型社会；城镇化率在 61% 至 75% 之间，为中级城市型社会；城镇化率在 76% 至 90% 之间，为高级城市型社会；城镇化率大于 90%，为完全城市型社会。

2011 年我国城镇人口首次越过 50% 的界线，人口城镇化率 51.27%，意味着我国结束了以乡村型社会为主体的时代，开始进入以城市型社会为主体的城市时代，这是中国社会结构的一个历史性变化。① 这是城市发展的新阶段，也是我们研究城市治理最基本的立足点。

美国历史学家伯恩斯（Edward Mc Nall Burns）和拉尔夫（Philip Lee Ralph）把人类制度产生的起点，界定在新石器时代，认为"从历史的角度来说，新石器时代文化的最重要特点也许是制度的发展"②，并认为"一种制度可以下定义为，就是群体信念为了满足群体的某种需要而以比较固定的形式组织在一起的群体行动的结合物。制度通常包括一套习惯和传统，一系列法规和准则，以及物质的延伸，如建筑、惩罚手段、沟通和训诫机构"。由此完整形态的制度，可以视为"新石器时代的一项成就"。③ 但严格说，城市管理

---

① 2012 年 8 月 14 日中国社科院发布《中国城市发展报告（2012）》指出：我国北京、上海、天津已迈入高级城市型社会之列，广东、辽宁进入中级城市型社会，另有 10 个省份跻身初级城市型社会之列。

② ［美］爱德华·麦克诺尔·伯恩斯、菲利普·李·拉尔夫：《世界文明史》（第一卷），罗经国、陈筠、莫润先等译，商务印书馆 1987 年版，第 21 页。

③ 同上。

的规制命题,是在城市成为"社会"后——具备了相对完整的社会形态(social formation)之后,才产生的。

古代城市产生于原始公社向奴隶社会过渡时期,最初是部落联盟的中心,"在一些聚落开始发展起了专门性的工具制造业和装饰品制造业,另外一些聚落则变成了进行货物交换的贸易地点。这些都是城市功能的起点"。①"劳动的专业化分工与某种形式的社会等级制的城镇和城市定居点,在公元前 9000 年到公元前 6000 年之间开始发展起来"②,那时"规制需求"并不突出,甚至"尚未见到有强大的政治和政治当局存在的证据"。③ 当城市不断发展,日益具备了丰富的社会形态后,复杂性增加了。作为人类物理和精神结构文明形态的城市运行质量,直接影响到城市效率,于是管理、规制等成为一种必要。

本书研究认为,相较于原始形态的城市,发展型的城市社会具有三种主要特质,是当下研究城市治理要把握的重要内容。

一是形成了特定的"社会结构"(social structure)。社会结构作为社会体系各组成部分或诸要素之间比较持久、稳定的相互联系模式④,一般包含了社群结构、家庭结构、社会组织结构、个体活动位置结构(社会阶层结构)、就业结构、收入分配与消费结构、区域结构、城乡结构、生活方式结构等诸多内容,但其最重要的内容是角色(role)、社群(community)和规制体系(rules system)。

我国已形成城市型社会结构,但我国离中高级城市型社会的标准还有较大差距。如从生活方式看,大量进城务工的农民工、郊区就地转化的农转非居民以及县改市中存在的大量农民,在统计上虽为"城镇居民",但其实并未真正融入城市。从社会文化结构看,我国城市还是建制镇,缺乏特色,城市品质较低。再从城乡结构看,

---

① [英]伊恩·道格拉斯:《城市环境史》,孙民乐译,江苏凤凰教育出版社 2016 年版,第 1 页。
② 同上。
③ 同上书,第 2 页。
④ 《中国大百科全书·社会学》,中国大百科全书出版社 1991 年版,第 308 页。

我国城乡两元分割，公共服务差距大，一直是城乡融合和城乡一体化面临的难题。

研究城市，就是要深入研究一个城市社会的各种结构。一种理想的现代社会结构，应具有公正性、合理性、开放性。改革开放40年来，我国"两阶级一阶层"结构解体，社会阶层结构由单质化到多元化，但我国社会阶层结构的现代化转型远未完成。社会中下阶层比重大，中间阶层比重小，整个社会结构与现代性的"橄榄形"结构仍有着相当的距离。

二是形成了高强度的"社会互动"（social interaction）。可以说，高强度的社会互动是21世纪中国城市与乡村之间、城市群落之间最大的社会景观。德国社会学家G.齐美尔在1908年所著的《社会学》一书中最早提出"社会互动"的概念，后在美国形成了相关学派和系统理论。如"符号互动论"成为一种影响甚大的理论，以社会心理学家和社会学家乔治·赫伯特·米德（George Herbert Mead）、布鲁默（Herbert Blumer）等为代表。在各种对于社会互动的分析中，比较值得注意的是从"过程"和"结构"这两个角度作出的相关分类。"互动"首先是个过程，是一种由自我互动、人际互动和社会互动三个界面组成的过程。作为结构意义上的互动，又可分为两方面：宏观方面表现为诸如阶层之间、民族之间、国家之间的互动，微观方面则表现为所谓"角色互动"（role interaction）。

城市社会加剧了人们大规模的人际交往，构成种种社会互动关系，这是现代城市治理面临的一种历史"场景"。正是大规模的社会互动和群体交往以及相应产生的竞争、合作、冲突、调适等问题，引发了源源不绝的新的治理命题。但总体上，我国还处于初级城市社会阶段，还处于由乡村型社会向城市型社会转型关键时期，如何实施十九大提出的"乡村振兴战略"，推进农民市民化、城乡融合共享，提高城镇化质量、提升城市品质，是我国当下推进国家治理现代化的关键所在。

三是构成了特定的"社会情境"（social situation）。城市是各种人和各种阶级融合在一起的地方。尽管有些勉强,且争论不休,但是,各类人和阶级还是创作出虽短暂但瞬息万变的共同生活。①"城市不只是一个建成实体,它也反映了多种多样的人群与文化的抱负和希望。一个城市的形态、功能、时尚和魅力都表现了一整套的心境、习惯、风俗以及生活方式。"② 这种情境,今天尤为加剧。有人甚至认为,"城市生活"已成为"一种生态隐喻"。③ 所谓一切以时间地点为转移,聚焦当下社会情境,才有可能解决好当下新的城市治理问题。

"情境"概念最早由美国学者 W. L. 托马斯(William Isaac Thomas)与 F.W.兹纳尼茨基(Znaniecki)在合著的《身处欧美的波兰农民》一书中提出,后在德国心理学家 K.莱温(K. Lwin)的"物理-心理场"的理论中得到进一步研究。人的社会行为与社会情境的关系,K.莱温用公式表示为:

$$B = f(P, E)④$$

式中,B 为人的社会行为;P 为个体;E 为社会情境;f 为函数关系。美国社会心理学家 G.W.奥尔波特(G. W. Allport)等,也对社会情境作出过相关分析。

社会情境有着"真实的情境""想象的情境""暗含的情境"的不同。"真实的情境"表现为人们周围存在的他人与群体,个体与他人或群体处于"直接面对"的相互影响中;"想象的情境"表现为在个体的意识中他人与群体、双方通过传播工具间接发生相互作用;"暗含的情境"表现为他人或群体交往中所呈现的象征性意义,有着潜在判断特性,它是影响个体行为的社会情境。

---

① [美]戴维·哈维:《叛逆的城市:从城市权利到城市革命》,叶齐茂等译,商务印书馆 2014 年版,第 68 页。
② [英]伊恩·道格拉斯:《城市环境史》,孙民乐译,江苏凤凰教育出版社 2016 年版,第 419 页。
③ [澳]阿德里安·富兰克林:《城市生活》,何文郁译,江苏教育出版社 2013 年版,第 115 页。
④ 《中国大百科全书·社会学》,中国大百科全书出版社 1991 年版,第 317 页。

社会情境构成了社会环境，但与社会环境不同。社会环境包括了社会存在与社会意识，社会情境只是社会环境中与个体直接发生心理联系的那些特定部分。此外，社会环境对于个体具有"纯客观性"，不同个体可以处于同样的"社会环境"，但社会情境则是经主客观之间互动形成的，每一个体总是处于特定的以他自身为主体的"社会情境"之中。由此社会情境时常会被个体所意识到，并直接影响个体的心理和社会行为，而社会情境之外的社会环境则时常在未被个体所意识到的条件下，间接地对个体心理行为产生影响。

社会情境构成了现代城市特定的"场域"，甚至构成了不同城市的个性与风格。当一座城市成为"超大型"社会体量的时候，其"社会情境"也相应发生巨大变化，构成新的诸多治理变量。

三、超大型城市

超大型城市成为人类聚落的大趋势。超过 1 000 万人口的超大型城市，成为人类有史以来最巨大、最复杂的聚落集群。

我国以往的城市规模划型标准确立于 1980 年。1980 年我国首次参照联合国标准，以城区常住人口为统计口径，当时特大城市标准是 100 万人以上。从人口类型看，我国 1980 版指"市区非农业人口"，2014 版指"城区常住人口"；从人口规模看，1980 版标准是 100 万以上，2014 版标准是 500 万以上 1 000 万以下。我国最新城市划分标准作出了四个方面的重要调整。

一是城市类型由四类变为五类，增设了"超大城市"，反映了改革开放以来城市发展实际。二是将小城市和大城市分别划分为两档，细分小城市为满足城市规划建设的需要，细分大城市主要为实施人口分类管理的需要。三是人口规模上下限都作了调整。小城市人口上限由 20 万提高到 50 万；中等城市上下限分别由 20 万、50 万提高到 50 万、100 万；大城市上下限分别由 50 万、100 万提高到

100万、500万;特大城市下限由100万提高到500万。四是将统计口径界定为"城区常住人口"。①《第一财经日报》统计,按照新的划定标准,我国目前城区常住人口1 000万以上"超大城市"至少有六个:北上广深四个一线城市和天津、重庆2个直辖市。而介于500万到1 000万之间的"特大城市",有武汉、成都、南京、杭州、沈阳、西安、郑州、哈尔滨、青岛、苏州共10个。300万到500万的"Ⅰ型大城市"包括长春、大连、济南、无锡、宁波、福州、厦门、长沙、昆明等众多二线城市。就是说,一二三四线城市划分中,城区人口在300万以上城市中除了四个一线城市,其他都是二线城市。②

超大型城市已成为一种新的"城市方式",也成为城市文明的一种"型"。英国《每日电讯报》在2011年1月25日曾公布全球超级大城市排行榜,全球有25座人口超过1 000万的城市入选,其中三个城市来自中国。日本东京以3 420万的人口总量居第一,中国广州市以2 490万人口总量居第二,韩国首尔以人口总量2 450万居第三。上海排名第十,北京排名第二十。③ 2006年联合国内罗比环境计划负责人托普尔(Topol)曾表示:"到2015年或是2020年的时候,全球将有27座到30座人口超过一千万的大都市。其中亚洲将有18座这样的城市。由此城市化问题的重点,被认为是在亚洲。"

联合国预测,到2050年世界上城市人口的比例将达75%,超级大城市将成倍出现,这是全球性历史趋势。未来世界最大的40

---

① "城区"是指在市辖区和不设区的市、区、市政府驻地的实际建设连接到的居民委员会所辖区域和其他区域。"常住人口"包括居住在本乡镇街道,且户口在本乡镇街道或户口待定的人,居住在本乡镇街道且离开户口登记地所在的乡镇街道半年以上的人,户口在本乡镇街道且外出不满半年或在境外工作学习的人。

② 一二线城市一般都拥有大型的飞机场和火车站,拥有较好的公共资源,对区域经济发展具有较强的辐射带动作用,在二线城市以下基本是普通地级市,对周围的辐射和发展较为有限。(林小昭:《城市划分新标准:未来或现十个超大城市》,《第一财经日报》2014年11月21日)

③ 除上述城市外,入选"超级大城市"的还有印度首都新德里、墨西哥首都墨西哥城、美国纽约、菲律宾首都马尼拉、美国洛杉矶、俄罗斯首都莫斯科等世界著名城市。

个超级都市区占据地球极少的面积,却有全球 18% 的人口生活其中。

从人类文明进程看,从原始聚居地,到村庄,到城镇,到城市,再到大城市,有个明显的发展轨迹,即超大城市基本上是人类生活方式的下一个进化阶段。

问题是,今天所谓超大城市,仅仅是人口体量上的含义吗?

21 世纪城市规模扩张,城市体量增大。当我们基于一定标准将某个城市定义为超大城市,意味着拥有特定的权力、影响力(如资源、地区辐射力、国际影响力等)和特定的城市方式,代表了 21 世纪经济和区域扩张方式。超大城市对人类科技创新、文化形塑,对工业和艺术等领域的推动,是其他体量的城市无法比拟,也无法替代的。

城市人口不仅具有人口统计学上的意义,同时意味着城市社会治理难度的增加,精细化治理要求的升高。因此人口因素只是理解超大城市的一个入口,不是其含义的全部。超大城市的最重要的特征,是其结构的复杂性和治理难度的"几何级提升"。城市分工的分化使经济发展具有更为丰富的可能性,但人口大量聚集和分化本身,在带来经济增长活力和城市扩张的同时,带来了更丰富的社会性特质,城市治理难度不断增加。超大城市或超大型城市不只是人口数量含义上的,更是城市文化方式和城市治理模式上的革命性变革。

四、超大型城市与治理变量

由此需研究的是,城市体量与社会治理之间,构成了怎样的变量关系?超大型城市不断出现,在国家治理体系与治理能力上意味着什么?超大型城市究竟给现代城市文明带来了怎样的新定义?超大型城市究竟带来了哪些共性的治理新命题?

第1章 城市、城市社会、超大城市治理特性

1. 超大型城市：文明新地带

未来很多城市的治理命题，都将产生于城市"超大"这一基点上。正如一个国家的幅员与政策效率构成了相关性，城市体量变化，城市之"大"之"超大"，与城市集体行动和公共生活也构成了紧密的相关性，从而成为影响城市效率的新变量。但在众多的比较研究的讨论中，学者们大多忽略了一个重要维度，即"国家治理的规模"。超大型城市治理所要解决的许多问题，是非超大型城市不具备或不显性不突出的，"量变"引发质变，"超大"引发超难、超越、超复杂。

超大型城市不仅是文明的新方式，也是治理革新的新地带。今天国家治理是通过城市治理来体现的，国家与地区进步是通过城市进步来表达的。可以说超大型城市治理本身，就成为一种新现象。

2. 城市趋同性与制度变迁

"人类的城市生活往往丧失其在审美、滑稽、仪式和精神上的传统的所有相同之处"[①]，超大城市加剧了这种趋同性。萨森（Saskia Sassen）曾谈到，在世界范围内城市经济区出现了城市形态的同质性。[②] 城市越大，内在统一性要求越高，对于城市文化和城市个性、风格与风情的"逆向消弭"越高。超大城市在构成新的都市文化景观的同时，"平庸性"在增加。比如城市越大，规划性越强，街道会越平庸。"尽管具有前瞻性的观念和规划，试图去建设一座更美好城市，但这种使用权和所有权模式却使城市继续维持着几个世纪

[①] ［澳］阿德里安·富兰克林：《城市生活》，何文郁译，江苏教育出版社2013年版，第13页。

[②] ［英］彼得·布鲁克：《现代性和大都市：写作、电影和城市的文艺社群》，杨春丽译，江苏凤凰教育出版社2015年版，第8页。

以来毫无变化的街道布局。"① 因此体量超大的都市，愈难保持特定的"个性风格"。

另一面，超大型城市制度变迁受到多维因素制约，增大对"成本-收益"的考量。想要实现有效的制度变迁，必须满足：

$$\pi_p = \pi_n - C - \pi_0 > 0$$

式中，π_p 为制度变迁的预期收益；π_n 为目标制度的预期收益；C 为制度变迁的预期变迁成本（成本需另作分析）；π_0 为原有制度实际收益或实施新制度所放弃的机会成本。

在推动制度变迁动力时除了需考虑到制度变迁过程的预期收益，还要考虑预期收益的可信度，两者与制度变迁动力成正比关系：

$$m = f(\pi_p, r, x)$$
$$\partial m/\partial \pi_p > 0, \quad \partial m/\partial r > 0$$

式中，m 为变迁动力；r 为预期可信度；x 为其他因素。

超大型城市制度变迁可以描述为：

（1）制度体系内各种制度是分先后变迁的，而非整体性变迁；

（2）非正式制度对于正式制度变迁有很大影响；

（3）制度变迁内在动因是现有制度没有真实反映各利益主体的利益诉求和力量对比（见图 1-3）。

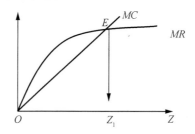

图 1-3　制度变迁过程中边际成本收益

---

① ［英］伊恩·道格拉斯:《城市环境史》，孙民乐译，江苏凤凰教育出版社 2016 年版，第 23 页。

横轴上 Z 为制度变迁中不同制度的状态,竖轴为制度变迁过程中的边际成本或边际成本收益,MR 为制度变迁中的边际收益,MC 为制度变迁中的边际成本,O 和 E 为两个制度变迁均衡点,$[O,Z_1]$ 就为制度变迁的过程。从影响超大型城市制度变迁的因素看,权力和利益、政治意识、文化传统构成了三种现实因素,如图 1-4 所示。

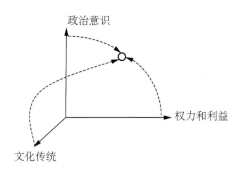

图 1-4 城市制度变迁三维模型

政治意识变化通常是城市制度变迁的逻辑起点。如 1978 年"解放思想,实事求是"成为中国改革开放和制度变迁的发端,1992 年邓小平视察南方发表谈话对十四大确立社会主义市场经济是个引导。在中国城市制度环境中,权力和利益往往不对等,权力强势者在博弈中占据较高位置。文化传统则对现实制度变迁有着若隐若现的影响,比如"取中""适度""中庸"是制度变迁中常有的思维表现。

拥有巨大经济实力和城市体量,客观上会在城市阵容中扮演重要角色,溢出一种综合性示范引领作用,增加人们对于制度变迁的认同感,但这并不表明城市规制本身具备了怎样的"特质"。大城市在风格上正趋于同一,如何认识和遏制这种趋同性,成为一种文明价值上的必要。

3. 城市新哲学：破解"世界级难题"

超大型城市有着极高的治理性，即它的面貌与状况决定于治理行为的特性。作为一种新的社会业态，超大型城市体量规模与治理之间构成了复杂的内在关系，治理难度提升。从超大城市治理的内在变量关系看：

（1）城市越大，治理科学性要求越高，规整度压力越突出，国际化驱动力越强。从规整度来说，比如超大城市社会生活的复杂性迫使人们必须要有时间观念、遵守时间。从国际化压力来说，超大城市存在有很多国际化压力。伊拉斯姆斯大学（Erasmus University）的叶恩华（George Yip）教授提供了一个分析"全球化驱动力"的框架，这些全球化驱动力被普遍认为是"国际化驱动力"（见图1-5）。

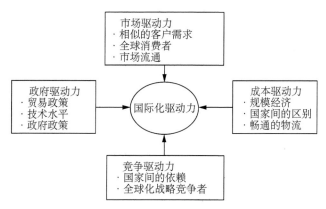

图1-5 城市国际化驱动力

资料来源：根据伊拉斯姆斯大学叶恩华教授的分析制作。

国际化驱动力表现为：①市场驱动力。国际法律框架的完善，使不熟悉的伙伴交易风险降低。从飞机旅行降价到互联网交流的改进，全球思想交流越来越容易，国际贸易、投资和移民的障碍大大减少。国际化推动力是标准化的市场，如市场流通促进全球化品牌的形成。②成本驱动力，国际化经营可降低成本。国际市场需求给生产商和供应商带来规模经济效应。而畅通的物流，将有价值的产品和服务送达目的地。③政府驱动力，它既可能促进又可能抑制国际化。④竞争驱动力，国家之间相互依存增加了全球协调的压力。

（2）超大型城市首先是大规模人口聚集地。人口越多，城市社会性越高，社会行为越丰富，城市集体行动越复杂。"富裕人口和贫困人口涌入城市"，"全球所有较为古老的城市都已经遇到了城市生活的痼疾：疾病、犯罪、拥挤"。①

（3）城市越大，现代化设施升级更新越快、系统性越强，城市越脆弱，越不可预测。如2018年4月25日上海地铁2号线故障，使"半个上海瘫痪"。这是8个月里上海地铁2号线第4次出故障。2017年8月21日上海地铁8号线、2号线、1号线三条线相继出现故障，造成大批人群积压，整个城市处于瘫痪中。正如德国社会学家格奥尔格·齐美尔指出的，"倘若柏林所有的钟表突然因不同方式坏了哪怕一个小时，它的整个经济和商业生活就要受到一段时间的破坏"。②

（4）城市越大，能耗越大，碳排放挑战越大。城市密度有助于降低碳排放，但城市会增加碳排放绝对量。2016年上海中心城区的公共建筑单位面积年平均用电量比非中心城区高出12.5%，2016年中心城区公共建筑单位面积年平均用电量较2015年增长7%。2016年非中心城区公共建筑单位面积年平均用电量较2015年增长13%，增幅高于中心城区。2014—2016年，接入能耗监测平台建筑总面积

---

① ［美］爱德华·格莱泽：《城市的胜利：城市如何让我们变得更加富有、智慧、绿色、健康和幸福》，刘润泉译，上海社会科学院出版社2012年版，第9页。
② ［美］丹尼尔·约瑟夫·蒙蒂、迈克尔·伊恩·博雷尔、林恩·C.麦格雷戈：《城市的人和地方：城市、市郊和城镇的社会学》，杨春丽译，江苏凤凰教育出版社2017年版，第120页。

增幅约为 54%，年总用电量增幅约为 57.1%。①

上海从 2019 年 7 月 1 日起步入垃圾分类强制时代，实施最严格的垃圾分类，是超大城市治理的必然逻辑。② 超大城市实施强制性垃圾分类迫在眉睫。2018 年上海每日生活垃圾清运量近 2.6 万吨，年均生活垃圾产生量超过 900 万吨。粗略估算，如果用 2.5 吨卡车来运送，上海每天产生的生活垃圾，所需车辆头尾衔接可绕上海内环一圈。

史前社会每年的人均物质材料投入大约需要 6 吨，每年人均呼出 5.1 吨气体，还有大约 0.8 吨的排泄物，每年人均产生大约 0.1 吨固体垃圾。然而，现代社会每年人均则要使用大约 89 吨物质原料，排出 19 吨气体和 61 吨排泄物，并制造出 3 吨固体垃圾。人均材料使用量剧增，主要是城市化发展的后果。③ 源头减量和资源化处理，是超大型城市走出"垃圾围城"困境的必然选择。

如果中国人均碳排放量达到美国水平（美国平均每人每年碳排放 20 吨），全球每年将增加 200 亿吨碳排放，将使全球碳排放总量增加 60%。④ 如何实现低碳、节能、便利，形成绿色的文明法则，营建新的聚合文明，实现人与自然和谐共存，成为问题。

（5）城市越大，"人"越渺小，越考验城市的"初始命题"——城市的形成是为人的生活和交易提供方便和效率。超大型城市发展与

---

① 上海市住房和城乡建设管理委员会、上海市发展和改革委员会：《2016 年上海市国家机关办公建筑和大型公共建筑能耗监测及分析报告》(2017 年 5 月)，上海建设工程咨询网，http://www.scca.sh.cn/search-detail.html?id=508e2cd6-6d15-45b3-afba-8a10f18c5d02，最后浏览日期：2020 年 10 月 27 日。从城市垃圾处理看也越来越"巨量"：2017 年年末上海城市污水处理厂日处理达 831.70 万立方米，比 2016 年年末增长了 2.4%。上海全市生活垃圾末端处理达 24 650 吨/日，其中焚烧 13 300 吨/日。全年清运生活垃圾 899.50 万吨。

② 2019 年 1 月 31 日上海市十五届人大二次会议表决通过《上海市生活垃圾管理条例》，2019 年 7 月 1 日起正式实施。

③ [英] 伊恩·道格拉斯：《城市环境史》，孙民乐译，江苏凤凰教育出版社 2016 年版，第 56 页。

④ [美] 爱德华·格莱泽：《城市的胜利：城市如何让我们变得更加富有、智慧、绿色、健康和幸福》，刘润泉译，上海社会科学院出版社 2012 年版，第 202 页。

此并不完全同向，如增加生活成本、降低生活效率，城市生活压力与城市体量构成正相关关系。此外城市越大，人越客体化和边缘化。德国社会学家格奥尔格·齐美尔在城市分析中认为，城市分工越来越细，对人工作要求越来越单一化。发展到极点时，人被贬低到微不足道的地步，在庞大的雇佣和权力组织面前成了一粒小小的灰尘。如何凸显人的生命价值，使城市人保持丰富的人性特质，保持体面、优雅和尊严，成为新的城市问题。

总之城市规模体量的扩张，引发"从量变到质变"的治理命题越来越多。超大型城市治理新现象，是当下最具现代性（modernity）的社会现象。对于城市体量与治理之间的变量的关注，应成为今天城市研究的新视野。

第 2 章
上海超大型城市治理历程分析(上)

上海作为中国超大型城市，其变化发展是一部社会史。1949年新中国建立后，上海开始了城市治理的历程。这个历程分为几个阶段，每一阶段有不同特点，呈现了超大型城市治理的发展走势及逻辑。新中国成立后的整个民主建政过程，呈现从市→区→街道→村（居）委这样一个下延过程，是一个自上而下的扩展过程。

一、从民主建政到巩固基层政权

1. 接管城市，开启治理步伐

1949年5月27日上海解放。5月27日根据中国人民革命军事委员会电令，中国人民解放军上海市军事管制委员会成立（以下简称军管会），对城市实行军事管制（陈毅任军管会主任，粟裕任副主任）。上海市军管会为城市军管时期权力机关，行使军事、政治、经济、文化事务等军管权力。

城市军管会设置了全方位的机构：①军事接管委员会（粟裕任主任，唐尧任副主任），下设军事部、政工部、后勤部、空军部、海军部、训练部；②政务接管委员会（周林任主任，曹漫之任副主任），下设民政和法院接收处以及20个市区接管委员会；③财政经济接管委员会（曾山任主任，许涤新、刘少文任副主任），下设贸易区、工商处、财政处、金融处、劳工处、轻工处、重工处、农林处、铁道处、电讯处、邮政处、航运处、工务处、公用处、房地产处、卫生处；④文化教育管理委员会（陈毅兼任主任，韦悫、夏衍、钱俊瑞、范长江、戴白韬任副主任），下设高等教育处、市政教育处、文艺处、新闻出版处。同时还设立了办公厅、秘书处、总务处、交际处、人事处、外侨事务处、公安部、淞沪警务司令部、运输司令部、公共房屋分配（管理）委员会、近郊接管委员会。基本构建起与上海后来行政机构大体一致的全方位的行政架构。

上海解放，上海市人民政府即成立。1949年5月28日中国人民革命军事委员会任命陈毅为上海市市长，曾山、潘汉年、韦悫为副市长。1949年5月28日下午陈毅到上海江西中路215号大楼二楼市长办公室,参加接管国民党市政府的仪式。① 国民党上海市市长赵祖康将旧政府两枚印章呈交陈毅。1949年6月10日国民党市政府系统各机构的接管工作基本完成。② 整个接管分为三个阶段:接收阶段,办理清点移交,不打乱日常业务正常运行;管理阶段,研究、考察并进行了局部改造整编,清除国民党旧制度,人民民主制度开始建立;改造阶段,政务部门和军事部门按照解放区的军政制度,开展彻底改造,经济部门和文教部门则保留了一部分合乎科学规律的部分。

从体制看,当时市军管会和市政府共同履行了人民政权职能。凡既定的各项政策一般以上海市人民政府名义公布;凡带有应急性、临时性或试验性的处置,则由上海市军管会发布命令实施。

1949年7月底各项工作正式划归上海市政府管理。1949年8月18—26日,上海市人民政府任命了各单位负责人。至1949年年底,上海市人民政府共建立了23个政府部门。

2. 建章立制,建立政权机构

解放初期上海的民主建政以各界人民代表会议为中心展开。1949年8月3日上海市第一次各界代表会议召开(后改称上海市一届一次各界人民代表会议),会议代表656人,开了三天。从议程可以看到当时城市治理的重点:市委书记饶漱石作《关于粉碎敌人封锁和建设新上海的方针的报告》,上海市市长陈毅作《关于市军管会和市人民政府六、七两个月的工作报告》,会上确定了建设"新上海"的六大任务。

---

① 参加接管仪式的有副市长潘汉年、韦悫,淞沪警务区司令员宋时轮、市政府副秘书长周林、沙千里以及部门领导周而复、刘丹、熊中节等人。
② 当时接受后,将秘书、人事、总务三处改造重建,将会计处移入财政局。撤销调查处、统计处和参事室、机要室。废除旧法院和警察局,成立人民法院和公安局。撤销旧社会局,成立工商管理处和劳工处。裁撤民食调配处,成立上海粮食公司。

围绕上海各界人民代表会议这一平台,开展了机构整编、区政建设等。截至1954年8月上海市一届人大一次会议召开,上海市各界人民代表会议历经3届,共举行了9次会议。① 上海市各界人民代表会议从开始时的咨询、协商、参政议政,发展到代行市人民代表大会职权,选举政府领导人,成为当时人民政权的组织形式,为后来过渡到普选的人民代表大会制度,奠定了基础。

根据《中华人民共和国全国人民代表大会及地方各级人民代表大会选举法》的规定,1953年冬至1954年春上海全市普遍开展基层选举。在选出区和乡、镇两级人民代表大会(以下简称人代会)代表之后,各区人代会和驻沪部队等选举单位选出第一届人代会代表800名。1954年8月上海市一届人大一次会议召开,标志着上海民主建政发展到一个新阶段。

3. 区级民主建政的拓展

解放伊始上海市行政区划基本维持原状。当时上海全市共有30个区,其中市区为黄浦、老闸、邑庙、蓬莱、嵩山、卢湾、常熟、徐汇、长宁、静安、新成、江宁、普陀、闸北、北站、虹口、北四川路、提篮桥、榆林、杨浦20个区;郊区为新市、江湾、吴淞、大场、新泾、高桥、真如、龙华、杨思、洋泾10个区。市区人口占当时上海全市总人口83%,面积占上海全市面积14%。

接管工作告一段落后,在整个区一级即展开了基层政权建设。第一阶段主要废除旧保甲制,第二阶段撤销区的军事接管,建立区级人民政府,第三阶段召开各区的人民代表会议,确立民主制度。

1950年6月上海市人民政府批准成立30个区的人民政府,任命了各区区长。同时市政府成立区政工作委员会和区政指导处,强化对各区政府的指导(上海重视区政工作、夯实基层基础,从这里就

---

① 共听取和审议政府工作报告7个,财政、预决算报告3个,有关劳动就业、财政税务、文化教育、疏散难民、失业救济、抗美援朝、民主改革、镇压反革命等专题报告38个,通过条例、规则6个,决议、决定31个。

开始了）。1950年7月1日上海市军管会撤销。1950年12月至1951年3月，上海全市各区先后召开各界人民代表会议并成立区协商委员会，建立起区政府与各界人民的联系渠道。

4. 上海基层政权建设三个发展阶段

1949年6—7月上海解放接管工作告一段落后，当时按3—5个旧保范围，设立一个"接管专员办事处"，负责组织居民工作。1950年7月1日随着各区人民政府成立，原区接管委员会下属的接管专员办事处撤销。1950年11月上海全市开展以防特、防盗、防空、防火为主要内容的人民冬防工作，以公安派出所辖区为范围成立"冬防办事处"（成为街道办事处前身）。到1951年3月，上海共设立冬防办事处117个。1951年6月市区20个区，郊区洋泾、吴淞一部分城市化地区，在"冬防办事处"的基础上，以公安派出所辖区为范围，设立人民政府"派出人员办事处"。派出人员办事处在区政府领导下（业务上受区民政科直接指导），具体负责指导街道里弄居民的组织工作。派出人员办事处当时为区人民政府派出人员办事的处所，而非一级行政机构。

1952年6月派出人员办事处一律改称"上海市某某区人民政府第几办事处"。到1952年年底上海全市建立起135个办事处。

关于这一办事处的性质，1952年6月上海市人民政府发布《上海市市区设置区人民政府办事处试行方案（草案）》作出界定：办事处为区政府的派出机关，以地区居民为主要工作对象。主要任务：①组织发动里弄居民，以推动与贯彻当前的中心任务；②领导居委会，协助区政府开展里弄中的民主建设；③组织教育居民劳动生产并推进有关居民的福利工作；④推动居民文化教育；⑤组织进行街道里弄公共卫生工作；⑥贯彻区政府规定的有关居民工作。

各区政府的办事处成立后，在指导里弄居民进行组织建设，宣传贯彻政府政策法令，推进居民福利与安全等工作中，特别在动员居民响应政府号召贯彻各阶段中心任务中，开始发挥很大作用。但据上海市民政局的调查，当时也暴露出一些突出问题：①职权范围不清晰，工作漫无边际；②多头领导，工作忙乱；③干部少，能力也比较弱。这些早期暴露出的问题，后来一直是街道这一层面的问题（进入新世纪后这些问题还普遍存在），成为"老问题"。

针对这些问题，上海市民政局在 1952 年 9 月出台《市区区人民政府办事处试行方案（草案）》，明确办事处的性质为"区人民政府的派出机构，不是区以下的一级政权"，也不是政府各部门的"承办机构"。其任务是代表区人民政府具体进行地区居民的组织工作和推进居民福利工作，在区人民政府的领导下推动居民委员会贯彻群众性的中心任务；根据区人民政府统一布置与指示，指导居民委员会做好居民工作，及时向区人民政府反映居民的意见与居民工作的情况。

当时这一《试行方案》，由上海市人民政府在征求了各方意见后作了修订，于 1953 年上半年正式公布施行。

1954 年 12 月第一届全国人大常委会第四次会议通过《城市街道办事处组织条例》，规定街道办事处主要任务是：办理市、区人民委员会有关居民工作的交办事项；指导居民委员会的工作；反映居民的意见和要求。至此，作为城市基层治理的重要机构的街道办事处体制正式确立下来，成为中国特色城市基层治理的重要体制层级。

根据全国人大颁发的《城市街道办事处组织条例》，上海市人民委员会①于 1955 年 5 月 18 日批示：各区办事处的名称今后以其所在地街道名称称之，即为某某区人民委员会某某街道办事处。

1963 年 8 月上海市人民委员会根据《城市街道办事处组织条例》，结合上海实际，制定发布《上海市街道办事处工作条例试行草

---

① 1955 年 2 月，上海市一届人大二次会议依照 1954 年 9 月公布的《中华人民共和国宪法》和《中华人民共和国地方各级人民代表大会和地方各级人民委员会组织》规定，将上海市人民政府改为上海市人民委员会（简称上海市人委）。上海市人委是市人民代表大会的执行机关，也是上海市地方国家行政机关。

案》，规定街道办事处主要任务为：①了解居民的意见和要求，指导里弄委员会的工作；②配合有关部门对居民进行思想政治教育，动员居民积极响应党和政府的号召，完成各项中心任务；③根据上级政府规定，负责领导管理街道里弄集体事业的有关工作；④安排居民经济生活，做好优抚救济工作；⑤组织居民开展业余文化教育活动，发动群众做好爱国卫生工作；⑥根据上级政府规定，对地区劳动力进行管理调配，做好减少城镇人口工作；⑦配合有关部门做好群众性的治安保卫工作和调解工作；⑧承办市、区人民委员会交办的其他有关居民工作。

从冬防办事处，到派出人员办事处，再到区人民政府办事处，街道办事处成为城市基层治理的一个重要层级。它是基层建政的逻辑发展，也是中国城市基层政治建设实践的一种创新。

二、城市基层治理与体制构建

1. 体制改革，街道功能强化

1960年后由于上海街道集体经济和文教事业的发展，工作任务大为增加，工作人员随之猛增。如1954年，黄浦区牯岭街道办事处只有7个工作人员，到1960年猛增到98人。

"文革"期间街道办事处改名为"街道革命委员会"。在"一元化"的领导口号下，有些区将菜场、粮店、煤球店、熟食店、废品等行业以及小学、街道医院、房管所、公安派出所等，都下放到街道，使街道办事处的任务和权力大为膨胀。"文革"结束后，街道工作得到拨乱反正，但多头指挥、任务繁重（当时大小工作五六十项），低效率问题突出。

由于形势变化和发展，原有关于街道办事处的相关规定已与实际不相适应。1982年上海市民政局重新承担起基层政权建设的工作，开展对街道办事处的调查研究。着眼于使街道办事处工作规范化、法制化，更好地发挥城市基层治理功能，对街道办事处的性质、任务、组织机构、工作制度、工作关系和工作方法等，都重新作出了相关界定。

1984年上海城市经济体制改革开始后，街道新的问题又开始突出。街道办事处事实上已突破"派出"机构的性质，扮演起一级基层政府的角色。

长期以来，街道办事处一直存在机构性质与实际担当的角色之间的矛盾。1985年10月上海选择黄浦区广东路街道办事处、长宁区天山路街道办事处、虹口区曲阳路街道办事处进行行政管理体制改革试点。体制改革设定的任务，主要有五个方面：①由市区授予三个街道办事处行使基层政权的某些职能。②给街道办事处放权。街道办事处辖区内的派出所、房管所、粮管所、工商所、环卫所、地段医院、菜场等单位实行条块结合的双重领导体制，其涉及地区性、群众性的工作，以街道办事处领导为主，系统性、专业性的工作，以条领导为主。街道辖区内的一切企业、事业单位在安全、消防、计划生育、市容、卫生等地区性的工作方面，必须接受街道办事处的监督和检查，凡违反规定的，街道办事处有权责成改正以致给予应得的处罚。街道办事处辖区内与人民生活有密切关系的商业网站和幼托等公益福利设施的撤并、关闭、转迁，要事先征得街道办事处的同意；辖区内文明单位的命名，要由街道办事处参加验收，命名后要接受街道办事处的监督；辖区内各类违法、违章事件，街道有权责成有关部门进行检查处理。③召开街道居民代表会议。代表由地区代表（由各地段居民推选）、当然代表（街道办事处党政负责人和"五所一院"负责人）、邀请代表（辖区内市属、区大单位选派）三部分人组成，听取街道办事处、房管所、工商所、派出所等单位的工作报告。收集代表提案，把街道工作置于人民群众监督之下，保证人民当家作主。④本着精简、统一、效能的原则，从实际出发，合理设置机构，适当增加人员编制。三个街道设市政卫生科、经济管理科、社会教育科、民政福利科和办公室4个科1个室（原为工作小组），同时，给街道办事处增加10个左右的人员编制，市编办确定街道编制人员33名。⑤增加街道财力。

可以看到这一体制改革的主要导向，是"做实"街道办事处，大幅度行政扩权，使街道办事处全面行使起基层政权职能。行政化、功能化、政权化，是这一体制改革的突出导向。

这三个街道办事处进行改革试点后，1987年2月上海市政府颁发《上海市街道办事处工作暂行条例》，明确街道办事处机构设置为一室四科，每年召开一次街道居民代表会议。在街道的体制功能上，《上海市街道办事处工作暂行条例》明确街道办事处为区人民政府派出机构，受区人民政府领导，行使基层政权的部分权力，管理本地区行政工作。主要任务是：宣传、贯彻、执行党的路线、方针、政策和国家法律、法规；进行社会主义精神文明建设；办理市、区人民政府的交办事项；指导居民委员会的工作，反映居民的意见和要求；管理街道经济实体，发展街道集体经济；发展综合服务事业；管理社会治安；管理社会闲散劳动力；开展民政福利工作、市政建设和管理。《上海市街道办事处工作暂行条例》还规定，街道办事处对辖区内公安派出所、粮管所、房管所、工商行政管理所、环境卫生管理所分所、地段医院、菜场（"五所一院一场"）等单位的工作，有权进行督促、检查、协调。

上海全市各街道办事处按照这一《条例》规定，开展相应体制改革。到1988年4月全市132个街道办事处，全部建立起居民代表会议制度，并完成内设机构设置。

1987年上海市财政管理体制改革后，1988年1月上海长宁区天山路街道办事处率先进行街道财政体制改革，实行"定收定支，结余留用，超额分成，一定三年不变"政策。1988年3月后，上海全市所有街道办事处都推开了财政体制的改革。

为动员广大居民参政议政，对政府工作进行民主监督，行使当家作主的权利，上海制定《上海市街道居民代表会议实施办法（试行）》，1989年3月由上海市民政局颁布施行。这一文本对"居民代表会议"的性质作出规定：它是街道辖区各界人士参加的，对本街道社会性、地区性、群众性的重大事情进行共同协商的民主制度，是居民群众参政议政的一种组织活动。对"居民代表会议"的任务规定为：①听取和评议街道办事处工作报告和公安派出所、粮管所、房管所、工商行政管理所、环境卫生管理所分所、地段医院、菜场负责人汇报；②讨论街道辖区内的政治、经济、文化、社会公共福利等重大事项；③根据国家法律、法规，讨论和制订街道辖区内的街规民约；④动员街道辖区内居民和机关、团体、企事业单位参加社会公益事业，监督和支持街道的各项工作。《实施办法》还对代表组成、任期以及会议制度作出相关规定。

上海市人民政府接着还发布《上海市街道办事处工作规定》，进一步对街道进行扩权。赋予街道办事处人事建议权、综合协调权和行政处罚权，即：街道办事处可以对区政府有关部门设在辖区内的派出机构主要行政负责人的任免、调动、考核、奖励，提出意见和建议；可以向辖区内的机关、团体、企业、事业单位布置有关城市管理、社会治安综合管理、方便群众生活等地区性、社会性、群众性的工作任务，并进行督促、检查、考核、协调和指导；可以根据法律、法规、规章的授权或者有关部门的委托，行使部分处罚权。

2. 重心下移，拓展基层治理

1986年、1988年、1991年、1994年、1995年，上海市委市政府先后召开五次街道工作会议。这些会议的主题，主要是推进五方面工作：一是加强城市管理，二是加强社会综合治理，三是加强便民利民社区服务，四是加强精神文明建设，五是加强基层干部队伍建设。根据1991年街道工作会议精神，上海对《上海市街道办事处工作暂行条例》作修订，并正式颁发执行，以进一步强化街道办事处职能。

20世纪90年代后，上海确立建设国际性现代化大都市目标后，日益认识到必须以基层社区建设和管理为重点，建立新的管理机制，并根据责、权、利相一致的原则，强化城市治理。

1996年3月上海市委市政府召开上海市城区工作会议。研究解决如何实现责、权、利相一致，管理与服务相统一，转制与机构改革相配套等原则以及如何以街道为主体，动员全社会参与社区管理等问题。会上出台了《关于加强街道、居委会建设和社区管理意见》的"18条政策"，成为上海强化街道功能、推进城区治理的重要举措。

政策内容主要是：①进一步明确街道党工委、办事处在社区建设和社区管理中的领导作用和行政管理职能；②根据地域条件调整街道、居民委员会设置规模，增加编制，充实干部力量；③理顺条块关系，街道办事处对区人民政府设在辖区内的派出机构实行双重领导，在街道设立由街道办事处领导的街道监察队；④根据财随事转、费随事转的原则，区政府每年新增的财政收入中增拨一定专项经费用于街道、居民委员会发展各项事业，绿化、环卫、市政等方面的各项经费核拨给街道办事处；⑤明确街道、居民委员会办公用房面积、居民委员会干部的收入标准和办公经费及来源；⑥调整和提高居住区公建配套和社区服务的规划指标；⑦对社区服务项目和社区福利事业实行各种倾斜性政策优惠。

根据1996年3月城区工作会议精神，上海市民政局起草《上海市街道办事处工作条例》，进一步强化街道办事处职能。1997年1月15日上海市第十届人民代表大会常务委员会第三十三次会议通过《上海市街道办事处工作条例》，1997年3月1日施行。这一《条例》，成为上海发挥街道办事处功能、推进基层治理的重要法律文本。

《上海市街道办事处工作条例》强化了街道办事处的综合协调和人事协管权，规定街道办事处依据法律、法规在本辖区内行使相应的政府管理职能，提高了街道办事处的工作水平（见表2-1）。街道办事处的工作以社区管理和社区服务为重点，开展社会主义物质文明、精神文明建设，创建安定团结、环境整洁、方便生活的文明社区。《条例》还规定街道办事处可设立街道监察队。街道监察队有权对辖区内违反市容、环境卫生、环境保护、市政设施、绿化等法律法规以及违法建筑、设摊、堆物、占道等行为进行管理和处罚。

表 2-1 上海市历年街道办事处数量

年份	数量(个)	年份	数量(个)
1995	106	2007	101
1996	98	2008	101
1997	102	2009	99
1998	99	2010	99
1999	100	2011	99
2001	99	2012	98
2002	99	2013	98
2003	100	2014	100
2004	103	2015	104
2005	103	2016	105
2006	104	2017	105

资料来源：历年上海市年鉴，截至2017年6月30日。

继1996年城区工作会议后，1997年、1998年上海市委市政府又先后召开城区工作会议；根据1996年确定的社区建设和管理的目标任务，在总结完善的基础上，研究推进和强化的措施。2000年上海市委市政府召开"社区工作会议"，回顾分析1986年以来上海社区建设工作和跨世纪社区建设的目标和要求。这时，上海城市治理的"城区"概念，更多已聚焦到"社区"概念。

3. 居委会建制与改革

新中国成立初期上海许多里弄和居民点，在各区接管专员办事处的帮助下成立自来水管理委员会、居民卫生小组、反轰炸人民防护队、里弄福利会等组织。这些群众组织的建立，使群众依靠自己力量，解决了当时政府一时不能完全解决的大量民生问题。

1950年11月根据"冬防"（防特、防匪、防空、防火）统一要求，上海组建了里弄组织"人民冬防服务队"2 020个。冬防服务队组织发动群众，进行爱国主义宣传教育，镇压反革命，巩固社会治安，同时为居民福利服务。

1951年4月上海市人民政府召开街道里弄代表会议，总结解放以来街道里弄居民组织建设的经验，提出为了搞好街道里弄的福利和安全工作，将抗美援朝爱国主义运动贯彻到群众中去，必须加强里弄组织。会议提出将原有的"人民冬防服务队"改组为街道里弄居民委员会的方案，并确定当时工人住宅集中的普陀区梅芳里为试点，摸索建立居民委员会的经验。

"梅芳里"是长寿路胶州路附近的一个中型里弄。据上海市民政局1951年4月10日调查，里弄有居民1 019人、433户（大部分为工人及家属）。里弄内十分拥挤，环卫条件很差。解放前该里弄有国民党、三青团和义务警察等组织，还有地痞流氓、封建帮会势力。中共地下党建有儿童福利站，也在此开展活动。解放后经过反恶霸斗争，废除保甲制度，先后成立了水电管理委员会、清洁卫生管理委员会、人民防护队、冬防服务队、妇女代表会等组织。

1951年1月成立居民互助会，下设水电、民防、文教、妇女、卫生、福利、生产合作7个股。1951年4月23日上海市民政局派出毛丰飞、孙绪臣等人组成市人民政府工作组进驻梅芳里。在普陀区政府民政科协助下，开展建立居民委员会的试点工作。1951年5月该里38条支弄，分别推选居民代表53人，经协商推选出15人组成居民委员会，设总务、福利、安全、卫生、文娱5个小组。1951年6月8日在普陀区区政府批准后，梅芳里居民委员会正式挂牌。

居民委员会的建立，把过去互助会少数积极分子的机构，发展为由居民推选自己的代表、办理自己事情的机构，使最基层的民主有了组织结构。

梅芳里试点经验推动了上海各区居民委员会的建制。至1952年年底上海全市建立起居民委员会3 891个，有居民委员49 854人，涉及自治人口421万多人，占全市人口的85%。上海全市居民委员会成立后，在动员居民参加抗美援朝、镇压反革命、爱国卫生、禁烟禁毒、贯彻婚姻法、取缔反动会道门、组织学习文化、做好各项福利工作、调解居民纠纷、协助治安保卫，并向政府反映人民群众的意见建议等方面，发挥出强大的基层治理作用。

但在当时的居民委员会中，存在"成分不纯"现象。不少逃亡地主、流氓和反革命分子进入了居委会。如以当时居民组织较好的上海江宁区为例，全区居民委员会中参加过反动党团的有174人，曾担任过保甲长的有86人，与流氓势力有勾结或参与过流氓活动的有101人，合计占到居民委员会成员总数的15%。

为"纯洁组织"，1952年11月—1953年3月部分区与全市性劳动就业登记相结合，对居民委员会进行整顿。1954年3月中共上海市委发出《关于里弄整顿工作的决定》，指出居民委员会在居民生活福利工作和协助开展各项运动中发挥了不少作用，但骨干不纯、组织机构重叠、多头或人员残缺不全、工作混乱，以至于浪费、违法乱纪等现象频繁，而且里弄中尚有大量摊贩、失业工人及小厂、小店等，未经系统清理。因此决定在1954年内，以摊贩、失业人员、未登记厂店主为主要对象，对全市里弄开展全面整顿。①

自1954年6月起在上海市委市政府统一领导下，上海市民政部门组织力量投入这项工作，至1955年3月整顿工作结束。

为取得整顿的经验，由各区确定35个里弄先行试点，在11万人口范围内开展整顿。然后分成两批，先整顿478个居民委员会（包括人口1 365 000人），而后将剩下的居民委员会全部整顿完毕。整顿中调整了居民委员会的骨干，弄清了一般居民的政治情况，健全了居民委员会组织，确保工人阶级在居民中的领导作用。对全市

---

① 整顿的目标主要是：清理里弄中残余的反革命分子，清理居委会组织，确保工人阶级领导；对里弄骨干与群众进行总路线的教育，根据必要和可能改进其工作。

16.3万多个摊贩、15万失业人员、1万多家小厂小店开展整顿,清除了残余的反革命分子、封建势力和危害社会治安分子。①

1981年10月上海市民政局根据国家民政部《关于城市居民委员会的工作由民政部归口管理的通知》的精神,在新的形势下对居民委员会情况开展调查。调查发现居民委员会承担的任务同其性质不相适应,干部队伍老化、后继乏人,居民委员会管辖事务过多,工作不深入,同居民联系也不密切。

1982年修订的《宪法》规定,居民委员会的主任、副主任、委员由居民选举;居民委员会设人民调解、治安保卫、公共卫生等委员会,办理本居住地区的公共事务和公益事业,调解民间纠纷,协助和维护社会治安,并且向人民政府反映群众的意见、要求和提出建议。

为解决居民委员会存在的问题,根据上海市人民政府的要求,从1983年4月开始,上海市民政局会同有关部门,在上海市区10个区25个街道办事处选择54个居民委员会,开展整顿改选试点工作。试点工作分为"调整规模""健全组织机构""理顺工作任务"三大阶段。1985年7月,上海全市1 884个居民委员会整顿改选全部完成。

通过此次整顿改选,一是统一了居民委员会的规模。规定每个居民委员会为500—800户,郊县城镇为400—600户。管辖范围划小后,全市居民委员会由1 884个增加到2 831个。二是健全了组织机构。居民委员会干部由居民民主选举产生,纠正了过去靠政府部门任命的做法。改选后居民委员会设人民调解、治安保卫、公共卫生、民政福利、文化教育、劳动服务等工作委员会。

1986年2月,上海市民政局在对居民委员会整顿改选基础上,为适应城市改革和经济发展的需要,根据《中华人民共和国宪法》,结合上海具体情况制定《上海市城市居民委员会工作条例(试行)》。

---

① 1956年,上海市民政部门原承办基层政权建设工作结束,此后指导居民委员会的工作,不再属于民政部门的业务范围。

试行条例除了对居民委员会性质、范围、组成、任务等作出规定外,特别强调居民委员会的性质,即它是基层群众的自治组织,除街道办事处和镇人民政府外,任何单位不得直接向其下派任务。《上海市城市居民委员会工作条例(试行)》经上海市人民政府批准,于1987年3月1日实施。上海的探索也为全国城市基层建制提供了经验。1989年12月26日《中华人民共和国城市居民委员会组织法》经第七届全国人大常委会第十一次会议通过颁布,自1990年1月1日起施行。①

4. 稳定基层队伍、强化建设

长期以来,上海居民委员会、里弄卫生站等在基层维护社会安定方面发挥了重要作用,但由于专职人员的编制性质不明确、福利待遇偏低等原因,人员流失、后继乏人的问题日益突出。

为充分调动居委会干部积极性,稳定基层干部队伍,根据当时生活水平和物价提高以及居委会干部的津贴、补贴比较低这一现实情况,上海市民政局会同上海市财政局商定,经上海市人民政府同意,对居民委员会干部津贴、补贴标准作了较大幅度的调整。居委会干部津贴,1984年6月,在45元的基础上每人每月增加8元。1985年7月起又增加13—15元。1987年7月起,每人每月增加12元。1989年10月起,每人每月增加10—12元,达到每人每月88—92元。

居委会对干部(在企事业单位退休后到居委会工作)的补贴,1984年6月,从每人每月15—20元,提高到18—25元。1986年2月,在原补贴基础上平均每人每月增加12元。1993年3月,凡担任居委会干部的离退休人员,补贴和"三产"资金合在一起不满100元的,提高至100元。1994年4月起,在原来上海市财政补贴的

---

① 1954年12月31日全国人民代表大会常务委员会通过的《城市居民委员会组织条例》同时废止。

30—37元的基础上，提高到每人每月80元（不包括资金和其他补贴）。

1990年年底，上海全市居委会干部从岗位退下来的有4 541人。由于性质限制，他们不能列入编制，到了退休只能办理退养手续。上海在广泛听取意见、认真研究的基础上，根据多数区的意见，实行"新人新办法、老人老办法"：①凡在1990年7月31日前办理退养手续的居民委员会干部一律改为退休；②由退养改为退休后，其退休工资仍按退养的津贴标准执行，福利待遇不变。1991年12月27日此意见经上海市人民政府办公厅批复上海市民政局，全市组织实施。

在人员编制配置方面，1990年上海市民政局会同市人事局、市财政局、市卫生局、市文化局向上海市人民政府提交《给各区街道办事处、市区居民委员会里弄卫生站以及街道文化站、图书馆配备集体事业编制人员的意见》。街道办事处配备10人，居民委员会配备2人，里弄卫生站每个居委会配备2人，街道文化站配备1人，街道图书馆配备2人，工资待遇参照全民事业编制。这一《意见》经上海市人民政府批准后，于1990年7月31日实施。1996年上海市委市政府规定每个居委会配置3—5名全民事业干部。这两部分专职干部除了退休的人以外，现已转为社工。

三、乡村治理与简政放权

乡村治理是上海超大型城市治理的重要构成。从新中国成立初期到新时代，上海乡村治理呈现出超大型城市的许多特点，反映了中国城市化中许多治理问题。

1. 乡镇建制与乡村治理体制

1949年10月起上海全市10个郊区普遍组织起农会，并逐步建立乡、镇和行政村两级政权组织。至1950年6月上海全郊区共有53

个乡、镇政府，573个行政村。1951年5月，按照政务院关于人民民主政权建设工作的指示精神，改变原有大乡制，缩小乡行政范围，取消行政村。对工商业集中的镇，根据经济情况可单独建制。至1952年年底，上海全郊区共有130个乡政府、17个镇政府。1955年2月起，在郊区开展并区、并乡工作，将9个郊区合并为3个郊区(另有一个郊区东昌区改为市区)，100多个乡合并为39个(另有11个镇、2个街道)；同时根据《中华人民共和国地方各级人民代表大会和地方各级人民委员会组织法》，将乡镇政府改为乡镇人民委员会。

根据1954年9月公布的《中华人民共和国地方各级人民代表大会和地方各级人民委员会组织法》规定，乡、镇人民委员会的职权是：①根据法律、法令、本级人民代表大会的决议和上级国家行政机关的决议和命令，发布决议和命令；②主持本级人民代表大会的选举；③召集本级人民代表大会会议，向本级人民代表大会提出议案；④管理财政；⑤领导农业、手工业生产，领导互助合作事业和其他经济工作；⑥管理公共事业；⑦管理文化、教育、卫生、优抚和救济工作；⑧管理兵役工作；⑨保护公共财产，维护公共秩序，保障公民权利；⑩保障少数民族的平等权利；⑪办理上级人民委员会交办的其他事项。

1958年上海郊区农村开展人民公社化运动，实行"政社合一"，撤销乡政权，建立了103个人民公社。人民公社设管理委员会，它既是生产管理机构，又是农村基层政权组织，也是社员代表大会的常设机构，负责管理公社行政事务以及农业、工业、副业生产。至1964年，上海全市共有197个公社管委会、34个镇人委。

"文革"期间，公社管委会、镇人委均改为革委会，实行党政一元化领导。"文革"后，1979年7月1日公布的《中华人民共和国各级人民代表大会和地方各级人民政府组织法》规定，人民公社管理委员会(1982年10月改为"乡、民族乡")、镇人民政府行使9项职权。

1983年10月中共中央、国务院发出《关于实行政社分开建立乡政府的通知》。上海在进行建乡试点后，结合县、乡、镇人大代表换届选举，在市郊全面开展建乡工作。至 1984 年 6 月上海全市建立 205 个乡、镇政府；同时保留人民公社管理委员会作为乡一级经济组织。1984 年下半年起上海市郊 10 个县，各确定一个乡进行乡级体制改革试点，将原乡党、政、社三套班子合为党政两套班子，撤销公社管理委员会，由乡政府统一领导和管理经济。1987 年 9 月试点基本结束。其间，国务院于 1984 年 11 月批转民政部《关于调整建镇标准的报告》。1985 年 8 月，上海市政府批准民政局贯彻实施国务院文件精神的意见，实行撤乡建镇、"以镇管乡"的体制。从当年 9 月起，各县根据建镇标准进行撤乡建镇的试点，并于 1986 年初完成试点。

1989 年 1 月，上海市九届人大常委会第六次会议通过《上海市乡人民政府工作暂行条例》，规定乡人民政府的 14 项任务[①]，同时

---

① 规定的乡人民政府 14 项任务是：①执行本级人民代表大会的决议和上级国家行政机关的决定、命令，报告执行决议、决定和命令的情况；②管理本行政区域内的经济事业，坚持以农业为基础的方针，促进农、副、工、商各业经济协调发展，制定乡经济和社会发展计划，经人民代表大会审议决定后组织实施；③保护社会主义的全民所有的财产和劳动群众集体所有的财产，保护公民私人所有的合法财产，保障集体经济组织应有的自主权，通过行政管理，鼓励、指导、帮助合作经济的发展，完善经营承包责任制，引导、监督、管理私营经济，指导、帮助、监督个体经济，促进乡村经济的发展；④开展社会主义民主与法制的宣传教育，保障公民的人身权利、民主权利和其他权利，处理人民来信、来访，调解民间纠纷，加强社会治安的综合治理，严格交通和消防的管理，依法处置违法行为；⑤发展社会保障、社会公益、社会福利事业和社会福利生产，负责抚恤、优待、安置、社会救济、救灾和五保(保吃、保穿、保住、保医、保葬)工作，统筹安排残疾人工作，办理婚姻登记，推行殡葬改革；⑥发展教育、科学、文化、卫生、体育事业，组织实施义务教育，促进幼儿教育和其他各类教育，普及科学技术知识，保护文物，开展群众性文艺、体育活动和爱国卫生运动，推行计划生育，加强妇幼保健工作；⑦保障宪法和法律赋予妇女的男女平等、同工同酬和婚姻自由等各项权利，开展青少年保护和老年人保护工作；⑧加强乡级财政的监督、管理，按计划组织、管理乡财政收入和支出，执行国家有关财政工作的法律、政策，保证国家财政收入的完成；⑨管理人事、劳动、统计工作；⑩制订和组织实施乡村和集镇建设计划，加强公用设施建设、水利建设、土地使用管理和环境综合整治，合理利用自然资源，保护和改善生活环境和生态环境；⑪管理民兵工作，办理预备役和兵员征集工作；⑫指导、支持村(居)民委员会的工作，帮助其进行组织建设、制度建设和业务建设，负责培训村(居)民委员会成员，开展先进村(居)民委员会的评比表彰活动；⑬协助和支持设立在本行政区域内不隶属于乡的国家机关和企业、事业单位的工作，监督其遵守和执行国家的法律、法规和政策；⑭办理民族、华侨、宗教事务以及上级人民政府交办的其他事项。

明确上海市的镇人民政府工作参照此条例执行。

乡政府机构一般设办公室、财务所、劳动服务所等，并实行"助理员制"。一般设经济助理、司法助理、民政助理、教育文化助理、财政助理、村镇建设助理、环境保护助理、计划生育助理、计划统计助理、安全助理等。镇政府机构一般设民政、市政卫生、司法治保、群众文艺、经济等科。

乡、镇政府联系农村居民主要通过村民委员会这一组织形式。村民委员会是村民自我管理、自我教育、自我服务的基层群众性自治组织。1982年修订的《中华人民共和国宪法》规定：村民委员会的主任、副主任、委员由居民选举。村民委员会设人民调解、治安保卫、公共卫生等委员会，办理本居住地区的公共事务和公益事业，调解民间纠纷，协助维护社会治安，并向人民政府反映群众的意见、要求和提出建议。至1998年年底，上海全市共建有8个乡、204个镇；全市共有村民委员会2 904个。

2."放管服"先声：简政放权的探索

（1）上海市区两级管理职权改革。1957年11月上海市人民委员会决定进一步明确划分市、区两级行政管理的职权范围，在人事、民政、民族、侨务、宗教事务、农业生产、财政、商业和粮食、工商行政管理、市政建设和房地产管理、劳动、教育、卫生、体育运动、文化15项工作中，向区人民委员会下放部分管理权限。同时规定，"凡业务下放，有关的机构、人员等应同时下放"。

1958年2月上海市人民委员会发布《关于改进工业管理体制的规定》和《关于改进商业管理体制的规定》，适当扩大区管理工商企业的职权。至当年5月底，上海市各级工业主管部门的所属企业共1 013户下放给区管理。

1958年2月为进一步健全财政制度，划分市、区两级财政收支范围，确定区的财政收入来源，发挥区级积极性，上海市人民委员会发布《关于改进财政管理体制的规定》，向区下放部分财权。江苏

10县划入上海后,上海市人民委员会对《规定》进行修订,决定自1959年1月起实行新的区县财政管理体制,促进区县经济和社会的发展。

(2) 上海向区县下放事权的探索。从20世纪80年代开始,上海城市治理的一个重大变革,是开始打破传统的集中管理体制,有计划有步骤地改革城市管理体制,向区县下放有关财权和管理权。

从1985年起上海市区管理体制的改革,以简政放权为核心,按成熟一项下放一项的原则,基本上实现每年迈一步。

1985年第一步,增加区级政府机动财力,为逐步建立区一级财政创造条件。同时扩大区政府相关管理权限,增强区政府的实际能力。主要包括两方面内容:①改变统收统支的传统财政管理体制,采取逐步向建立区一级财政过渡的办法。对各区行政事务经费支出在1983年基础上,增加5 000万元,由市统一安排下达指标;各区原有按区管收入平均提取1%的比例分成不变,对超过1984年的区管收入的部分,再按黄浦区13%、吴淞区50%、闵行区90%、其他各区23.2%的比例提取增收分成。②在市政、园林、环卫、房产、普教、卫生、文化、体育八个领域,向区下放部分事权。明确市、区两级分工,同时对市计划、财政、人事部门采取相应措施,保证事权下放的实施。

1986年第二步,加强并逐步完善区在城市建设和管理中的职能。主要有三方面内容:①各区可分别开发建设350—500亩大小不等的新居住区。市政动迁由所在区负责办理,动迁用房由区负责建设和掌握使用;小型市政工程委托区市政工程公司承包,中型项目实行市、区联合承包。②确立统一规划、协作编制、健全机构、分级管理、改善服务、提高效率的规划工作原则,在各区建立市区双重领导的城市规划建筑管理办公室和城市规划设计室,将区的建筑执照审批权扩大到500平方米以下。③调整区的机构设置和干部编制,加强区的城建部门,增设区计划经济委员会。

同时使区的机构设置适应改革的要求。1986年3月上海市委市政府召开市区工作会议,讨论市编委提出的调整区级机关机构和街道编制的意见。当年5月上海市委办公厅、市政府办公厅转发这一意见,明确机构调整的三项原则:①简政放权,实行政企职责分开;②精简机构,减少层次,有利于提高工作效率;③不强调上下对口。

1987年第三步,改革区财政管理体制,探索建立区级计划的办法。主要包括两方面:①改革区财政管理体制。自1987年起区财政实行"核定基数、收支挂钩、总额分成、一定三年"的制度。②将"七五"计划后三年普通教育固定资产投资计划切块到区,由各区政府按照有关规定审批项目组织实施。这一改革,为城市进一步改革、将计划管理简政放权打下了基础。

1988年第四步,在计划、外经贸、商业、劳动人事、城建等方面配套放权。在中央对上海实行财政包干后,上海市委市政府及时作出了对区实行承包、分权明责的决定,以财政包干为核心简政放权。主要包括:①财政方面,对区实行包干上缴的财政管理体制。其中南市区、普陀区、闸北区、杨浦区4个区实行"核定收支基数,前三年递增包干上缴、后两年增收分成"的办法。其余8个区实行"核定收支基数,包干上缴、增收分成、一定五年"的办法。②计划方面,扩大区的固定资产投资审批权限。1 000万元以下的生产性基建项目、技术改造项目和500万元以下的非生产性基建项目改由区审批。原由市管理的卫生、文化、教育等方面的部分固定资产投资切块到区,由区管理。③外经贸方面,区属企业承接来料加工装配或总投资500万美元以下非限制性外商投资项目的审批权下放到区。④商业方面,原由市专业公司对区属企业的审批权限和管理,下放到区。原由市专业公司转报有关部门审批的,由区商业行政管理部门直接转报。⑤城市规划建设方面,区属单位的建筑项目和市属单位建筑面积在500平方米以下的建筑项目,建筑执照由区核发。旧城区内已批准选址的区属单位建设项目,其国有土地划拨由区负责审批。①⑥集体经济方面，扩大区对集体经济的管理权限。原由市地区工业经济经营管理部门管理的特价定价与调价、产品结构调整方案的制订和实施，以及技改、基建和设备贷款的立项审查等事权，下放到区。⑦在劳动工资、人事、工商、特价管理等方面，相应对区放权。

从1949年城市基层建制，到整个20世纪80年代，上海城市治理的主线，是在基层政权建设的基础上，对城市管理体制特别是以街道为基点的基层管理体制进行探索、调整和改革。可以说，上海作为今天的超大型城市，从解放后的城市建制开始，就面临了体制创新、简政放权的改革命题，显示出超大型城市许多内在治理特点。而20世纪80年代上海推行的简政放权，成为今天城市"放管服"改革的先声。

---

① 同时另安排1 700亩土地作为各区新区开发建设的基地。对旧式里弄以下的直管公房，进行出售、拍卖、改建和翻建，回收的资金可用于旧房改造、房屋重置和住房制度的改革。

第 3 章
上海超大型城市治理历程分析(下)

超大型城市的基层政权建设和城市社会治理，遇到的各种问题比全国其他城市更早也更典型，上海城市治理一直处于先行先试的境遇中。整个 20 世纪 80 年代以理顺市、区两级政府体制与职责为重点，而整个 90 年代，强化街道治理和社区建设则成为突出的重点，反映出超大型城市的治理重点和逻辑线索。

一、从社区建设到街道体制改革

新中国成立后几十年，我国城市基层社会管理的任务，主要由街道和居委会承担。全国各城市的街道、居委会直接承担着社区建设、居民服务的任务。随着社会主义市场经济体制日臻完善，社区工作在管理体制、管理方式、服务手段、队伍素质和工作条件等方面，都产生了许多不适应。探索中国特色的城市基层建设和管理新路子，成为改革开放后面临的新任务。

1. 社区建设：城市治理的新探索

社区建设、社区党建和社区管理的重大命题，是 20 世纪 80 年代后期随着我国社会发展加快而提出来的。1986 年民政部倡导在城市基层开展以民政对象为服务主体的社区服务。此后社区服务广泛发展起来。随着改革的深化，社区服务这一概念已包容不下全方位的社区工作。民政部从我国国情出发，借鉴国外经验，在 1991 年提出"社区建设"这一新的概念。1998 年的机构改革中，国务院进一步明确了民政部具有"指导社区服务管理工作，推进社会建设"的职能。

1999 年 9 月江泽民在考察上海康乐小区时指出："社区党建大有可为。"2000 年 6 月胡锦涛在天津考察时强调："加强城市社区建设是城市经济社会协调发展的必然要求。"2000 年 11 月胡锦涛在上海考察工作时指出："搞好社区建设，一定要把服务群众、造福居民作为出发点和落脚点。"

第 3 章　上海超大型城市治理历程分析（下）

1996年12月国家民政部组织成立"城市微型社区建设课题组"，在全国范围开展调研，形成了《社区再造：中国城市现代化的未来和希望》等研究报告和大量统计数据。1999年民政部又开展了"全国社区建设实验区"的试点，先后分两批将社区服务和城市基层工作基础比较好的26个城区，确定为国家级社区建设实验区。它们分布在全国19个省、市、自治区，主要有北京西城区，上海卢湾区，天津市河西区、和平区，青岛市市南区，南京市玄武区、鼓楼区，海口市振东区，沈阳市沈河区等。同时全国有20多个省、市、自治区确定了近100个社区建设实验区。各实验区积极探索，创造出许多好经验。1999年10月民政部在沈阳召开了体制改革"沈阳模式"专家论证会，就"沈阳模式"进行深入研究。

为进一步加强城市社区建设，2000年12月经党中央、国务院同意，民政部发出《关于在全国推进城市社区建设的意见》。强调社区建设是新形势下坚持党的群众路线、做好群众工作和加强基层政权建设的重要内容，是面向新世纪我国城市现代化建设的重要途径。要求各级党委和政府高度重视城市社区建设，把社区建设摆上重要议事日程。2004年10月中共中央办公厅又转发《中共中央组织部关于进一步加强和改进街道社区党的建设工作的意见》，从巩固党的执政基础、增加党的执政能力的高度，要求各级党委高度重视街道、社区的党的建设工作，认真解决存在的问题，开创街道、社区党建新局面。随后各地将社区党建作为社区建设的核心，通过大力开展社区党建工作，增加基层党组织在社区的凝聚力、战斗力。

经过一段时间的探索，初步形成了城市社区建设的基本思路和要求，即以社区党组织和社区自治组织建设为重点，以发展社区服务为龙头，扩大基层民主，巩固基层政权，维护社会稳定，建设管理有序、服务完善、环境优美、治安良好、生活便利、人际关系和谐的新型社区，促进城市经济和社会的协调发展，一项崭新而充满生机活力的城市治理的探索全面推开。

社区建设的工作目标基本上分为三个层次。第一个层次：建立与社会主义市场经济体制相适应的社区建设管理体制和运行机制，探索建立新型社区，逐步完善街道、居委会的服务管理功能，推进街居工作社区化、社区工作社会化。第二个层次：在加强社区功能的基础上建设环境优美、治安良好、生活便利、人际关系和谐的文明社区。第三个层次：扩大基层民主，实行居民委员会的民主选举、民主决策、民主管理和民主监督。

为探索适合中国国情的城市社区建设管理体制和运行机制，全国各地的社区建设以社区体制改革为突破口，大胆实践，不断破解难题。

1995年12月起上海市委以"进一步把党的建设、精神文明建设和政法工作（包括社会治安综合治理）三个规划落实到基层，切实加强社区管理和基层政权建设，在推动经济发展的同时推动社会进步，到2000年交出物质文明建设和精神文明建设两份满意的答卷"为要求，在各区调查研究的基础上，开展加强社区管理和基层政权建设的专项调查。20世纪90年代中期，上海社区服务、社区教育、社区文化等有了较大发展，社区设施和环境也有了明显改善：一是社区综合管理水平提高。各街道以党工委为核心，实施和推进"凝聚力工程"。在地铁、南浦大桥、杨浦大桥、内环高架和南北高架等重大市政工程建设中，在旧城改造中，组织参与动迁安置和市政管理，为工程和旧城改造创造了条件。二是社区服务初步形成网络。在上海市人民政府将社区服务列入实事项目后，上海全市大部分街道都建立了社区服务中心，里弄建立了分中心，不少街道建立了社区服务实体组织，绝大部分里弄建立了社区服务志愿者队伍。每年有近3万人参加社区服务活动，开展便民利民活动和社会救助活动，使一部分特殊困难群体老有所养、残有所助、孤有所靠、病有所医、难有所帮。三是社会稳定得到加强。当时普遍开始了"安全小区"活动，普遍建立了离退休干部、职工看楼护弄防范队伍和在职职工夜间义务巡逻队伍以及辖区内企事业单位派人组成的工纠、联防队，设立了"见义勇为"奖励基金。四是创建文明单位和文明小区。许多街道积极开拓创建文明单位的新形式，主动牵头联合地区内的部队、企事业单位，走出了一条由街道自建到同创共建、多方联建、社区齐建的新路，扩大了创建文明小区的成果。

1996年3月上海市委市政府颁发《中共上海市委、上海市人民政府关于加强街道、居委会建设和社区管理的政策意见》，推行"两级政府、三级管理"体制，加强社区建设，在全国引起很大反响。

随着社区建设蓬勃发展，各地创造了一些经验，逐渐形成了各具特色的社区建设模式。上海形成了以街道区域为范围、以服务群众为主要内容并把社区党建与社区建设紧密结合、以"两级政府、三级管理"为体制运行特点的"上海模式"。除了上海，当时全国还形成了三种影响最大的社区模式，构成了中国特色社区治理的风景线。

(1) "沈阳模式"——构建社区自治组织体系。沈阳市的社区建设始于1999年。沈阳社区建设的思路和做法在1999年10月召开的"沈阳模式"论证会上被民政部和相关专家学者正式确定为一种社区模式。其中，沈河区作为全国社区建设实验区成为"沈阳模式"的发源地。

沈河区在构筑社区建设管理体制过程中，除了在区一级建立了由区委区政府和驻区大单位主要领导参加的"沈河区党政工作联席会"，行使全区两个文明建设协商议事的权力；在区一级建立了由区委书记和区长任主任的"沈河区社区建设指导委员会"以及六个专业委员会；在街道一级也相应成立了"党政工作联席会"和"社区建设工作委员会"，还在调整居委会辖区的基础上，构建了居委会一级的社区建设管理体系。这成为"沈阳模式"中颇具特色的内容。

1999年上半年，沈河区以居住地为特征，以居民认同感为纽带，以便于社区成员自我教育、自我服务、自我管理、自我约束为要求，将全区396个居民委员会调整成164个居委会辖区共同体（即社区），平均每个居委会辖区共同体拥有居民1 200多户。在此基础上，按照"社区自治，议行分设"的原则，在各居委会辖区共同体组建了"一个大会、两个机构",即由社区成员选举社区居民和驻区单位代表组成社区成员代表大会,行使社区成员民主自治、民主决策的最高权力;然后由社区代表大会推举驻区单位代表、人大代表、政协委员等社区德高望重者组织社区协商议事委员会,主任一般由社区党组织负责人兼任,作为社区成员代表大会闭会期间的常设工作机构,行使社区民主议事、民主监督的职能。

同时按照"公开招贤、定岗竞争、择优入围、依法选举"的原则和办法,以及每300户配置一人的标准,由社区成员代表大会选举出享受政府补贴的管委会成员(也称居委会成员),并吸收驻社区民警和物业公司经理组成了社区委员会,作为社区成员代表大会的办事机构,行使社区管理、服务、教育和约束四项职能。还建立了以社区议事会、社区管委会为主导,以居民组长和社区成员代表大会代表为骨干的社区自治工作网,形成了全区自上而下各司其职、各负其责的管理体系。

"沈阳模式"的最大特点,是借鉴了我国国家政权机构的设置,创造性地在社区设立了社区成员代表大会、社区协商议事委员会和社区居民委员会作为社区自治的主体组织,同时借鉴国家层面政权机构之间的权利义务关系,建章立制,明确了三个自治主体组织之间的关系,以及社区党支部的地位与作用。

"沈阳模式"在组织构建和机制再造方面的创新还体现为:①社区成员代表大会(居民代表会议)与社区居委会之间的关系得到了明确,充实了《居委会组织法》对两者关系不明确的界定;②在社区内初步架设起自治组织的整体性结构框架,为社区居委会向自治方向迈进提供了组织载体;③增设社区协商议事委员会作为监督层,使得监督议事机制健全起来并正常化、规范化;④科学调整社区规模,明确将社区定位在小于小区街道、大于原居委会的层面;⑤新单位纳入社区,使社区有相对完整的管辖面积,成为完整的治理单位;⑥采取公开招聘方式,提高居委会成员素质;⑦率先提出要转变政府职能,使社区真正享有自治的权利;⑧在社区设立专业组织，使得社区组织架构进一步趋于完善；⑨尝试人大代表、政协委员与社区定时联系的方式，促进了基层民主政治建设的落实。在各类社区模式中，"沈阳模式"影响最大。

（2）"青岛模式"——以强化社区服务为龙头。山东省青岛市社区建设创造了一系列富有特色的经验，包括社区建设管理体制的构建。

"青岛模式"的社区建设管理体制包括几个相互关联的层次：①全市社区建设工作委员会。由市委市政府领导牵头，有关部门参加。主要职责是研究贯彻省委省政府、市委市政府以及国家民政部门、省民政厅有关社区建设的决定和工作部署；审核社区建设的中长期规划，研究制定年度计划、工作要点，重大责任目标和阶段工作总结；研究需上报市委市政府决策的有关重大方案和重大措施；审定向上级报告的有关社区建设重大问题的工作报告和重要文件；研究社区建设的重大活动、会议的安排意见；听取各区、市直有关部门的重要工作汇报。②各区社区建设指导委员会。由区委区政府主要领导担任正副主任，有关部门领导参加。主要职责是指导、协调、督促、检查全区的社区建设工作。③各街道社区建设协调委员会（社区管理委员会）。一般由街道办事处党政主要领导任主任，吸收辖区内与居民生活相关的部门及企事业单位负责人参加，研究部署、综合协调全街道范围的社区建设工作。

"青岛模式"呈现的主要特点是：①以社区服务为重点。这种做法的优势是不需要大量的财政投入，不需要增加太多的人员编制，不需要多强的经济和社会基础。②将社区建设作为"一把手工程"来抓。市区街居四个层次，一把手抓一把手，一级向一级负责，力度很大。③形成规模效应和联动机制。市内四个区在市里的统一部署下，统一战略、统一行动，集团作战，形成联动。④选聘社区助理是一条新思路，有利于促进社区工作者职业化。⑤社区直选，使得居民参与空前广泛。⑥开展"民评官、民评政、民评民"活动，开展万户居民社区服务需求情况调查，敢于罢免不称职的居委会负责人。⑦选派区直机关干部到社区蹲点，促进了政府职能的转变，推动了社区建设的发展。

值得注意的是，在"青岛模式"的管理体系中，民政部门的作用比较大。市区两级社区建设工作委员会（指导委员会）办公室设在民政局，由民政局负责日常事务。

（3）"江汉模式"——以促进政府职能转变为灵魂。武汉江汉区社区建设从2000年2月正式开始，在后来的实践中被论证为"江汉模式"。

这一模式的主要做法是：①明确提出转变政府职能、提升社区自治功能作为社区建设的主线。建立新型的政府行政调控机制与社区自治机制相结合、政府管理功能与社区自治功能互补的城市基层管理体制。②以体制创新为重点，推进政府职能转变，包括理顺居委会与街道、居委会与政府职能部门的关系。明确政府职能部门、居委会各自的职能。③政府部门面向社区、转变职能、工作重心下移。江汉区推行"五个到社区"：人员配置到社区、工作重心到社区、服务承诺到社区、考评监督到社区、工作经费到社区。④费随事转，责权利配套。对于确实需要社区配合的工作在与社区协商后，按照"权随责走，费随事转"的原则由职能部门与社区共同完成。⑤建立评议考核监督机制。通过一整套评议指标体系，由社区工作者和社区成员按选举基本程序，对政府部门和工作人员进行评议，不合格者受相应处理。

"江汉模式"自我革命，促进政府职能大幅度转变，理顺政社关系，真正从行动上探索社区向自治方向迈进，并着重在体制创新方面思考和解决问题，对当时全国社区建设模式形成了极大推动。

2000年12月民政部在《关于在全国推进城市社区建设的意见》（以下简称《意见》）中，对"社区""城市社区"和"社区建设"作出界定并提出要求："社区"是指聚居在一定地域范围内的人们所组成的社会生活共同体。"城市社区"的范围，一般是指经过社区体制改革后作出规模调整的居民委员会辖区。"社区建设"是指在党和政府的领导下，依靠社区力量，利用社区资源，强化社区功能，解决社区问题，促进社区政治、经济、文化、环境协调和健康发展，不断提高社区成员生活水平和生活质量的过程。《意见》提出：大力推进城市社区建设，是新形势下坚持党的群众路线、做好群众工作和加强基层政权建设的重要内容，是面向新世纪我国城市现代化建设的重要途径。社区建设对于促进经济和社会协调发展，提高人民的生活水平和生活质量，扩大基层民主，维护社会稳定，推动城市改革与发展，具有十分重要的意义。

《意见》要求"各级党委和政府要高度重视城市社区建设，把社区建设工作摆上重要议事日程"，并提出了推进城市社区建设的五项基本原则：①以人为本、服务居民。坚持以不断满足社区居民的社会需求，提高居民生活质量和文明程度为宗旨，把服务社区居民作为社区建设的根本出发点和归宿。②资源共享，共驻共建。充分调动社区内机关、团体、部队、企业事业组织等一切力量广泛参与社区建设，最大限度地实现社区资源的共有、共享，营造共驻社区、共建社区的良好氛围。③责权统一，管理有序。改革城市基层社会管理体制，建立健全社区组织，明确社区组织的职责和权利，改进社区的管理与服务，寓管理于服务之中，增强社区的凝聚力。④扩大民主，居民自治。坚持按地域性、认同感等社区构成要素科学合理地划分社区；在社区内实行民主选举、民主决策、民主管理、民主监督，逐步实现社区居民自我管理、自我教育、自我服务、自我监督。⑤因地制宜，循序渐进。坚持实事求是，一切从实际出发，突出地方特色，从居民群众迫切要求解决的和热切关注的问题入手，有计划、有步骤地实现社区建设的发展目标。

《意见》提出了五年到十年城市社区建设主要目标：①适应城市现代化的要求，加强社区党的组织和社区居民自治组织建设，建立起以地域性为特征、以认同感为纽带的新型社区，构建新的社区组织体系；②以拓展社区服务为龙头，不断丰富社区建设的内容，增加服务的发展项目，促进社区服务网络化产业化，努力提高居民生活质量，不断满足人民群众日益增长的物质文化需求；③加强社区管理，理顺社区关系，完善社区功能，改革城市基层管理体制，建立与社会主义市场经济体制相适应的社区管理体制和运行机制；④坚持政府指导和社会共同参与相结合，充分发挥社区力量，合理配置社区资源，大力发展社区事业，不断提高居民的素质和整个社区的文明程度，努力建设管理有序、服务完善、环境优美、治安良好、生活便利、人际关系和谐的新型现代化社区。

2004年9月19日党的十六届四中全会通过《中共中央关于加强党的执政能力建设的决定》，第九部分"以提高党的执政能力为重点，全面推进党的建设的新的伟大工程"的第四条中，对社区党建和社区建设作出正面论述。在对农村基层党组织、国企党组织、机关党组织、高校党组织提出任务和要求后，对社区党建工作提出"社区党组织要以服务群众为重点，构建党建工作新格局"的要求。

为贯彻落实中央这一要求，2004年10月4日《中共中央办公厅转发〈中共中央组织部关于进一步加强和改进街道社区党的建设工作的意见〉的通知》（中办发〔2004〕25号，以下简称《意见》），对加强和改进街道、社区党的建设工作提出了重要指导意见。①《意见》提出加强街道、社区党组织建设具有四个方面的意义：一是大力推进社区建设、满足社区群众和驻区单位的社会需求；二是加快城镇化进程、全面建设社会主义和谐社会；三是建立健全党委领导、政府负责、社会协同、公众参与的社会管理格局；四是巩固党的执政基础、增强党的执政能力。

《意见》值得关注的地方有：一是指导思想方面，明确提出了"以保持党同人民群众的血肉联系为核心，以服务群众为重点，构建城市社区党建工作新格局"；二是在工作目标方面，提出了街道、

---

① 《意见》分为七部分：一、充分认识新形势下加强和改进街道、社区党的建设工作的重要性和紧迫性；二、正确把握街道、社区党的建设工作的指导思想和目标要求；三、进一步明确街道、社区党组织的主要职责；四、坚持把服务群众作为街道、社区党组织的重要任务；五、不断扩大党在城市工作中的覆盖面；六、建立和完善街道、社区党的建设工作协调机制；七、切实加强对街道、社区党的建设工作的领导。

社区党的建设要努力实现"五个好"的目标要求(即领导班子好、党员干部队伍好、工作机制好、工作业绩好、群众反映好);三是在管理体制方面,明确了街道党(工)委和社区党组织的主要职责;四是在社区服务体系建设方面,强调要发挥各方面作用,以多种形式的服务,提高社区服务质量和水平;五是在基层组织体系建设方面,强调要扩大党的工作覆盖面;六是在社区党建工作协调机制方面,要通过加强居民自治组织建设、建立协调议事机构等手段不断完善;七是在党务干部队伍建设方面,分别强调了对领导班子、干部队伍和社区工作者三个责任主体的建设;八是在社区工作的评估方面,提出把"群众满意不满意"作为检验工作的重要标准。

《意见》还明确了党组织在街道、社区建设中的地位:街道党(工)委和社区党支部(总支、党委)是党在街道、社区全部工作和战斗力的基础,是街道、社区各种组织和各项工作的领导核心。《意见》明确了街道、社区党组织的主要职责。街道党(工)委的主要职责有如下几个方面。政治领导:宣传执行党的方针政策,执行党中央、上级党组织和本组织的决议。事业领导:整合资源,讨论区域内重大问题,推进社区建设;推进基层民主建设和精神文明建设,协调利益关系,维护社会稳定。组织领导:领导和支持街道行政组织、群众组织依法开展工作,领导或指导区内或驻区非公经济组织、社区团体和社会中介组织开展党的活动,领导社区组织体系建设;负责干部选拔监督管理等相关工作,对上级职能部门派出机构及其负责人承担协助管理和监督工作。社区党支部(总支、党委)的主要职责和街道党(工)委基本对应,同时强调了领导社区居民自治组织、推进居民自治和联系党员、服务群众的职责。①

---

① 《意见》要求从加强党组织建设、加强党员管理、发挥在职党员在社区建设中模范带头作用三个方面,不断扩大党在城市工作中的覆盖面。强调党组织建设要和社区建设同步。凡有3名以上正式党员的社区,都要单独建立社区党组织。尤其要重视城市新区、开发区和新建居民区党组织建立工作,社区党组织调整和社区设置调整要同步进行。这份《意见》对于进一步推进我国社区党建与社区建设,加强党的执政能力建设,具有十分重要的指导意义。

2. 社区管理与基层民主建设

早在 20 世纪 90 年代初期和中期，上海就开始探索城市基层治理和领导体制改革问题。加强社区管理和基层政权建设成为上海 20 世纪 90 年代中期城市治理的战略重点。2000 年上海市社区工作会议后，上海社区建设在原有的基础上开始了新的探索，加强了新经济组织、新社会组织中的党建工作。2001 年年底，上海全市新经济组织党建覆盖率达到 81.75%。2002 年年底上海全市社会团体党建覆盖率达到 90%，民办非企业单位党建覆盖率达到 99.0%。静安寺街道开创的"楼宇党建"得到了时任总书记胡锦涛的充分肯定。

上海各街道探索形成了诸如社区党员综合服务窗口、社区经济联合党委、社团党建联络站等新载体，探索建立了在职党员社区登记制度，建立在职党员工作指导站、社区党员服务中心、社区党校等。还有一些街道探索了社区党代会、社区党委等制度，在新形势下探索创新党的工作和活动方式，增强了社区党建工作的有效性。

上海长宁区华阳街道将"凝聚力工程"延伸到社区各领域、各个社会团体。上海徐汇区康健街道开展"康乐工程"，满足不同层次群体的需求，提升了各级党组织在群众中的威信。上海闸北区临汾路街道"以人为本开展社区思想政治工作"，探索一条党的基层组织在新形势下做群众工作的新路子，赢得了居民的赞誉。这一系列的探索和做法得到了中央领导的充分肯定。

上海各区和街道从充分发挥"两级政府、三级管理、四级网络"体制功能出发，进一步加强统筹协调和综合管理，社区管理水平上了新台阶。上海黄浦区、卢湾区等 11 个区建立了社区建设领导或协调机制，强化对区级层面社区工作力量的整合，实施社区建设整体规划，在区级层面改变了各自为政的局面。当时许多职能部门在工作任务下移的同时，实行工作队伍力量下沉，各区不断改革城市综合执法体制，将原街道监察队组成区城建执法大队支队，强化综合执法力度，提高了执法效能。

社区基础网络开始健全。在上海各项重大活动的安全保卫及社会稳定工作中，街道、居委会发挥了积极的作用，尤其在当时抗"非典"过程中，上海基层组织构筑了"纵向到底、横向到边"的安全屏障，再次证实了"两级政府、三级管理、四级网络"体制的优越性，在城市管理中发挥了不可替代的基础网络作用。

社会中介组织进一步发展。上海各区积极贯彻《关于进一步推进本市民间组织参与社区建设和管理的意见》等文件要求，加大培育中介组织。全市 29 个街道成立了老年协会，发挥自我管理作用。浦东、普陀、长宁、宝山、黄浦等区探索了以政府购买服务的方式推进社区管理和服务。普陀区民欣乐助老服务中心受政府部门的委托，结合再就业工程，招聘和培训 191 名"4050"下岗待岗人员，成立一支居家养老专业化服务队伍，并在各街道、镇设站，连锁实施居家养老上门服务。浦东新区成立了社会发展基金会，用于推进社区建设相关事业的发展。普陀区所有街道（镇）成立"民间组织服务中心"，以此推动民间组织积极参与社区建设。

在社会资源整合方面，卢湾、浦东、黄浦等不少区明确区域内部分场馆、学校资源在双休日向社区居民开放，弥补了老城区资源相对不足的问题。同时采取"政府出一点、彩票福利金资助一点、社会赞助一点"等办法，多元化建设社区为老服务项目。当时第一期"星光计划"投入达 5.4 亿多元。上海市住宅发展局利用"平改坡"项目，建设社区为老服务设施。社会力量参与养老福利事业热情高涨，当时三年中投入资金 1.2 亿元，上海全市社会办养老机构占到养老机构总数的 29%。

在建立专业化、职业化社工队伍方面，卢湾、浦东等区成立了社会工作者协会，开展对社工的培训、资格审定、推荐上岗、后续管理等工作，为居民区社工站和社会输送一大批专职社工，为上海推进社工制度探索了经验。2003 年全市有 112 家民间组织参与社区管理，同时成立了 27 家"社区民间组织服务中心"。

当时上海社区把基层民主建设作为社区建设、社区自治的突破口，建立各项民主制度。按照 2000 年上海市社区工作会议提出"扩大居委会民主选举试点工作"的要求，卢湾、虹口、闸北、徐汇、杨浦等区在 2000 年下半年居委会换届时，选择 53 个居委会进行了直接选举试点。如卢湾区有 35% 的居委会直接选举，并实行居委会民主议事、社区工作者办事、居民代表监督小组监督"三分开"。到 2003 年全区居委会直选比例达到 86%，同时业主委员会、居民区调解委员会等各类社区组织实行民主选举。全市层面居委会直选比例达到 31.4%，有些区参与率达到 90% 以上。直接选举强化了居民群众的民主参与意识，也增强了居委会干部的光荣感、责任感，调动了居民参与社区建设和管理的积极性。

上海全市居委会普遍建立了居务公开制度，将国家的有关政策、街道和居委会的各项工作向居民群众公开，接受居民群众的监督。嘉定、闵行、杨浦等区把有些制度列为政府规范性文件，进一步完善了居民会议、居民公约、居民自治章程等各项民主制度，让居民群众在基层社会自己管理好自己的社会事务。

在基层民主建设中，卢湾区建立了社区听证、协调、评议会"三会"制度，让社区居民决定社区事务，评议政府工作。"三会"制度在许多区得到推广。闸北、黄浦等区在居委会探索了居民代表常任制，解决了全体居民会议难召集而重大事项必须由居民代表会议决策的难题。黄浦区南京东路街道在承兴居委会开展了居民自治的试点，街道不再向居委会安排额外任务，居委会集中精力办好居民群众的事情。还有一些街道实行居民评议居委会干部，以及弄管会、民管会、大楼自管小组等载体来实施社区自治。

在为居委会减负方面，卢湾、黄浦、长宁等区在区委区政府统筹下切实为居委会减负。一是根据《居委会组织法》的规定，梳理分解居委会的工作任务；二是精简会议，改变街道机关工作作风，减少形式主义的考核评比；三是探索理顺居民区各类组织之间的关系，为社区居民自治创造了条件。

进入新世纪后，上海全市街道（镇）普遍建立了社会保障服务所、社会救助所等机构，增配了编制，每个居委会还配置了就业援助员。建立了市、区、街、居委会四级帮困救助体系，实行社会救助"一口上下"的运行机制。社区服务方面，上海全市建有 1 个市社区服务中心、14 个区级社区服务中心，116 个街道(镇)建立社区服务中心，市区 2 414 个居委会建立分中心和老年活动室，总面积达 20 多万平方米。14 个市中心区拥有各类社区服务实体 3 330 多个，各种服务设施 21 741 个；社区服务志愿者队伍 16 538 支(人数 94.6 万人)。

到 2001 年的两年中新建了 700 个功能齐全的社区老年活动室，为 1 000 个老人安装了"安康通"紧急援救呼叫器。有近 200 个街道(乡镇)开展了居家养老服务，月服务人数达 8 800 多人。建立了 119 个街道(镇)社区事务受理中心。社区基本实现了市、区、街道"三级连通"和社区服务信息网、热线电话网、实体服务网"三网联动"，为社区居民提供便利、快捷的服务。覆盖全市的社区服务网络基本形成。

进入新世纪后上海各区和职能部门在体育、卫生、文化等设施和服务进社区方面取得成效。2003 年上半年上海全市建成 150 个健身苑、3 071 个健身点，社区体育健身设施达 206 万平方米。各街道普遍建立了社区学校，全市建立了 98 个社区医疗卫生中心，422 个社区卫生服务点，各居委会普遍成立社区公益卫生保洁社。各街道社区涌现了 2 万多支群体活动团队(包括文化娱乐、体育健身、帮困求助、环境保护、科普教育等)。

外来人口网络化、法治化、规范化管理机制也开始形成。当时探索了人民调解、行政调解、法律调解三位一体的化解人民内部矛盾机制，推行了社区内公安、工商、城建监察"网格化"管理模式，以块为主的社会治安防范体系进一步健全。上海全市创建 1 578 个市级文明小区，82 个市文明社区，创建了 600 个社区建设示范居委会，60 个社区建设示范街道(镇)，6 个全国社区建设示范区。

二、探索超大型城市基层治理新路径

上海城市治理形成了一个比较好的传统，重视基层基础工作，并始终坚持问题导向，以解决实际工作中突出的问题，尤其是以体制问题为工作重点，不断推进城市基层的各项改革。

1. 街道：角色、体制与困境

上海基层政权建设尤其是街道办事处的运行体制，在全国处于前列。经解放初期以来长期的实践与完善，上海街道办事处成为一级城市治理的主体，事实上担当了城市一线治理的"首位"角色。

1987年制定《上海市街道办事处工作暂行条例》（1987年3月由上海市人民政府颁布实施，以下简称《条例》），在从1987年到1994年的七年实施中，对强化上海基层政权建设、推进超大型城市治理起了重要作用，并在全国形成很大影响。一是街道办事处的地位和功能得到强化。《条例》明确了街道办事处行使基层政权的部分权力，对街道办事处的性质作了进一步深化，体现了街道办事处不是一级政权而行使一级政权部分职能的性质，强化了管理功能。同时《条件》进一步规范了街道办事处建设和工作任务，强化了工作的有序性、规范化。二是街道办事处组织机构规范化。《条例》实施后街道办事处由原来分组设置的管理体制，改设为"一室四科"管理机构，增加了职数，明确了各科室的职责任务。同时实行办事处主任负责制，建立主任办公会议制度、岗位责任制、公开办事制度、联系居民群众制度等，提升了街道办事处各项工作的质量层级。三是进一步明确街道办事处的职权任务，使其在辖区爱国卫生、计划生育、环境保护、市政管理、社会治安、人民调解、发展经济、防台防汛、抢险救灾、旧房改造、居民动迁、社会保障、安置待业等事务中担当主要的基层管理职能。

但在长期运行中，上海街道办事处体制机制显露出许多问题和矛盾，使得街道体制面临新的改革任务。当时城市基层治理存在的突出问题主要表现在如下几点。

一是作为基层治理一线的街道层面缺乏行政综合管理能力。当时上海城市管理已形成三级配置，但由于社会事务日益复杂，三级机关力量配置显得不足。社区管理的大部分工作如市场管理、市容保洁、园林绿化、民政福利等，都难以单靠专业机构来完成，而日益需要依靠街道。《上海市街道办事处工作规定》赋予街道的人事建议权、综合协调权和行政处罚权，街道很难真正落实。条块矛盾比较突出，街道党工委在第三级管理层面尚未真正确立领导地位。街道办事处作为政府的派出机构，缺乏相应的行政管理权威。

二是基层干部队伍素质与城市治理要求不相适应。当时上海全市里弄干部约 1.6 万人，其中聘用的离退休人员约占 70%，56 岁以上的约占 60%，初中以下文化程度约占 75%。在年龄结构上，普遍偏高。1994 年 4 月，上海市委组织部在一项调查(《本市部分街道党工委贯彻〈中国共产党上海市街道工作委员会工作条例(试行)〉情况的调查》)中发现，街道机关干部 35 岁以下的比例低。虹口区 13 个街道、镇 536 名机关干部，年龄在 35 岁以下的 79 人，仅占 14.7%；25 岁以下的 17 人，占 3.1%。虹口区唐山路街道 30 多名机关干部和提篮桥街道的 56 名机关干部中，40 岁以下的均只有 2 人，其中 30 岁以下均只有 1 人。虹口区街道、镇 211 名科级干部中 35 岁以下的只有 8 人，占 1.5%，其中 30 岁以下的只有 1 人，占 0.18%。上海闸北区 1993 年有一项调查，街道 57 名后备干部中 35 岁以下的只有 2 人，占 3.5%。

年轻处级干部的比例更低。虹口区街道、镇 71 名处级干部中 35 岁以下的一个也没有，40 岁以下仅有 2 人，有 10 名处级调研员平均年龄都在 55 岁以上；党工委书记的平均年龄为 51.4 岁。[1]

---

[1] 中共上海市委组织部：《本市部分街道党工委贯彻〈中国共产党上海市街道工作委员会工作条例(试行)〉情况的调查》，1994 年 4 月 25 日。

三是居委会在社区管理中地位较低。随着经济发展和居民生活条件改善，城市住宅多元化、家庭结构小型化、人口老龄化和流动人口增加等特征突出，居委会工作量激增。除了环境卫生、综合治理、人民调解、计划生育、文教、民政等之外（客观上成为街道和有关职能部门派出机构的下级单位），而且还要承担居民楼的物业、水电、煤气、有线电视台入户等收费工作。当时的现象是，五六十年代居委会在里弄所拥有的地位和权威普遍减弱。

居委会聘用干部月津贴标准偏低。当时里弄聘用干部的月收入来自三个方面：一是由区财政拨款的政府津贴。标准是20世纪80年代有关部门制定，分别按居委会主任37元、副主任35元、各个条的主任32元发放。二是各街道给予每个居委会聘用干部10—25元不等但相对固定的补贴。三是居委会自身的"三产"收入，完成街道核定指标后剩余的资金。个别"三产"落后的居委会，由街道平衡后给予一定数额的安慰性资金，分别为20—50元不等。

上海市长宁区华阳街道15个居委会共有聘用干部104人。据对其中较有代表性的5个居委会45名聘用干部1993年全年实际月平均收入的分析可知：月平均收入在100元以下的有5人，占11%；月平均收入在130元以下的有32人，占71%；月平均收入在200元左右的有9人，占20%。

上海市黄浦区各街道给聘用干部的月补贴为25元，加上政府津贴，4个街道686名聘用干部1993年12月份的人均收入为123元。其中资金部分：外滩街道256人平均收入为107元左右；南京东路街道64人平均收入为96元左右；人民广场街道165人平均收入为90元左右；金陵东路街道201人平均收入为75元左右。[1]

四是街道的规模相差过大。上海全市108个街道管辖面积约332平方公里，平均管辖面积为3.08平方公里，其中地域最大的为

---

[1] 中共上海市委组织部：《本市部分街道党工委贯彻〈中国共产党上海市街道工作委员会工作条例（试行）〉情况的调查》，1994年4月25日。

15平方公里,最小的为0.44平方公里,人口最多的为14.7万人,最少的为0.73万人。

五是管理出现"空白点"。部分城郊接合部大片新建住宅形成"空白点"。当时全市应建而未建的居委会有500多个。另有一些小区内有人打出"自选居委会"旗号,挑动居民集体上访。同时,社区硬件设施严重缺乏且分布不合理。一些新建住宅小区配套设施不是未予规划让渡就是建设滞后。有的小区公共建筑配套设施用地资金不到位,成为引发社会矛盾的一大诱因。

这些问题,反映出超大型城市基层治理的深层次问题。

(1)街道在社区管理中的功能不清。在体制上,街道的"政府角色"与"事业属性"、"管理职能"与"经济功能"交织一起,并把大量精力放在发展街道经济上,与市场经济条件下资源配置市场化的要求产生冲撞,降低了行政管理效能。社区管理中行政、作业、执法三大职能集于一身并相互混淆的情况突出。

(2)城市治理结构不顺。在上海全市的市、区、街道三级管理层次上,机构设置与权限呈"倒金字塔型",街道设立的各种委员会、领导小组及类似机构30多个,一名办事处主任要兼20多个职务,一个科要应付20多个职能部门。与此同时,市、区各部门各自为政,工作布置"倾盆而下",有的重复,有的冲突,使街道疲于应付。

(3)城市治理体制机制僵硬。街道层面没形成系统的社区管理组织体系,街道党工委、街道办事处的主体地位没得到确立。社区内的市区属机构和企事业单位分别受各自条口领导,与街道无行政隶属关系。同时可由企事业单位承担的作业没有引进市场机制,大大增加了行政成本。此外缺乏监督机制,如有关专业管理部门集建设、管理、处罚于一身,街道、居委为了旗子(红旗街道)、牌子(文明小区),得靠"面子""票子",请他们帮忙。

(4)基层治理政策不配套。如当时一个居委会只有两个集体事业编制,居委会工作经费和干部收入缺乏稳定的来源。1995年全市居委会聘用干部的平均收入在 320 元左右，影响了居委会干部的积极性。大部分居委会聘用干部的实际收入与其他行业聘用离退休人员的收入相比仍偏低。这种情况影响到居委会干部的聘用。收入水平难以吸引一些符合条件的离退休人员。里弄党支部书记和居委会主任更难请到，许多 70 岁左右的里弄党支部书记、居委会主任仍被街道劝留。

2. 街道体制的探索与改革

《上海市街道办事处工作暂行条例》在实施七年后，全国形势发生了巨大变化。以 1992 年春邓小平视察南方并发表重要谈话为标志，中国改革开放进入一个新阶段。党的十四届三中全会确定全面推进社会主义市场经济体制建设的方针，大大推进了中国改革步伐。而中央确定上海"一个龙头、三个中心"的城市定位，进而作出开发开放浦东的重大战略，使上海在全国的地位和作用发生了深刻变化，原先运行的街道体制，已很不适应当时发展的形势。

从街道办事处本身的体制功能看，在"两级政府、三级管理"格局下，街道办事处已从"民政型"向"行政型"转型，事实上已突破了原先设定的体制框架。上海"一年一个样、三年大变样"的发展，随着把上海建成"国际性大都市"目标的提出，街道办事处的体制功能成为突出问题。尤其在社区管理和维护社会稳定等方面，街道办事处面临的任务很重。如当时外来人口增加，企业下岗人员增加，市政工程的基础性工作、旧区改造中居民安置和后勤保障工作繁重。当时杨浦区、南市区、虹口区、徐汇区等进行了街道撤并工作，街道办事处管辖人口由原来的五万左右增加近一倍，最多的老西门街道为 16 万，相当于一个小城市的人口。

1994 年上海对《上海市街道办事处工作暂行条例》开展修订，对街道体制和功能定位进行调整和改革。当时国家民政部正在草拟《中华人民共和国街道办事处组织法》。《条例》的修订充分考虑了与国家法律相衔接的问题，对街道体制和功能定位体现出前瞻意识和改革强度：①推动街道向一级政权推进。事实上街道办事处已行使基层政权的一些权力，上海市区已有不少区存在镇政府，三级政权的框架已具备。因此通过市政府授权形式，强化街道办事处更多管理职能，成为必要。②确立"小政府、大服务"理念。上海要率先在全国建立社会主义市场经济体制，政府机构改革势在必行。公务员制度推行在即，政府的管理呈现间接化、社会化态势。基层治理和《条例》的修订都应反映这一现实。③街道办事处在城市管理中的综合优势已为事实所证明。鉴于城市管理任务日益繁重，《条例》修订一方面要赋予街道办事处更多的行政管理职能，另一方面要注重理顺条块关系，实行"条包块管"的原则。④既尊重现实，又不能拘泥于现实。

　　修订的《条例》，明确授予街道办事处"行使基层人民政府的职能"。由原来的八项任务，扩展为"十项职能"（增加的两项是参与城市规划和旧区改造、管理外来人口）。同时强化街道办事处的统筹领导功能，将区政府有关职能部门设在街道的派出机构，实行由街道办事处和上级业务主管部门双重领导（除公安等少数须由上一级主管部门领导的之外）。这些部门机构行政主要负责人的任免、调动、奖惩等，须征得街道办事处的同意。这是强化街道办事处管理职能的一项很重要的制度设计。在规范设置街道办事处的工作部门上，统一设置行政办公室、社会治安综合治理办公室、市政卫生科、经济管理科、民政科、劳动科、文教科、财务审计科共"两室六科"。

　　此次街道办事处体制改革的灵魂，可以归纳为两方面：一是街道办事处的"政权化"，二是区职能部门派出机构的"属地化"。①

三、"街道经济"崛起：作用与局限

　　20世纪90年代初，邓小平曾说过："从根本上说，手头东西多

---

①　上海市民政局：《关于〈上海市街道办事处工作暂行条例〉修订的调查报告》，1994年3月28日。

了,我们在处理各种矛盾和问题时就立于主动地位。"① 城市治理中的基层政权建设实践,也是这样。20世纪90年代中期,上海处于快速发展时期,"街道经济"出现了新的发展趋势。

1. "街道经济"兴起的逻辑

1994年3月份上海市民政局等部门先后召开15次座谈会,听取了47个街道办事处主任意见。众多意见认为街道经济具有举足轻重的作用,主张提升街道经济发展的地位,减轻财政压力,希望街道办事处强化经济管理和发展街道经济的职能。

当时街道经济已从传统的服务业、废品回收业等,向经济新业态推进。涉及的产业有商业、服务业、餐饮业、旅游业、废品回收业、工业、房地产业、金融业、交通运输业和科技开发等。当时上海整个街道系统有企业8 278个,其中商业占39%,餐饮服务业占40%,工业、加工业占10%,建筑安装业(装修业)占8%,其他占12%。

同时街道经济已从"小打小闹"向规模型、集团型发展。据不完全统计,年营业收入在1 000万元以上的骨干企业和专业公司已有130家(如当时闸北区27家企业,年营业收入达6.28亿元。其中欣博经贸实业公司1992年和1993年营业收入分别超过1个亿和2个亿,利税分别达到1 000万元和2 000万元,名列上海街道经济前两名)。

还有一些街道经济已从封闭的"部门型"向"外向型"经济迈进。如上海黄浦区广场街道利用联营企业优势,在青浦县成立工贸一体化的东方食品成套公司,为当时改善居民生活的"菜篮子"迈出了坚实一步。再如上海普陀区街道共有中外合资企业24家,当时上海静安区街道直接为大中型企业配套服务项目达47个。

---

① 邓小平:《在武昌、深圳、珠海、上海等地的谈话要点》,《邓小平文选》(第三卷),人民出版社1993年版,第377页。

总体上，20世纪90年代上海"街道经济"崛起表现如下所示。

（1）街道经济成为区属经济的有机组成部分。1993年街道经济营业收入达109.30亿元，利润达5.92亿元，上缴税款达3.24亿元，分别比1992年增长83.8%、47.6%和53%，上缴税款占区财政收入比重由1992年的6.1%上升到7.5%。特别是上海普陀区街道经济上交税收占区财政收入的比重，由1991年的10.8%上升为1992年的11.9%和1993年的13.3%。当时闸北区街道经济1993年利税达到1.37亿元，超过该区财贸、集管和校办企业，为全区第一。可见当时街道经济的发展势头。

（2）街道经济成为加强基层政权建设的有力保障。1991年至1993年，财政给予上海各区街道拨款合计为9 119万元，而街道实际支出经费为43 453万元，两者相抵，街道弥补财政拨款不足的资金达34 334万元。1993年上海各街道仅人员经费这一项就达15 136万元。以当时的闸北区为例，1993年区财政拨款573.35万元，实际支出2 703.02万元，其中人员经费支出1 532.40万元，街道补贴人员经费达1 197万元。这为促进街道各项工作开展和稳定队伍作出了贡献。

（3）街道经济也成为稳定社会、扩大就业的重要力量。据统计，20世纪90年代中期上海全市有街道企业8 278户，其中第三产业（商业、饮食服务业）占70%，当时网点分布于大街小巷，不仅为都市生活提供了方便，也为扩大就业、稳定社会作出贡献。当时安排退休人员再就业8.2万人，吸纳待业人员4.3万人，还安置了残疾智障人和两劳释放人员近万人就业。

当时街道经济面临的主要问题，一是公平竞争的环境没有形成。首先是借贷困难。街道企业难以通过银行贷款，一些企业只得从非信贷部门借贷，利率高达20%。其次经营场地紧缺，因旧城改造、市政动迁等原因不少街道企业被拆迁。再是企业负担重，承担的管理费、集资费、赞助费多。二是管理体制滞后。整个上海市街道经济没有一个归口管理的机构，各区的管理部门五花八门。三是企业自身的问题。不少企业管理水平低,市场意识不足,产品结构单一。同时社会舆论也形成制约。

上海市委市政府对街道经济确定了"定、放、扶、理、导"的方针,促使街道经济健康发展。"定"是明确发展定位,市区两级把街道经济纳入上海发展的整体规划。"放"是继续放宽搞活。对街道经济像市对区县一样,实行"增量共享",减轻企业负担。"扶"是出台扶持政策。一是制定资金信贷和技改贷款的优惠政策,将市区有关主管部门列入信贷计划给予扶持;二是制定政策,鼓励和支持具备一定条件的街道参与旧城改造和房地产开发。[①]"理"是理顺经济和相关方面的关系,"导"是正确引导街道的发展方向。

在这些政策方针下,街道办事处在坚持创办"便民、利民、为民"服务事业的基础上,进一步大力发展街道集体经济,为地区各项工作夯实了物质基础,为解决社会问题、发展社会福利保障事业和维护社会治安提供了物质基础,也为当时创造文明、整洁、舒适的国际大都市提供了条件。

2. 停止招商引资,街道转变职能

上海街道经济的一个特性,是靠自我投入、自我积累、自我发展起来的,它所承担的社会义务和责任是其他任何经济部门无法替代的。街道经济作为城区经济的组成部分,其兴起和发展有其客观必然性。但"街道经济"存在很大的局限性,"招商引资"牵涉了大量工作精力,制约着基层治理的深化。如何转变职能并精简机构,让街道回归管理和服务的本位,成为街道一级的突出问题。

---

① 当时如长宁区江苏路街道的长安房地产经营开发公司,不仅参与了地区改造,改善了居民的生活环境和居住条件,而且为街道经济新增配套网点10 000平方米,增税1 000万元。当时出于促进街道经济的考虑,有关部门提出建议,"建立上海市街道工业小区"。主张在城郊接合部规划一定面积的区域,减免一部分土地重用费和市政配套费,建立上海市街道工业小区,组织全市街道投资入股,引资办厂。把街道工业企业占用场地转换为商业网点或进行房地产开发,为城市整体规划和街道经济发展创造条件。

1995年上海全市街道总收入为 5.64 亿元，总支出为 5.67 亿元。在总收入中，区财政给街道的定额拨款仅占街道总收入的 8.7%，街道经济的税收返回和其他收入各占 49% 和 42% 左右。由于经费紧张，促使街道把工作主要精力放在招商引资和"创收"上，真正的基层治理精力不济，甚至很大程度上影响了基层日常管理工作。有些街道每个科室的正式编制是 3—4 个，而经济科的编制是 6—7 个，经济科除一个分管主任外，街道党工委书记和办事处主任有相当一部分精力也是放在招商引资上。有的街道每年给其他科室下达招商引资的指标。在这种情况下，城市第三级管理能力难以形成。①

当时居委会同样如此。1995 年上海全市居委会总收入为 1.9 亿元，其中街道拨款占 26%，居委会三产占 48%，社区服务和其他收入占 26%。由于居委会搞三产缺乏资金和人才，于是就在场地上动脑筋。不少居委会合署办公，将十分紧张的办公用房用于出租创收。当时上海全市合并了 670 多个居委会，很多是出于这个原因。"街道经济"成为影响基层工作深度的一个重要原因。

"街道经济"的真正退场和落幕，一直到 2014 年才真正实现。2014 年 2 月 26 日上海部署启动中共上海市委一号调研课题"创新社会治理、加强基层建设"，2015 年 1 月颁发了一号课题成果《关于进一步创新社会治理加强基层建设的意见》（以下简称《意见》）和 6 个配套文件（"1+6"配套文件）。《意见》规定："取消街道招商引资职能及相应考核指标和奖励，街道经费支出由区政府全额保障，推动街道工作重心切实转移到公共服务、公共管理和公共安全等社会治理工作上来。"

全市统一停止街道招商引资，是硬任务，没有例外。时任上海市委书记韩正指出："街道招商引资，虽然有其历史发展的缘由，但在当前新形势下，如果再不看清其利弊得失，我们的工作就会产生失误。从全局工作看，街道招商引资已是弊大于利，与上海城市未

---

① 上海市政治文明办：《改革街道现有行政体制实现社区管理网格化》，2004 年。

来产业结构的方向不相符合，街道干部也难以集中精力履行好群众要求的管理服务职能。"①

这一彻底之举，是上海街道治理和街道转变职能的标志性事件，真正使牵涉大量精力、影响基层治理的招商引资停了下来。2015年各区均已取消街道招商引资职能及相应考核，实行街道经费由区财政全额保障。不少街道干部表示："现在可以一门心思给老百姓打工了！""以前为完成经济指标，都去招商引资了，重心难以集中在为民服务上。如今指标解套，回归正位，使服务社区居民成为街道干部心中最重的一本民生账。"

在街道经济发展中，招商引资牵扯了大量本应用于基层治理、服务群众的资源和精力，影响市场秩序和营商环境，引发分配不公和腐败风险。② 上海实行彻底剥离"职能、机构、人员、经费"，推动街道工作重心切实转移到"公共服务、公共管理、公共安全"上来。街镇是城市日常性服务和管理的基础单元，是社会治理和服务群众的"最后一公里"。只有把工作重心转到管理与服务上来，才合乎街道一线治理的职能要求。可以说，取消街道招商引资，促使街道转变职能，开辟了上海城市基层治理的新时代。

四、重心下移，强化区县管理职责

随着浦东开发开放，上海的城市治理出现新机遇，也形成了新挑战。为适应改革开放的新发展，上海市委市政府作出相应调整，认为对上海这样一座特大城市，在实行统一领导前提下，要实行"分级施策、分类指导"的方针，事权分开，各有职责，全方位推进城市治理。1992年4月上海市委市政府在上海县召开会议，决定

---

① 《基层大改革，"加减乘除"如何做——解读市委一号课题成果〈关于进一步创新社会治理加强基层建设的意见〉》，《解放日报》2015年1月6日。

② 同时相当一些引进项目层次低（如"三高"项目、扰民项目等）。取消街道招商引资，才能使街道把精力放到优化公共服务和管理上。

在郊县推行"两级政府、两级管理"体制。1992年5月在静安区召开城市建设市、区联手的现场会,提出在市区建立"两级政府、两级管理"体制。对区、县进行又一轮明责分权,在财税、基建、规划、土地、环保、对外贸易、劳动、人事、机构编制、工商行政、特价等方面进一步向区、县放权。如500万美元以下的外商投资项目由区、县审批(1993年4月又扩大到1000万美元以下),并同步拥有规划、土地、工商等方面相应的审批权限。

1993年上海在深化农村改革、发展农村经济的同时,加快县域经济综合改革步伐,完善县一级地方政府的管理职能。①确定嘉定、松江、金山、崇明四个县区为综合改革试点单位,加大改革力度,加快放权步子。① ②改革规划审批制度。市里只审批总体规划,具体规划由县自行确定。③改革土地批租制度。1993年起市土地管理局只负责控制批租总量,并确认各县上报的不同地块的定价方案。② ④对县继续实行财政包干政策。⑤实行专业银行和地方性融资机构相结合的多渠道筹措资金的办法,允许设立浦东发展银行各县分行。各县可以建立农村合作基金会进行融资。⑥允许国内外资金联合进行郊区水源保护和风景区开发,实行"谁投资,谁受益"政策。⑦下放外商投资审批权。凡投资额度为1000万美元以下的外商投资企业及配套项目审批权和相应的发证权,下放给县(除限制的产业外)。

1994年1月起上海改革市与区县的财政包干体制,实行划分税种、确定收入的分税制财政管理体制。

1995年上海市委市政府对进一步完善"两级政府、三级管理"体制按照"区划不变、分片合作、增强功能、协调发展"的原则开展重点调研,提出"九五"期间加强社区建设和管理总体思路和奋斗目标。在明责分权上提出"三放三抓"原则(放一般项目,抓大项

---

① 如确定给予当时崇明县"自收自支、以岛养岛"的特殊政策。
② 郊区土地批租出让金除嘉定、宝山、闵行3个区由市、区分成外,其余各县全部留县。但县承担相应的市政配套工程。

目；放审批权，抓监督权；放一般事务权，抓帮助指导权），强调完善体制，建立机制，发挥和调动市、区两个积极性，最大限度解放和发展生产力。

1996年3月上海进一步强化区级政府在发展经济、城市建设和管理上的主体责任。并实行：①事权与财权相统一。市与区在分清事权、明确责任的前提下，调整财权，实行"谁办事、谁负责"的机制。②建设与管理相统一。下放管理责任和财权，谁建设，谁管理。③局部与全局相统一。市区两级形成全力、高效运作。④放权与转制同步。市和区有关部门的机构、人员作相应调整，可走向市场的部门转换机制，从组织上保证放实权、负实责。⑤下放财权与加强审计相统一。各区审计局为区内审计主体，市审计局强化审计监督。

基于上述原则，上海提出了在财政税收、建设费用、城市规划、资金融通、国资管理、外资外贸等方面进一步向各区放权的22条政策意见以及向郊县（区）放权的20条政策措施，即1996年3月24日《上海市人民政府印发关于进一步完善市与区"两级政府、两级管理"体制政策意见的通知》（沪府发〔1996〕21号）以及1996年1月23日《上海市人民政府关于进一步完善市与郊县（区）"两级政府、两级管理"体制政策意见的通知》（沪府发〔1996〕2号）。

在不断完善城市"两级政府、两级管理"体制的同时，着眼于加强社区管理，扩大街道、乡镇的管理权力和财力，探索并完善市区"两级政府、三级管理"和郊县"三级政府、三级管理"的体制。1998年6月上海城区工作会议上，时任中共上海市委书记的黄菊提出"创造性地开展加强基层基础工作，完善'两级政府、三级管理'新体制"的要求。

1996年3月上海城区管理体制由"两级政府、两级管理"向"两级政府、三级管理"推进以后，相当一部分城市管理职能从市、区政府中分离出来，向街道集聚，城市管理重心下移，促进了社区建设。1996年3月上海市委市政府提出加强街道、居委会建设和社区管理的 18 条政策意见(沪委〔1996〕5 号)。1997 年 4 月上海市政府办公厅发出《关于进一步落实沪委〔1996〕5 号文件的通知》,明确提出一系列旨在强化街道和居委会的管理政策。

1998 年 7—9 月上海市政府办公厅先后转发上海市财政局、上海市国税局、上海市地税局《关于进一步健全本市街道(镇)协管税收网络的若干意见》,上海市房地局《关于加强本市居住物业管理的实施意见》和上海市市政管理委员会办公室《关于进一步加强本市街道监察队建设的若干意见》。

随着基层硬件设施改善,文明小区、文明社区建设得到加强。1998 年上海全市已建成市级文明小区 558 个,首次建成市级文明社区 32 个。[①]。1999 年浦东新区潍坊新村街道党工委率先在辖区的嘉兴大厦建立联合党支部,创立了"支部建在楼上"的形式。此后,"楼宇支部""街区支部""园区支部""商贸市场支部"相继出现。据统计,当时上海全市建有"楼宇支部" 203 个,"园区支部" 100 个,党员服务点 196 个。2004 年上海有街道党工委 102 个,镇党委 115 个,居民区党组织 2 561 个。党的关系在城市街道、居民区的党员 33 万,占全市党员总数 138.9 万的 23.82%。[②]

2000 年后上海城市执法得到整合。各区县通过对原有市容监察、绿化、路政、规划等执法职能的整合,成立了城市管理监察大队,开始实施综合执法。通过三年综合执法,从源头上阻断了多头执法的乱象。自 2003 年 1 月 28 日起上海在徐汇、普陀、闸北三区引进专业化的社工队伍,全面推进社区犯罪预防工作体系建设。2003 年 4 月建立了 539 人的社区矫正志愿者队伍。

上海中心城区基本形成"条块结合、以块为主"的社区管理新格局。当时上海处于经济社会发展的战略机遇期,也是上海城市基层治理的重要阶段。结合未来的社会经济发展和现代化国际大都市

---

① 《上海人民政府志》编纂委员会编《上海人民政府志》,上海社会科学院出版社 2004 年版,第 187 页。
② 中共上海市委组织部:《上海社区党建网格化调研的情况汇报》,2004 年。

的功能定位,上海城市治理与时俱进,实现城市管理和领导体制、街道体制改革、社区建设和管理的跨越式发展。

2014年上海市委将"创新社会治理、加强基层建设"列为市委一号课题,开展了为期一年的全面调查研究,最终于2015年初发布创新上海社会治理的"1+6"政策文件。"1"是《中共上海市委上海市政府关于进一步创新社会治理加强基层建设的意见》;"6"是涉及街道体制改革、居民区治理体系完善、村级治理体系完善、网格化管理、社会力量参与、社区工作者的6个配套文件。这些基于广泛深入调研、聚焦突出问题而形成的治理方案,着眼长远的解决之道,形成的决策是又一次对街道的改革和重塑。具体内容如下。

①将原社区(街道)党工委更名为街道党工委,使街道党工委作为区委派出机关的性质更明确。截至2017年5月底,上海全市100个街道党工委全部完成更名,63个街道完成社区党委组建。②统一设置街道机构,即按"6+2"模式设置:党政办公室、社区党建办公室、社区管理办公室、社区服务办公室、社区平安办公室、社区自治办公室,同时可根据实际需要,增设2个工作机构。① 街道部门精简后,由注重"向上对口"转变为"向下回应",能更好地面向群众、面向服务。③撤销原社区(街道)党工委下设的综合党委和居民区党委,新建社区党委。社区党委将负责区域化党建和"两新"组织党建、居民区党建工作,通过党建引领,推进社区共建共治和居民自治,有效解决"1+3",即社区(街道)党工委及下设的行政组织党组、综合党委和居民区党委中,"三条线"党组织职责边界不够清晰,与职能科室之间的关系不顺的问题。④取消招商引资。街道承担大量经济职能并有大比重的考核任务,取消有利于切实转变职能,有序推进体制机制调整改革,核心是管理和服务。⑤规范薪酬

---

① 原先上海街道一般设11个左右部门,有的街道达15个部门。街道部门设置与上级条线简单对应,科室划分过细、职能重复交叉。

体系。全市社区工作队伍平均收入水平统一为 2013 年度上海市职工平均工资的 1—1.4 倍。打通职业通道,全市 4 063 名居民区书记中,事业编制有 658 名,就业年龄段落实事业待遇的有 1 049 名,退休聘用提高工作津贴的有 151 名。至 2017 年 10 月底,上海全市 4.1 万人计划纳入社区工作者队伍(首批纳入约 2.88 万人)。队伍结构得到优化,大专及以上学历为 21 449 人(占 80.4%)。2017 年全市居、村委会换届选举出现变化,平均一个岗位引来 20 人竞争,居委会干部"身价上去了"。⑥重心下移、资源下沉、权力下放。赋予街道更多的权限和资源,比如对区职能部门派出机构负责人的人事考核权和征得同意权等,强化考核结果运用,旨在促进相关条线职能部门的派出机构更好地在街镇切实履行好社会治理职责,加强在块面上的综合协调能力。

五、"浦东模式"与创新强度

20 世纪 90 年代浦东开发开放,是中国社会经济发展到一定阶段的必然结果。当时国家开发开放的战略重点,从珠江流域转向长江流域,呼应了中国对外开放的战略升级问题。

1. 浦东开发开放:三个历史性阶段

"吃改革饭、走改革路、打创新牌",是浦东开发开放的本质。① 从 20 世纪 90 年代至今,浦东开发开放有三个历史性的阶段及其相应的"先行先试"重点。

第一阶段,以 1990 年 4 月为起点。1990 年 4 月 18 日,时任国务院总理李鹏代表党中央国务院宣布开发开放浦东,回应了当时国际社会对中国改革开放的各种疑虑,向国际社会宣示了中国坚持改

---

① 《开放是上海最大的优势》(2018 年 4 月 25 日),央广网,http://www.cnr.cn/shanghai/tt/20180425_524211165.shtml,最后浏览日期:2021 年 2 月 24 日。

革开放不动摇的决心。中央作出浦东开发开放这一重大战略决策，不只着眼于浦东发展自身，而有着更为深远的考量，重点是要撬动长三角和沿海地区的发展。正如邓小平在1991年指出："开发浦东，这个影响就大了，不只是浦东的问题，是关系上海发展的问题，是利用上海这个基地发展长江三角洲流域的问题。"[①] 20世纪浦东气象万千的开发开放，引发了中国改革开放的第二春。

第二阶段，以2005年6月为起点。2005年6月21日，国务院确定浦东开展"综合配套改革"试点。这一试点的重点，是通过价格、国企、金融等专项和配套改革，探索市场经济体制如何完善，如何把改革从经济领域拓展到社会领域。其间南汇区划入浦东，开启了浦东"二次创业"的新阶段。这一阶段浦东的一个重要使命是进行配套改革的先行先试，同时统筹好"三港三区"战略资源，加快推进"两个中心"建设，加快带动南部地区的发展。

第三阶段，以2013年9月为起点。2013年7月3日国务院常务会议通过《中国（上海）自由贸易试验区总体方案》，2013年9月中国（上海）自由贸易试验区挂牌成立，浦东进入"自贸区时代"。自贸区为全球化背景下的经贸国际化、高度流通无障碍化，为构建开放型经济新体制试水探路。这一阶段，浦东为探索实施"准入前国民待遇＋负面清单"制度，向全国提供了诸多可推广、可复制的重要经验。2013年9月30日上海公布《中国（上海）自由贸易试验区外商投资准入特别管理措施（负面清单）（2013）》，标志着我国对外商投资的"负面清单"管理模式的开始。2015年3月24日中国（广东）自由贸易试验区、中国（天津）自由贸易试验区、中国（福建）自由贸易试验区第二批自贸区的总体方案获通过。2017年3月31日国务院新闻办公室举行新闻发布会，正式宣布在辽宁、浙江、河南、湖北、重庆、四川、陕西7省市设立第三批"自

[①] 邓小平：《视察上海时的谈话》，《邓小平文选》（第三卷），人民出版社1993年版，第366页。

由贸易试验区"。至此，我国形成"1＋3＋7"的自贸试验区"雁阵格局"，标志着自贸区 3.0 时代的到来，更标志着改革开始从沿海向内陆纵深扩展的态势。

2. 超大型城市治理新地标

浦东运用全球资源加快发展，创造了中国高起点、跨越式开放模式，提升了对全球资源的配置能力，使中国经济高效地进入全球生产链和供应链。同时浦东 31 年的城乡治理，也为超大型城市治理这个世界级难题试水探路，为优化国家治理、推进超大型城市的优质治理提供了重要经验。

（1）处理好政府和市场的关系，实现"看得见的手"与"看不见的手"两手都硬。作为国家重要战略的浦东开发开放，有着清晰的战略定位，即以浦东开发开放为龙头，推进开放长江沿岸城市，带动长江三角洲和整个长江流域经济的新飞跃。这是"国家意志"对于区域发展和改革开放的布局，实际操作中的难题，是如何在尊重市场对于资源配置的决定力量这一前提下，把体制和行政力量的优势发挥出来，实现两者的最佳融合和互补。就是说，浦东对于市场经济体制的探索不在于如何划分市场与政府的各自边界，而是在于如何实现政府和市场功能的有效组合，构建现代市场经济体制。这在浦东 31 年的改革历程和城市治理中，得到了很好体现。

浦东率先探索生产要素市场化配置，为我国建设社会主义市场经济体制积累了经验，市场体制得到了确立，市场功能得到发挥；而政府行政力量也发挥了不可替代的作用。浦东开发开放不是从自然经济和商品经济体制直接向市场经济体制过渡，而是由计划经济体制向市场经济体制转型，这一转型带有浓厚的行政推动色彩。浦东很好地解决了这一难题，实现了"两手"都硬，这是非常重要的成就和经验。

（2）以经济发展为中心，实现高强度的"跨越式"发展。发展是人类的主题，也是人类文明拾级而上的动力。浦东是高速发展的一个缩影、一个奇迹。一个国家、一个地区，是否可以在一定时期实现大跨度的经济增长？浦东31年改革历程和取得的各项优异成绩，证明在一定条件下，一个国家、一个地区的经济高增长不仅是必要的，也是可行的。20世纪90年代初邓小平在视察南方的谈话中就指出："对于我们这样发展中的大国来说，经济要发展得快一点，不可能总是那么平平静静、稳稳当当。""看起来我们的发展，总是要在某一个阶段，抓住时机，加速搞几年，发现问题及时加以治理，尔后继续前进。"① 邓小平进一步指出："比如上海，目前完全有条件搞得更快一点，上海在人才、技术和管理方面都有明显的优势，辐射面宽。"② 浦东的开发开放，实践了邓小平的这一构想和要求，证明了"经济发展隔几年上一个台阶，是能够办得到的"。③ 浦东作为中国发展最快的地区，给区域"超越型""跨越式"发展和经济高增长，提供了成功案例，也给发展中国家如何实现加快发展提供了实践样板和多方面的经验。

（3）创新意识与体制创新是推进社会综合进步的引擎。31年来浦东一直处于创新特别是体制创新的强大流程中。对于国家明确了改革方向但尚未明确改革路径的事项，浦东找准改革突破口，设计改革路径，形成改革实践路线图；对于国家尚在深化研究阶段的改革事项，浦东则坚持"问题导向"，探索试水方案。20世纪90年代初浦东率先探索社会主义市场经济体制，探索生产要素的市场化配置。20世纪90年代中后期，浦东率先探索金融保险、国际贸易、商业零售等服务业领域对外开放，为我国扩大开放和加入世贸组织先行探路。比如金融，邓小平曾高瞻远瞩地指出："金融很重要，是现代经济的核心。金融搞好了，一着棋活，全盘皆活。""中国在金融方面取得国际地位，首先要靠上海。"浦东开发开放31年，一个

---

① 邓小平：《在武昌、深圳、珠海、上海等地的谈话要点》，《邓小平文选》（第三卷），人民出版社1993年版，第377页。
② 同上书，第376页。
③ 同上。

历史性贡献就是把金融业搞起来了，取得了金融业体制创新的许多突破。

进入新世纪后，浦东率先开展综合配套改革试点，坚持把解决本地实际问题与攻克面上共性难题有机结合，许多经验被总结推广。进入新时代后，浦东以形成更加国际化、市场化、法治化的公平、统一、高效的营商环境为目标，推进投资管理、贸易便利化等方面的体制改革，为我国加快实施自由贸易区战略、参与国际高标准经贸规则制定、争取全球经济治理话语权，探索可复制可推广的经验。创新特别是体制创新，是浦东强劲的社会精神，也是浦东开发开放的灵魂。

上海要代表国家参与国际合作和竞争，要向具有全球影响力的"全球科创中心"和"卓越的全球城市"迈进，浦东作为实现这一战略目标的重要实践区域，要以"改革再出发"的精神，承担起更为艰巨的改革开放先行者的战略使命，当好排头兵中的排头兵、先行者中的先行者。在新时代继往开来，在改革开放试验田上勇于探索，实施创新驱动发展战略，进一步发挥示范引领作用，向上海、向全国展示更多的改革丰硕成果。

习近平总书记曾指出：浦东开发开放的意义，在于发挥窗口作用和示范意义，在于发扬敢闯敢试、先行先试的精神，在于发挥排头兵、试验田的作用。浦东创造了"浦东速度""浦东模式""浦东形象"，毫不夸张地说，浦东已是中国改革开放的形象品牌，是中国改革开放新的社会地标。

第 4 章
超大型城市治理能力现代化分析

马克思在谈到历史发展时指出:"古代的起点是城市及其狭小的领域,中世纪的起点则是乡村。"① 在从古典社会向现代社会的变迁中,"不同城市之间的分工的直接结果就是工场手工业的产生"。② 而现代大工业则与大城市联系在一起,成为两者之间互动的空间存在形式。"它建立了现代的大工业城市——它们的出现如雨后春笋——来代替自然形成的城市。……它使城市最终战胜了乡村。"③ 超大型城市的出现,代表了21世纪经济和区域扩张方式,它对科技创新、工业、文化和艺术等的推动是其他城市无法比拟的。当我们基于一定标准将某个城市定义为超大型城市时,意味着它拥有了特定的权力和资源、地区辐射力、国际影响力,更意味着它具有更高的"治理性"。

一、问题界定与研究界面

1. 问题界定

超大型城市治理体系与治理能力现代化是国家治理体系与治理能力的重要构成。"治理"是城市"文明样式"的重要变量。

上海超大型城市治理处于中国城市治理最前沿。上海遇到的问题,其他城市也会遇到或者正在遇到。城市经济快速发展,但社会治理相对滞后;城市行政化程度高,但社会发育不良,实际上已成为遏制上海成为"全球城市"的一种障碍。

提升治理能力,是超大型城市的新议程,涉及城市结构、城市体制机制、城乡一体化、城市治理模式等诸多领域和诸多问题。而治理能力现代化是城市现代化的内生变量,深层次的东西包括了科学精神、人文理念、法治规制、营运方式、社会结构、组织体系等内容。

---

① 《马克思恩格斯选集》(第一卷),人民出版社1995年版,第70页。
② 同上书,第108页。
③ 同上书,第114页。

2. 研究界面

上海与北京、广州、深圳等城市构成了中国城市现代化的第一梯队。根据国家发展的总体战略，2020年上海要建成具有全球影响力的科创中心的基本框架，基本建成国际经济、金融、贸易、航运中心和社会主义现代化国际大都市。在更高水平上全面建成小康社会。

2035年上海要基本建成卓越的全球城市，令人向往的"创新之城、人文之城、生态之城"，具有世界影响力的社会主义现代化国际大都市。重要发展指标达到国际领先水平，成为创新发展先行者。

2050年上海要全面建成卓越的全球城市，令人向往的"创新之城、人文之城、生态之城"，具有世界影响力的社会主义现代化国际大都市。各项发展指标全面达到国际领先水平。

在这样一个与国家两个阶段战略安排的对接中，分析上海超大型城市治理能力的现状、不足和结构性短板，辨析超大型城市治理的特殊性，厘定提升治理能力的主要目标和重点，注重国际视野比较中中国一线城市治理能力现代化的评估，实现超大型城市治理能力现代化的营运线路和举措对策，构成了本章研究的主要界面，如下表所示。

1	中国超大型典型城市上海治理能力的现状、不足和主要短板
2	国际视野比较中城市治理能力评估分析
3	实现超大型城市治理能力现代化的战略目标、营运线路、举措对策

二、上海城市治理能力现状、问题和压力

1. 城市治理的阶段与特征

自1949年新中国建立以来，上海开始了超大型城市的治理经历。可分为四个阶段。

第一阶段，1949年至1978年改革开放。这一时期通过"建制"，上海不仅成为中国最重要的工业基地和计划经济的重镇，更成为一个行政管理规整严密的城市。1951年6月市区20个区和郊区洋泾、吴淞一部分城市化地区，在"冬防办事处"的基础上设立区人民政府"派出人员办事处"。1952年9月市民政局草拟《市区区人民政府办事处试行方案（草案）》，确立"办事处"性质为区人民政府的派出机构。1952年年底全市建立起135个办事处。1955年5月18日上海市人民委员会根据全国人大第一届第四次会议通过的《城市街道办事处组织条例》整合上海办事处的名称为区人民委员会街道办事处。这一时期，上海社会治理主要特征是基层建制。

第二阶段，1978年改革开放至1996年。20世纪80年代和90年代初，是上海城市治理的重要发展时期，街道社区管理得到长足发展。1985年10月选择黄浦区广东路街道、长宁区天山路街道、虹口区曲阳路街道开展街道办事处行政管理体制改革试点。1988年4月全市132个街道办事处全部建立起"居民代表会议"制度和内设机构。1986年、1988年、1991年、1994年、1995年，上海市委市政府先后召开街道工作会议，重点推进城市管理，加强社会综合治理，推进便民利民和社区服务。这一时期的主要特征是夯实基层基础管理，构建起较为完整的基层管理体制。

第三阶段，1996年至2012年。1996年、1997年、1998年，上海市委市政府连续召开上海市城区工作会议，展开了以基层社区建设和管理为重点、构建新的城市管理体制的城区建设新阶段。1996年上海城区工作会议颁发了《中共上海市委、上海市人民政府关于加强街道、居委会建设和社区管理的政策意见（沪委〔1996〕5号）》（简称"18条政策"）。1996年上海市政府颁发《关于进一步完善"两级政府、两级管理"体制的政策意见》（沪府发〔1996〕21号），继而在2000年召开社区工作会议，"社区建设"成为上海城市治理的主线。

上海市委在2002年出台《关于进一步推进本市社会组织参与社

区建设与管理的意见》，把社会组织作为社区建设的重要组织载体。2004年开始推行"网格化管理"，并于年底颁发《中共上海市委关于加强社区党建和社区建设工作的意见》，全面推行社区管理与社区党建一体化工作。这一时期由浦东开发开放和先行先试，上海开始了"四个中心"建设的实际步伐，从传统的行政管理模式拓展到新型的城市治理模式。重要的是，这一时期开始从比较单一模式的典型"行政城市"，转向社会生活多元化、色彩丰富的"社会城市"。

第四阶段，以2012年十八大召开为起始，上海在"四个中心"基础上又确立了"全球科创中心"的目标。2014年4月启动的新一轮上海城市总体规划，提出了"卓越的全球城市"的新发展目标，意味着上海将全面参与世界第一城市梯队的合作与竞争。2016年5月22日《国务院关于长江三角洲城市群发展规划的批复》中，提出上海要发挥引领建设"世界级城市群"的要求[1]，上海开始进入由本土创新扩散向国际创新中心升级的阶段。

这一阶段，上海面临着更为深刻的社会转型压力。通过新一轮创新驱动和全球科创中心框架建设，开始向"创新型城市"和"卓越全球城市"建设迈进。这一阶段上海城市治理的主要特征，是以国际比较眼光进行城市战略布局，依据"五个中心"和"全球城市"的标准要求，在城市功能选择、经济运行方式、产业构造变革、城市资本价值、城市物理空间、社群精神偏好、政府决策模式等方面进行新的布局和更深层次的变革。

2014年上海市委确立"创新社会治理、加强基层建设"为市委一号课题，由市委书记韩正担任课题组组长，全市抽调41个人，组成4个调研组，开展了为期一年的以搞清楚创新社会治理、加强

---

[1] 2008年发布的《国务院关于进一步推进长江三角洲地区改革开放和经济社会发展的指导意见》，首次对上海明确提出建设"世界城市"的要求："继续发挥上海的龙头作用，加快建成国际经济、金融、贸易和航运中心，进一步增强创新能力和高端服务功能，率先形成以服务业为主的经济结构，成为具有国际影响力和竞争力的世界城市。"

基层建设相关问题为核心的全面调查研究。最终于2015年初正式发布影响甚大的"1+6"政策文件。"1+6"政策文件主要是针对城市治理中涉及基层建设的现实问题和矛盾，尤其是亟待解决的体制等问题。各区县建立工作推进领导小组，制定出台贯彻"1+6"相关文件，形成分解方案。上海市委组织部、上海市编办、上海市民政局、上海市人社局出台配套政策，形成市区联手推动的工作局面。

"1+6"政策文件取消街道招商引资职能和相应考核指标，实行街道经费由区财政全额保障。将社区（街道）党工委更名为街道党工委，并统一设置内部机构。2015年、2016年、2017年、2018年连续召开推进会抓贯彻落实。2018年4月13日上海市委召开创新社会治理加强基层建设推进大会，提出"从人民群众关心、让人民群众满意的事情做起，构建井然有序充满活力社会治理新格局"。明晰市、区、街镇、居村四级职责定位，把"条"的主管责任和"块"的兜底责任明确下来。① 这是又一次对街道体制的改革和重塑，标志着上海城市治理体制改革迈入新阶段。

2. 发展目标与转型压力

上海面临"改革再出发"的压力，要思考和布局未来10年、20年、30年拿什么参与世界竞争的问题。上海推进城市转型、实现超大型城市治理新跨越，现阶段主要面临三方面现实压力。

（1）2020年基本建成"四个中心"和国际大都市的结构性压力。它是2035年建设成为具有全球资源配置能力、较强国际竞争力和影响力全球城市的前提。国际大都市可以视为上海成为"全球城市"前的一种城市形态或"准全球城市"形态，它有着宽阔的社

---

① 中共中央政治局委员、中共上海市委书记李强要求把"条"的专业性和"块"的综合性协调好，重心下移，把人财物和权责利对称地落地，让街镇有权有职有物有人，在资源整合、力量统筹上有更大话语权。要把各类民生资源、实施项目集聚到居村，打通服务群众的"最后一公里"。（谈燕：《构建井然有序充满活力社会治理新格局》，《解放日报》2018年4月14日）

会地带和完善的城市治理体系。按这一目标，亟待解决一系列影响国际大都市建设的结构性、体制性问题，特别是社会结构上的短板。①

（2）"全球科创中心"框架建设目标下的创新性压力。2014年5月习近平在考察上海时提出，上海要建设成为具有全球影响力的科技创新中心。除上海外，2016年9月国务院印发了《北京加强全国科技创新中心建设总体方案》，天津和深圳也分别要建设成为有国际影响力的产业创新中心和国际科技产业创新中心。上海已全面开展全球科创中心框架建设。一个城市要建设成为科技创新中心，除了一般客观基础和因素条件之外，至少要具备六个要素或者说六个建设主体，分别是科技人才、科研院所、科技工作、企业、市场、政府。② 此外，有无健全的社会活力形态和良好的城市治理水准，亦是非常重要的衡量标准。没有健全的社会活力形态，就没有所谓城市创新的动力。着眼于2020年基本形成全球科创中心框架，必须加快推进科技体制创新和社会治理现代化的步伐。

（3）卓越的"全球城市"（global city）取向下的比较性压力。上海是区域性精英城市，离"全球城市"距离不小。全球城市是当今城市的高端形态，具有全球资源配置强大功能。目前公认的处于顶级的全球城市是纽约、伦敦、东京。伦敦和纽约是"资本吸收型"（也称"资本管理型"），东京是"资本供给型"（也称"产业中心型"）。被认为是"初期全球城市"（incipient global cities）的有多伦多、芝加哥、波士顿、阿姆斯特丹、马德里、米兰、莫斯科。上海排在第21位

---

① 比如有人比较首尔与上海的大众文化设施：首尔的美术馆、博物馆、古代建筑等门票便宜，相当于小摊上买个发夹的价钱，公园基本免费开放，游乐园需要门票，动植物园门票比美术馆等还要便宜。上海博物馆等门票较便宜，但比韩国贵，公园不免费尤其是大型公园。动植物园门票较贵，古代宫殿等古建筑作为观光景点售票。《上海是国际化的大都市吗》（2007年3月16日），百度知道，https://zhidao.baidu.com/question/22222142.html，最后浏览日期：2021年3月3日。
② 《上海社科院张兆安：科创中心建设要"六归一"》（2017年1月16日），浙江新闻，http://zj.zjol.com.cn/news.html?id=534762，最后浏览日期：2021年2月24日。

(2015年全球城市排名)。① 全球城市不仅包含了人类可持续发展的基本理念,更反映了城市未来的发展方向。

2008年《国务院关于进一步推进长江三角洲地区改革开放和经济社会发展的指导意见》中,首次对上海明确提出建设"世界城市"的要求。2016年5月22日《国务院关于长江三角洲城市群发展规划的批复》中,明确提出上海要发挥引领建设"世界级城市群"的要求。2016年6月3日国家发改委发布《长江三角洲城市群发展规划》,明确长三角建设"具有全球影响力的世界级城市群"②的目标,其中指出"上海全球城市功能相对较弱,中心城区人口压力大。与纽约、东京、伦敦等全球城市相比,上海城市国际竞争力和国际化程度不够,落户上海的世界500强企业总部仅为纽约10%,外国人口占常住人口比重仅0.9%"③,要求"加快提升上海核心竞争力和综合服务功能"(见图4-1)。

2016年8月《上海市城市总体规划(2016—2040)》确定"在2020年基本建成'四个中心'的基础上,到2040年将上海建设成为综合性的全球城市,国际经济、金融、贸易、航运、科技创新中心和国际文化大都市",并提出构建与苏州、无锡、南通、宁波、嘉兴、舟

---

① 全球领先的高增值管理咨询公司科尔尼联手《外交政策》(Foreign Policy)杂志在哥伦比亚大学社会学教授萨斯奇亚·萨森等人和一些组织的研究基础上,从2008年起发布全球化城市指数(GCI),每隔2年发布一次。2015年前10名依次为:纽约、伦敦、巴黎、东京、香港、洛杉矶、芝加哥、新加坡、北京、华盛顿。上海排在第21名。排名标准主要集中于5个领域:商业活动、人力资源、信息交流、文化积累和政治参与。而早在2009年,国际全球化和世界城市研究小组曾将全球242个有影响力的城市分为5级12段,除纽约、伦敦、东京三个世界城市外,接近世界城市的"B段"城市有巴黎、洛杉矶、芝加哥、法兰克福、首尔、新加坡,国内有香港、北京、上海三城市。

② 长三角城市群以上海为核心,主要分布于国家"两横三纵"城市化格局重点开发区域,包括上海市,江苏省的南京、无锡、常州、苏州、南通、盐城、扬州、镇江、泰州,浙江省的杭州、宁波、嘉兴、湖州、绍兴、金华、舟山、台州,安徽省的合肥、芜湖、马鞍山、铜陵、安庆、滁州、池州、宣城,共26市,国土面积21.17万平方千米。

③ 这个《规划》还指出:上海"一般性加工制造和服务业比重过高,国际经济、金融、贸易和航运中心功能建设滞后。公共资源过度集中,人口过度向中心城区集聚,带来了交通拥堵、环境恶化、城市运营成本过高等'大城市病'问题"。

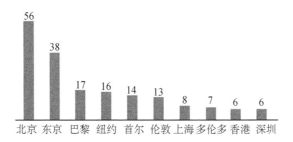

图 4-1　全球大城市世界 500 强上榜数量（单位：个）

资料来源：根据《财富》"世界 500 强排行榜"数据整理。

山等地区协同发展的"上海大都市圈"。2017 年 12 月 25 日中国政府网正式发布《国务院关于上海市城市总体规划的批复》（国函〔2017〕147 号），这是十九大以后国务院批准的第一份超大城市总体规划。在时间上将原来确定的 2040 年建成卓越的全球城市改到 2035 年，规划改为 2017 年至 2035 年，以与国家两个战略发展阶段相对应。上海应承担起在中国建设"全球城市"的引领之路，但要成为"全球城市"，上海就必须成为真正的全球性要素流动与配置中心，对全球生产要素的价格有重大影响力、有全球性的商业机会和投资吸引力等。上海迈入建设世界城市和全球城市之路，事实上面临诸多要消除的突出的结构性、体制性短板。

三、上海超大型城市治理结构性短板

1."大都市、弱社会"：社会发育不足

上海一方面是超大规模的城市，另一方面是发育不足的社会。改革开放以来上海社会有了长足发展，但没有根本上改变社会发育累积性滞后这一基本状况，这成为遏制上海迈向卓越全球城市的结构性短板。

完善健全、充满活力的社会形态，是现代世界各国都市发展特别是世界城市、全球城市的必然形态，也是"现代性"的重要标志。

一个缺乏社会形态的城市，只是一架行政机器而非充满内在活力的现代城市。而健全的社会组织阵容是现代城市文明的重要表征。改革开放以来上海社会组织发展较快，逐步形成了覆盖广泛的社会组织体系。近年来上海社会组织发展很快，已成为上海社区治理的重要力量，截至 2017 年 6 月底，经上海民政局注册登记的社会组织共 14 568 家。其中社会团体 4 017 家，民办非企业单位 10 162 家，基金会 389 家。

20 世纪 90 年代以来，上海加大对社会组织的扶持力度，推动社会组织参与社区治理。2002 年上海市委颁发《关于进一步推进本市民间组织参与社区建设管理的意见》（沪委办〔2002〕16 号），要求"大力培育发展社区公益性、服务性民间组织"，"通过奖励性、委托性、补贴性或购买性的投入方式，重点扶持为社区老人、妇女、儿童、残疾和失业人员等弱势群体服务的民间组织"。[①] 2014 年 4 月开始，行业协会商会类、科技类、公益慈善类、城乡社区服务类 4 类社会组织实施直接登记改革后，上海社会组织直接登记数量不断增长。如从 2014 年 4 月至 2015 年年底，全市新成立社会组织 2 030 家（直接登记数 1 464 家，占 72.1%），其中社会服务类组织增长最快，同比增长 16.2%（其中社会服务类民办非企业同比增长 17.4%、社会服务类基金会同比增长 71.2%）。但治理型社会组织长期缺失，真正能适应市场经济发展需求、能参与社会治理的功能性社会组织少而又少。相对于日新月异的上海社会发展需求，上海现有社会组织远不能适应。

社会组织是消解城市治理风险的前沿地带。而权利的表达和维护，是大部分社会组织的生命力所在，也是参与公共事务、参与社会治理的基点。因此真正意义上的社会组织，是"有组织的权利系统"。但大量社会组织存在这样那样的内在结构性问题。很多具有"二政府"性质，要么挂靠于某一政府机构，成其"下属单位"

---

① 同时规定：市、区(县)社团管理局对社区中民间组织实行统一登记管理。

受其辖制；要么成为某个政府部门的"行业组织"，实际上是政府部门的延伸，其人事、经费、机构都由其安排，缺乏独立性、自主性。即使如民办养老院、民办学校等机构也有强烈的行政依附色彩。

（2）社会组织结构分布呈"落差性"格局。一是全市大多数社会组织集中于民政、教育、文化、劳动、科技等领域，偏重于专业性、联合性，而社区组织则大部分是娱乐性、群体性团队（见图4-2、图4-3）。

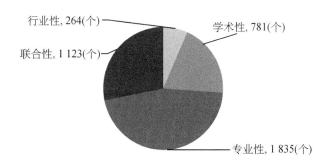

图4-2 2015年上海市社会团体分类

资料来源：上海社会组织网。

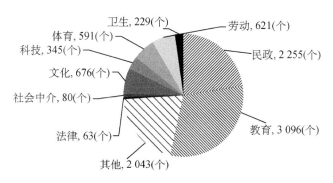

图4-3 2015年上海市民办非企业单位分类

资料来源：上海社会组织网。

从构成看,全市社会组织中民办非企业单位约占 68.0%,社会团体约占 30.0%,基金会约占 2.0%。市级社会组织中社会团体占 58.4%,民办非企业占 29.1%,基金会占 12.5%。从社会组织类型看,行业协会、商会偏多,公益性、慈善性、服务性社会组织偏少。在治理结构上,很多社会组织形式上注册为法人,但实际运行中缺乏相应的治理结构。且组织内部人员结构复杂,既有兼职、专职之分,又有在职、退休和人事关系有无之分,专职人员的比例很低。

二是城乡分布的落差十分明显。大部分社会组织主要集中于中心城区或经济发达、人口密集、城市化程度较高的街镇。尽管上海郊区的教育、扶贫、文化、医疗、法律服务、人道支援和环保等领域对社会组织参与治理、提供服务的客观需求很大,但郊区的社会组织发展慢、分布少、质量低、功能弱。

(3) 与发达国家构成很大差距。每万人社会组织的拥有量,发达国家一般超过 50 个(法国 110 个、日本 97 个、发展中国家平均 10 个)①,但至 2015 年我国每万人拥有社会组织量仅为 4.8 个,上海为 5.8 个。② 上海中心城区社会组织密集度最高的静安区,每万人拥有社会组织量只有 14 个。从数量看,虽然近年来我国万人社会组织拥有量在不断增加,但仍远远落后于发达国家水平,与发展中国家也存在着较大差距。

离开社会组织,就无所谓社会。社会组织发育不充分,社会空间狭隘,城市只是物理上的庞大存在,"社会"成为永远长不大、永远缺乏自治能力的怪胎,而不是真正意义上的"城市社会"。今天上海最缺的不是知名度、影响力,不是城市的物理建构和其他技术条件,而是缺乏一个真正意义上的"社会"。因此解决"大城市、弱社

---

① 在首届"中国第三方评估论坛"上,由同济大学、上海国信社会服务评估院联合研发,反映社会组织发展程度的我国各省份"社会发育指数"首次发布。联合课题组指出,"社会发育指数"是以万人拥有社会组织数量为核心指标,结合各地人口总数、经济发展水平、城镇化率等指标计算而得出的。

② 资料来源:根据《2015 年国民经济和社会发展统计公报》数据计算得出。

会"甚至"有城市、无社会"的问题,加快治理型组织的培育、发展,发挥其参与社会治理的作用,构筑起多元治理的社会阵容,是上海"十三五"期间社会治理能力建设的一大重点。

2. "人口多、人才少":高端人才短缺

2015年上海常住人口2 415.27万,其中户籍常住人口1 433.62万,外来常住人口981.65万[①],属于超大型城市人口规模。但是人才规模并不大。上海高级人才与人口的比例仅为0.51%,远低于美国的1.64%,日本的4.97%,新加坡的1.56%,德国的2.47%。总量上,2016年上海具有大专以上学历或中级以上专业技术职称的各类人才135万人。上海现有1 000多家软件企业,其中百人以上规模只占1/3。全市4万多名软件从业人员中人才层次多在本科,硕士以上少,能担任项目经理以上的更少。

我们在谈"人口红利",发达国家却在享受"人才红利"。美国拥有近百万研发人员,数量为世界之首。研发占国民生产总值的3%,为当今世界最高水平。美国高科技成果总量占世界的37%。美国1/3专利创造来自移民,1/3诺贝尔奖获得者来自移民,1/4高学历是外国留学生。"最为成功的城市——伦敦、班加罗尔、新加坡、纽约——仍然在各个大陆之间发挥着桥梁的作用。这些城市吸引了跨国企业和国际人才。"[②]

2016年上海市委市政府在原来"人才20条"(《关于深化人才工作体制机制改革促进人才创新创业的实施意见》)基础上发布"人才新政30条"(《关于进一步深化人才发展体制机制改革加快推进具有全球影响力的科技创新中心建设的实施意见》),提出到2020年,要基本形成与国际经济、金融、贸易、航运中心和具有全球影响力的科

---

① 《上海市2015年国民经济和社会发展统计公报》(2016年3月31日),中国统计信息网,http://www.tjcn.org/tjgb/09sh/32640_7.html,最后浏览日期:2021年2月24日。
② [美]爱德华·格莱泽:《城市的胜利:城市如何让我们变得更加富有、智慧、绿色、健康和幸福》,刘润泉译,上海社会科学院出版社2012年版,第232页。

技创新中心相适应的"人才发展治理体系",并成为"国际一流创新创业人才的汇聚之地、培养之地、事业发展之地、价值实现之地"。

对照这一宏大目标,上海人才状况不相匹配。在中国社科院近期公布的"中国城市竞争力"排名中,香港、上海、深圳、北京、澳门、广州、东莞、苏州、天津、宁波分列前10名。上海虽排名第二,仅次于香港,但从人才竞争力、科技创新能力等指标看,都低于北京。另据2016年全国人口普查资料,上海大专以上人员占从业人员的比重为13.2%,北京为21.8%。其中研究生以上学历上海为0.6%,北京达到1.64%(上海不到北京的40%)。上海每10万人口中在校大学生数只有1 382人,受高等教育人数只占人口比例的10.9%,都远低于巴黎、东京、纽约等世界城市。上海全市的国民生产总值占全国的5%,但上海本科院校在校生规模在全国已降至第10位,只占全国份额的3%,人才资源的可持续发展已落后于经济的发展。

对照"全球科创中心"和全球城市的发展需求,上海人才规模尤其是高端人才规模偏小。现阶段上海尤其缺少四方面人才。

一是缺乏具有强健探索创新动力的科技创业人才。过去20年里,上海出国留学人员超过10万,回沪工作和创业的3.2万,回归率为30%左右。这一数据,只相当于美国一年从海外引进的高层次人才的比例。2016年上海共引进各类国内外人才5万多人,促进了本市社会经济的发展,但实际缺口很大。从硅谷、深圳的经验看,创新创业须依赖规模化集聚的创客族群(在张江、杨浦等有雏形,但影响力不大,与深圳、北京差距很大),上海缺少掌握最新科技知识、怀揣创新创业梦想的科技创业的规模化群体(见表4-1)。

表4-1 中国城市创业总指数及排名

城市	中国城市创业总指数	排名	城市	中国城市创业总指数	排名
北京	83.1	1	深圳	81	3
广州	82.9	2	宁波	79.5	4

(续表)

城市	中国城市创业总指数	排名	城市	中国城市创业总指数	排名
苏州	79.3	5	武汉	74.1	13
珠海	79.3	6	西安	72.9	14
上海	78.8	7	大连	72.8	15
杭州	78.3	8	重庆	72.5	16
长春	77.1	9	济南	72	17
厦门	75.6	10	青岛	70.3	18
南京	74.7	11	哈尔滨	70.1	19
成都	74.5	12	天津	69.4	20

资料来源：《中国城市创业指数（2015）报告》。

二是缺乏规模化的新型企业家群体。目前在上海本土人才中，真正意义上的企业家、金融家、教育家屈指可数，大公司的 CEO（首席执行官）等大师级人才更是凤毛麟角。上海大企业的领导人员多属国企或外企，民营企业家力量弱。上海缺少本土性、高科技、代表未来发展方向的龙头企业。深圳有华为、腾讯、大疆创新、华大基因；杭州有阿里巴巴、海康威视、蚂蚁金服，都是民营高科技企业。近年来上海实体经济的企业人才不断流失，有的转做房地产，有的则被周边地区吸引走。另外，很多国企董事长、总经理不是真正的企业家，而只是行政官员或"准行政官员"。而很多在市场中打拼的中小企业主，只是投资者、项目者，也谈不上是真正的企业家。

企业家的灵魂，是对市场和未来发展具有高度的敏感力并敢于冒风险，有创新创造的远见卓识。缺乏规模化的新型企业家群体，城市经济很难有强烈的创新驱动力，而上海要建设真正意义上的全球科技创新中心和全球城市，也是很难的。

三是缺乏世界级的科学家和专业人才群体。上海有两院院士

148名,享受国务院政府特殊津贴专家近万名,国家突出贡献中青年专家343名,国家973项目首席科学家17名。在站博士后1 100多人。从数据看,上海拥有院士数量在全国排名第二,但真正能进入全球科技前列的创新引领型科学家和专业人才很少,形不成气候。总体上缺少能够站在科技创新前端、引领科技创新的重量级、世界级科学家。上海的各类专业性人才群体缺口也很大。国际知名金融中心金融从业人员比率一般是10%。"2015陆家嘴论坛"数据表明:上海金融从业人员只占到5%。而金融从业人员的构成中传统金融类从业人员占60%以上,创业投资、科技金融、互联网金融人才匮乏,具有国际视野的金融人才更加缺乏(比例不到2%,新加坡是20%左右)。2016年上海万人发明专利拥有量为35.2件,北京为76.8件,是上海的一倍多;深圳80.1件,为上海的两倍多。PCT(Patent Cooperation Treaty,专利合作条约)国际专利申请量,2016年上海受理1 560件,在全国城市中排名第四,比广州(1 642件,排名第三)少,尤其与北京(6 651件,排名第二)、深圳(19 648件,排名第一)的差距巨大。

四是缺乏风险投资人才。风险投资是由资金、技术、管理、专业人才和市场机会等要素所共同组成的投资活动。1998年民建中央向全国政协九届一次大会提交了《关于加快发展我国风险投资事业》的提案后,风险投资在上海迅速展开,后成为促进上海技术创新、推动经济发展的重要因素。近年来上海创业投资税收政策不够灵活,比如缺少投资抵扣和分期延付的配套措施,对创业投资最为关键的退出通道——创业板上市等门槛也比较高;风险投资者与创业者的关系与社会信任等因素,客观上造成近年风险投资人才的短缺。

除了人才政策,过去30年上海以投资驱动和财富驱动为主导,不断推高商务成本,也是造成人才短缺的一个重要原因。商务成本是企业设立和经营过程中各种货币化支出和非货币化资源损耗,包括硬成本和软成本两方面。硬成本是企业在设立和经营活动中所发生的相关费用支出（包括土地、劳动力等生产要素价格、税收及规费、基础设施服务费等）；软成本是制度、政策和政府效率所导致的企业设立和经营过程中的效率损耗。制造业对商务硬成本比较敏感，金融行业则对相关政策和经营环境更敏感。

《福布斯》中文版发布的 2015 年全国城市经营成本排行中，上海综合商务成本虽排名第七，但其中劳动力成本指数为全国第二，办公成本指数升至全国第二。商务成本持续攀升，成为影响企业决策、各类人才和创业者"规避"选择上海的重要因素。

上海的基础设施、生态环境、生活便利等方面尚未真正达到发达国家的水平，但房价、薪酬已提前接近甚至超过发达国家。上海中心城区房价接近纽约、伦敦、东京、香港、新加坡等国际大都会，而原来上海郊区（如崇明）的房价也因轨道交通建设而急剧上升。

对于商务成本过高这一点，各方认识大体一致。但对于作为"短板"整治，各方看法并不一致。上海商务成本持续攀升，影响最深的是两方面：一是导致创业成本和创新风险不断升高。包括劳动力价格、土地价格、原材料价格、水电煤气价格以及当地生活费用等在内的生产要素投入成本不断升高。中国指数研究院发布的《2016 年 6 月中国房地产指数系统百城价格指数报告》显示（见图 4-4），上海的土地成本劣势明显。根据上海市统计局 2016 年 2 月初对本市 2015 年房地产市场的统计，2015 年上海新建住宅销售均价 21 501 元/平方米，内环以内 72 066 元/平方米，内外环线之间 33 577 元/平方米，外环以外 16 065 元/平方米。在北上广深中，上海的新建住宅价格仅次于深圳，远远高于广州。

上海二手房平均价格居四座城市之首，为广州的 2.3 倍。上海租房成本也持续攀升，2015 年上海房租平均值由年初的 62.7 元/平方米，涨至年末的 74.9 元/平方米，涨幅达 19.5%。中心区域租金突破 110 元/平方米，其中静安租金高达 128.71 元/平方米，黄浦、长

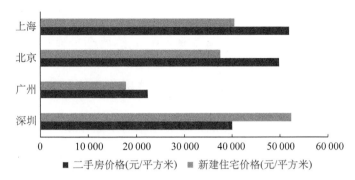

图4-4　2016年6月北上广深新建住宅样本平均价格统计图
资料来源:《2016年6月中国房地产指数系统百城价格指数报告》。

宁、徐汇分别上涨至121.22、121.06、113.56元/平方米。[①] 高商务成本使外来创业群体已很难生存下去,客观上使大量创业者和高端人才望而却步,抑制了各类高端人才的流入量。

二是导致社会运营成本不断升高,又引发各方面成本上升。社会各环节的人力、物力、交易成本不断升高,社会管理成本、治理耗费大幅度增加,整个社会运营成本不断刷新。这使上海成为名副其实的"昂贵城市"。2015年10月28日瑞士尤利乌斯银行发布《2015生活方式指数报告》,对亚洲11个主要城市的生活成本进行统计。上海超越香港、东京,成为亚洲生活成本最高的城市。[②] 生活成本由高到低的排名依次为:上海、香港、新加坡、首尔、曼谷、台北、东京、吉隆坡、马尼拉、雅加达、孟买。曾是亚洲生活成本最高的东京,跌至第7名。[③] 在人力资源咨询机构ECA国际2015年的一项生活成本调查中,亚太地区外派人员生活成本最高的20个城

[①] 涨幅层面,浦东新区全年涨幅高达29.5%,杨浦、闸北、普陀和嘉定区涨幅超过20%。其余区域租金涨幅保持在15%—19%。(资料来源:中原地产)

[②] 报告将生活成本指数分为"服务"和"商品"两大类。在"服务"中,报告统计的数据包括商务舱、婚宴、酒店套房、植牙、高尔夫会员卡、聘用律师等消费的平均成本,其中甚至包括了在每个城市打一针肉毒杆菌需要多少钱。

[③] 尤利乌斯银行统计目标更接近于城市中产阶级以上的生活成本,没有统计以往常见的食物、交通、房屋租金等基本生活成本指数,而瞄准了更加高端的生活需求而非生存需求。

市中,中国11个城市上榜,上海从2014年的第三位跃居亚洲最贵城市头名。①

在劳动者工资收入维度上,相关统计显示,购买一部同样的iPhone6手机,苏黎世的劳动者平均只需工作20.6小时,香港需要51.9小时,台北需要69.2小时,上海和北京则分别需要163.8小时和217.8小时,时间长短与劳动者收入相关。2010年以来上海劳动力的平均工资水平虽保持了增长态势,但截至2014年,增速落后于北广深三市(见表4-2)。

表4-2 北上广深从业人员平均工资 (单位:元)

年份	上海	北京	广州	深圳
2010	47 478	65 683	49 215	50 456
2011	52 655	75 834	56 618	55 143
2012	56 648	85 307	62 598	59 010
2013	62 203	93 997	68 594	62 619
2014	65 417	103 400	73 131	72 651

资料来源:各城市统计局网站。

总之,生活成本攀升过速,不仅降低城市宜居指数和幸福感,更阻碍各地优秀创新人才来沪创业发展,使城市创新内生动力减弱,导致上海科技创新项目"开花多,结果少",一些孵化的创新项目一旦进入产业化阶段,基于成本考虑会选择到周边地区落地生产。而众多商业机构、中小企业面对过高的土地和人工成本,宁愿从事赚钱快的产业或移师异地发展。人才是上海的价值本位。如果上海成为创新、创业艰难型城市,本质上就失去了人才集聚的能力和创新的内生动力。这对上海实现2035、2050战略目标,构成极大制约。

---

① 调查认为:"在可预见的未来,中国的大城市可能仍会是外派高管生活成本最高的地方。"调查列举中国城市在亚洲排名全面上升:北京从第4名升至第2,广州从第13名升至第6,深圳从第22名升至第7。

3. "有形态、缺实质": 城市风情消弭

上海是现代的,更是历史的。建设"卓越的全球城市",必须是现代气韵与传统品质的良好融合。文化是上海发展的灵魂和根脉,丢失了根脉和文化传统品质,"现代气质"就成为浅层次的"飘"的东西。40多年经济快速发展带来了都市繁荣,也使得上海变得线性和刚性。技术理性的普遍化,使城市形成"经济动物型"的趋动,构成对城市品质的深层次障碍。

情调和风情历来是上海特质,也是上海的文化品质。20世纪三四十年代上海以其充沛的"东方情调"、婉约的文化风情和优雅的文化品格立于世界城市之林。而风情的底蕴是根脉、文化。但今天在华彩的城市外衣下,文化情态的加剧流失,已是不争的事实。

从城市硬件形态看,上海与纽约、巴黎、东京等世界公认的国际大都会差距并不大,但精神内质、文化情态上差距很大。"短板"之短,在于长期"超越型"、GDP(国内生产总值)至上经济发展模式导致城市治理表面化、城市理念浮浅化。经济逻辑覆盖文化逻辑,文化上的"打造"思维,又扭曲着文化的内蕴逻辑,造成城市文化形态的"涂抹化"、浅表化。主要表现如下:

(1) "老上海"文化资源和文化传统流失殆尽。2015年市政协文史委作过一项"石库门申遗可行性调研"。解放前上海有20万座石库门里弄式建筑,近60%的上海人居住其中。20世纪80年代以来有70%的石库门被强行拆除。① 其他如古镇、老弄堂(弄堂文化)、茶馆(茶艺文化)、老剧场(说书、评弹文化)、闻人名宅等,也毁损严重。目前上海有不可移动文物1 421处(其中全国重点文物保护单位19处、市级文物保护单位163处、区级文物保护单位432处、区登记不可移动文物807处)②,亟待加强保护。

---

① 张骏:《七成石库门已消失 相关论坛上专家呼吁推进申遗改善老建筑》,《解放日报》2015年10月2日。

② 在第三次全国文物普查中,上海调查登记不可移动文物4 432处,其中新发现1 802处。

上海有21个街道（镇）被文化部命名为"中国民间文化艺术之乡"，但不少老镇成为商业性的开发景点后面目全非，毁损很大。一些文化古迹、自然风光被餐饮酒吧、宾馆客栈以及购物商铺等商业业态裹挟甚至挤压，原本的历史资源灵韵不再。光这方面就与巴黎、纽约、伦敦、东京等城市历史文化拉开了距离。

（2）城市非物质文化遗产日显萎缩。除了物理性的文化资源流失，以往与市民生活息息相关的老字号，如"功德林""钱万隆""老凤祥""杏花楼"等，有的虽还在勉强营运中，但大多有其名失其实，处于艰难的市场夹缝中。如"钱万隆酱油"世称"官酱油"，有130多年的历史。如今在机械化生产下原手工操作的酿造技艺早已名存实亡。至于像江南丝竹、乌泥泾手工棉纺织技艺、锣鼓书、嘉定竹刻、松江顾绣、徐行草编、奉贤滚灯、黄杨木雕、浦东说书等传统技艺，都难以为继。2016年1月6日《解放日报》报道国家级非物质文化遗产徐行草编难以为继，黄草染色匠人在上海嘉定仅剩一人。[1]

（3）"文化建设""做"的痕迹、"味道"过于明显，"形象名片"、点缀包装和商业性、功利性行为居多。近年来上海文化建设投入很大，也取得很大成效。上海的文化场所设施在全国是领先的，上海有各类博物馆、纪念馆、陈列馆等共114家（其中国家一级博物馆3家、国家二级博物馆7家、国家三级博物馆7家），美术馆32家，公共图书馆237座，文化馆245座。还有人气比较高的"田子坊""M50"等艺术品经营园区。但存在的问题主要有以下几方面。

一是许多热热闹闹的文化活动过于功利，"文化培育"少，"文化标签"多。上海有各类文化市场主体约5 000家（文化娱乐市场约3 000家、网吧市场约1 500家、演出市场300多家、动漫企业300多家、美术品单位240多家），多为营利性商业。另如工人文化宫、俱乐部（19所）、青少年活动中心、少年宫、少年科技指导站（36所）等

---

[1] 彭薇：《徐行草编：最后的染坊》，《解放日报》2016年1月6日。

文化活动场所，以及村、社区文化活动中心（5 245 个）等，要么商业娱乐居多，要么文化品级低。

二是品牌项目如"上海国际电影节""上海电视节""上海之春国际音乐节""中国上海国际艺术节"等大型国际性文化活动，市民实际参与率低。如 2017 年举办了第 34 届"上海之春"国际音乐节、第 19 届中国上海国际艺术节、第 3 届上海艾萨克·斯特恩国际小提琴比赛、上海国际电影节、第 5 届市民文化节，一年中市民参与文化活动近 3 000 万人次。但总体上此类高大上"小众"活动，广大市民"敬而远之"，参与率低。

另从群众文化活动状况看，上海全市有市、区级文化馆，群众艺术馆 25 个，艺术表演团体 210 个，市、区级公共图书馆 24 个，档案馆 49 个，博物馆 125 个。全市共有公共广播节目 22 套，公共电视节目 25 套。有线电视用户 765.43 万户，有线数字电视用户 697.18 万户。全年生产电视剧 40 部，共 1 760 集；动画电视 8 160 分钟。全年共出版报纸 9.13 亿份、各类期刊 0.94 亿册、图书 4.23 亿册；摄制完成 82 部影片。[①] 2017 年上海大世界非遗中心、上海世博会博物馆、上海交响音乐博物馆对外开放。

无论在公共图书馆、博物馆等场所建设方面，还是在大型公共文化活动节日等组织方面，还有在诸如建设"15 分钟公共文化服务圈"方面，上海均处全国前列。但总体上，上海群众文化活动没有真正成为市民生活的一部分。调查显示，受访市民中 40.3% 很少去社区文化中心，79.4% 的受访市民认为社区文化活动主要面向老年人，21.1% 认为内容不丰富，14.5% 不知道有哪些社区文化活动，无法参与，10.5% 认为日常性文化活动少。另对郊区居民的调查显示，上海郊区居民的文艺活动依次为：电影院看电影（17.9%）、参加社区文艺活动（15.7%）、参加广场文化活动（14.4%）、看演出和听音乐

---

① 《上海市 2017 年国民经济和社会发展统计公报》（2018 年 3 月 12 日），中国统计信息网，http://tjcn.org/tjgb/09sh/35333_ 4.html，最后浏览日期：2021 年 2 月 24 日。

会等（7.8%）。极少比例选择参观展览（2.7%）和参加艺术培训（1.4%）。有40.1%的受访居民选择"都没有参与"，有14.1%和11.5%的受访居民认为文化生活"不太丰富"和"不丰富"，分别高出受访城市居民2.1个和5.7个百分点。调查显示，43.7%的受访郊区居民不知道全市公共图书馆、博物馆等场所的基本服务项目是免费向公众开放的，高出受访城市居民13.7个百分点。①

三是缺乏有影响力、经得起时间检验的精品和经典之作。上海在文化设施硬件方面领先全国，但缺乏经典的文化艺术作品。艺术创作贡献、文化贡献在全国是靠后的。上海实施艺术创作"三品"工程，实施文化发展基金项目资助，进行优秀剧目的评选和展演等，但由于这些扶持"行政化"严重，真正的艺术经典不见踪影。因为真正的艺术、真正的经典，是生命个体的感悟和积累，不是靠大资金的注入和行政行为"打造"的。经典不是"打造"出来的，是在丰厚的生活基础和阳光雨露中"打磨"出来的。

上海作为历史上文化创造力很强的城市，为什么长期以来精品少？能经得起时间检验、传之后世的经典、瑰宝更少？就是因为高度行政化的文化运作方式和管理方式，抑制了文化发展内在的习性和创造力。如果不从根本上改变包括文化领域在内的城市治理方式，永远出不了真正的艺术精品和经典，出不了真正的艺术大师。

4."管理多、治理少"：城市内化不足

这里说的"内化"，是指一种城市因好的治理所形成的内在城市品质。在国内地方政府中，上海政府可能是承担社会事务最多的地方政府。由于现阶段社会组织发育不充分，缺乏可以承接公共事务的治理型社会组织，社会自治能力孱弱，所有社会事务都成了"行政事务"，由两级政府包揽打理，导致两级政府处于社会矛盾和社

---

① 上海市统计局市民公共文化服务调查报告之三：《农村基本公共文化服务设施建设有成效 文化活动宣传待加强》，2016年1月11日。

会冲突的实际第一线。这种状况，又导致产生三种"连贯性效应"。

（1）激发政府部门"管事偏好"。由于事实上所有事务都成为"政府的事"，导致日复一日，政府职能难以转变。同时客观上，又造成政府体量庞大、行政成本居高不下并趋向更高，与发达国家差距拉大。行政成本是政府在向社会提供公共产品过程时的耗费。虽然2014年3月8日《人民日报》曾报道：中国社会科学院政治学所创新工程第五项目组的一份研究报告表明，省级政府中宁夏、青海、上海、黑龙江、浙江等30个省级政府的行政成本增长率，低于财政支出增长率；广东、海南、重庆、贵州、西藏等26个省级政府行政成本增长率，低于GDP增长率[1]，但事实上包括上海在内的地方政府行政成本不断升高，是公认的事实。其根源，就在于政府职能上的大包大揽。

（2）形成"管控型"思维定式和行政方式。严格说，地方政府应有"管理"和"治理"两手，但随着国家治理现代化的推进，学会以更多的"治理"推动社会进步乃是"王道"。但现阶段上海两级政府"管理多、治理少"，真正的治理还是一种"本领恐慌"。这一点从2016年交通大整治中亦可得到印证。2016年3月24日上海在全市启动道路交通违法大整治，媒体描述"所有警力都压到街面，划分责任区，责任落实到每一个执法者的肩头"，除了专职警察外，交通、工商、城管等专业行政执法力量和"平安马甲"、交通志愿者等都集中到这项轰轰烈烈的"运动式"活动中。尽管成效显著，但不可持续。[2] 上海交通优化，根本上要靠常态化的科学治理。

（3）滋生"行政浪漫主义"。2015年3月5日李克强总理在两会作政府工作报告时说："大道至简，有权不可任性。"政府部门管事越多，权力越任性。权力任性时常表现在以"改革、创新"的名义，对公共事务作任意的、浪漫主义的裁决。如当下上海社会发展中出

---

[1] 《九成省级政府行政成本趋降，整体上合理》，《人民日报》2014年3月8日。
[2] 市统计局社情民意调查中心开展了一次专项调查，访问了1 800位16周岁及以上常住市民。96.7%的受访者表示支持大整治行动，78.1%认为整治有成效。

现的一个新现象，是中心城区的"非人居化倾向"，即通过行政力量和房地产开发，通过所谓"功能置换"，把大部分中心城区用作商务开发，写字楼、公共设施、行政建筑构成了中心城区的主体，人日益成为"流动的附庸"。一到早晨大批上班族涌入，一到晚上则大批涌出，人们奔波于长距离的"两点一线"的交通路程上。这种中心城区空人化的"创新理念"，是以所谓土地资本计算考量为基础的，是一种典型的"行政浪漫主义"。

一个区域的人居-商务配比，应是"自然秩序"选择的结果，而不应是刚性行政意志强行干预的结果。同时还应看到，"人居"是人类文化最本原的母体，也是城市文化"生命介质"的渊源所在。"老上海"之所以有味道、有情调、有腔调，因为它是人居的。没有自然的居住文化，不会有自然的富有生命力的所谓"海派文化"。一个"人居稀"的地方缺乏活色生香，没有云蒸霞蔚，迟早会死掉。因此类似这种"创新思维"其实是"违常识""逆文明"的，是对城市文化的一种毁损，非常值得警惕。

分析40年来行政管理运行体制可以看到，"管多治少"仍是相当普遍的倾向，乃为"惯性化行为"。2014年习近平总书记在参加两会上海代表团讨论时指出："治理和管理一字之差，体现的是系统治理、依法治理、源头治理、综合施策。"上海两级政府要从习惯于传统性的"管控""管制""管理"，转向真正意义上的现代"治理"，转到"系统治理、依法治理、源头治理、综合施策"上来，这对于上海提升特大型城市社会治理能力是当务之急。上海应尽快成为"市场型城市"而非"行政型城市"，为全国地方政府治理作出表率。

四、"全球城市"坐标中的城市形态分析

上海改革再出发，总体上面临着重解决好上述城市形态的问题。同时，在"卓越的全球城市"坐标中，立足更长远的城市发展目标，即不仅要更好地成为国内改革开放的"排头兵"，更要成为世

界城市阵容中的"排头兵",成为名副其实的"全球城市",还面临着进一步解决好更深层次的结构性问题的任务。

1."全能型"行政管控模式

上海是全国行政能力最强的地方政府。1997年上海实施"两级政府、三级管理"的新体制。2004年12月《中共上海市委关于加强社区党建和社区建设工作的意见》提出完善"两级政府、三级管理、四级网络"的管理体制,并在全市推行"网格化"管理。两级政府、三级管理通过人事统一调配、社会事务统一部署、社会运行统一组织,推动社会运行。但随着治理体系与治理能力现代化的推进,政府包揽一切的管控模式已难以为继。一是行政力量无处不在,一旦行政力量空缺,社会运行就会失衡;二是政府过多包揽社会事务,行政成本高昂,行政风险增加;三是导致城市性质高度行政化,与现代化国际大都市和全球城市取向不相符。

2."单位制"社会运行结构

改革开放使"单位人"成为"社会人",但本质上上海的社会结构还是"单位制"。包括庞大国企体量在内的"单位",仍是人们安身立命之所。单位成为管理个人的社会单元,个人的一切在单位关系之中。单位才是社会结构的真正关节。社会成员限制于相对封闭、分割式的单位,缺乏对社会事务的直接参与,职业身份降低了社会流动的效率。员工性强,公民性弱,与现代公共生活产生落差。这是上海要解决的深层次问题。

3."街社式"基层垂直管理

"街社式"基层垂直行政指上海在"两级政府、三级管理、四级网络"架构中,街道为管理轴心。街道党工委、街道行政分别是区委、区政府派出机构,通过向居委会等下派管理任务或自身直接管理的方式,构成了基层垂直的高度行政化的体制。

上海从1950年开始全市基层建制（1950年11月建"冬防办事处"，1951年3月改建为"人民政府派出人员办事处"，再到1952年6月改称为"政府办事处"，并建立135个办事处），到1997年3月1日施行《上海市街道办事处条例》，并继而在1997年实施"两级政府、三级管理、四级网络"的新体制，市、区两级政府部分管理职能下放到街道，上海构建起高度统一的基层行政营运模式。

2004年12月市委八届六次全会通过《中共上海市委关于加强社区党建和社区建设工作的意见》，明确提出"社区建设实体化"概念，规定中心城区社区范围划定在街道层面①，正式推开"社区-街道合体制"模式。通过100多个"社区-街道"（社区、党工委一体化，街道行政化建构与社区自主逻辑重合）合体体制驱动基层行政运行。"网格化"使基层管理"精确定位"，但也抑制了社会应有的丰富空间。"社区-街道"合体制作为上海基层社会管理方式，虽然行政效率高，但其行政化取向与现代化社会治理特别是卓越全球城市理念，产生结构性错位。

2014年上海市委将"创新社会治理、加强基层建设"列为"市委一号课题"，进行了为期一年的基层调研，2015年年初发布"1+6"政策文件。这些基于广泛深入调研、聚焦突出问题而形成的治理方案，就基层反映突出的问题提出了解决办法。上海的这次基层治理改革，将社区（街道）党工委更名为街道党工委，一方面使街道党工委作为区委派出机关的性质更为明确，另一方面也使"社区"的概念更为机构化、实体化和行政化。

自20世纪80年代开展社区建设以来，上海社区建设、基层治理的主线有三条：一是注重夯实基层基础；二是做实街道层面，使街道成为非政府的政府机构、非政权的政权机构；三是社区建设实体化、行政化，社区与街道同构性、趋同性不断强化。

---

① 同时规定"郊区的社区区域划定要与农村城市化进程的推进相结合"。

4. "原子化"群体行为方式

超大型城市一方面通过"单位制",把人们嵌入一个集体结构中,另一方面"置身事外"的生存方式和低参与率的个体价值取向,又驱动人群趋于"分离式""原子化"。

有人说当下社会只有两种事:一是"与我何干",一是"与你何干"。这两种社会态度的描述,在超大型城市中最为典型。虽然现代城市生活日益高度组织化,但"原子化""离散式"的社群取向和社会心理已相当普遍,与人在单位的职业身份构成了两极。这是一种非常有趣的社会学"自我映象"(self-image)现象。

城市越大,个体越小,离散驱动性越强。上海超大规模的城市体量,人淹没其中的"森林楼群",陌生人社会的行色匆匆,一定程度上是"原子化生存"方式的心理对映物。人是城市的中心。"原子化"社群结构的内在组织性弱,与公民性和现代公共生活构成落差,给上海深层次的城市治理带来新挑战。这是必须解决好的治理难点。

"全能型"行政管控模式、"单位制"社会运行结构、"街社式"基层垂直管理、"原子化"群体行为方式,都与超大型城市的"特性"有关。解决好这些深度结构问题,也是在探索超大型城市治理的科学方式。

五、推进"全球城市"的品级治理

治理能力现代化的核心,本质上是政府职能和能力的现代化,包括行政理念、行为方式的现代化。上海应先行先试,深入探索,形成经验,作出引领。"全球城市"品级治理是按全球城市的特性和要求提升城市的品质层级。如前述,现阶段上海面临"改革再出发"的压力,要思考和布局未来 10 年、20 年、30 年拿什么参与世界竞争的问题。推进全球城市品级治理,是"改革再出发"的本质内容。

第 4 章 超大型城市治理能力现代化分析

1. 城市治理能力现代化阶段性递进目标

着眼城市长远发展，分阶段实施框架性治理目标，三阶段递进。

（1）2017—2020 年，重点解决超大型城市形态上的结构性短板，即突出的城市治理问题。2020 年上海要建成具有全球影响力的科技创新中心基本框架，基本建成国际经济、金融、贸易、航运中心和社会主义现代化国际大都市，在更高水平上全面建成小康社会。与此相适应，要重点解决四方面问题：①大都市、弱社会：社会发育不足问题；②人口多、人才少：高端人才短缺问题；③有形态、缺实质：城市风情消弭问题；④管理多、治理少：城市内化不足问题。

（2）2020—2035 年，重点为超大型城市建构发展型体制。国家战略确定 2020 到 2035 年"再奋斗十五年，基本实现社会主义现代化"。① 2035 年上海要基本建成卓越的全球城市，重要发展指标达到国际领先水平。2035 年上海对标的是纽约、伦敦、东京等城市，创新、人文、生态等重要指标要达到国际领先水平。结合 2035 年发展目标，形成"多元型"的城市治理模式、"参与式"的社会运行结构、"社区化"的基层扁平治理、"凝聚型"的社群交互方式。即按照"全球城市"特质，重点解决更为深层的城市问题。

（3）2035—2050 年，形成"时代特征、中国特色、上海特点"城市模式。国家战略确定"从 2035 年到本世纪中叶，在基本实现现代化的基础上，再奋斗十五年，把我国建成富强民主文明和谐美丽的社会主义现代化强国"。② 2050 年上海要全面建成卓越的全球城市，令人向往的创新之城、人文之城、生态之城，具有世界影响力的现代化国际大都市。各项发展指标全面达到国际领先水平，

---

① 习近平：《决胜全面建成小康社会，夺取新时代中国特色社会主义伟大胜利——在中国共产党第十九次全国代表大会上的报告》（2017 年 10 月 18 日），第四部分"决胜全面建成小康社会，开启全面建设社会主义现代化国家新征程"。

② 同上。

为我国建成富强民主文明和谐美丽的社会主义现代化强国书写"上海篇章"。

2. 按照"全球城市"择定转型线路

按照"全球城市"的运行机制、物质能量效率、生态环境支持、精神愉悦的感知水平以及文明进化等质量标志,来改进城市导向,改革城市方式和实现城市转型的深刻变革。

(1)经济模式要加快向"市场配置型"的经济新形态转型,在市场搏击中获得内生动力。改革开放以来上海经济保持着高增长,近年来更重视发展的内涵和质量,结构调整和产业布局取得新突破,但要获得持久的发展动力,就要通过经济模式的更新获得创新之源,尤其要从大项目、重大工程、大型公共活动、房地产等方面拉动 GDP 向"市场多元投资型"等转型,并引领长三角城市群实现经济形态新跨越。以重大项目带动发展模式支撑了上海 30 多年的发展,但现在重大项目带动作用减弱。据全国工商联数据,上海民营经济数量质量均呈下降趋势。2016 年上海民营经济增长值增长 6.1%,同比回落 0.2%,同比下降 0.1%。① 同年广东、江苏、浙江的民营经济增加值增速,分别为7.8%、8%、7.7%,占全省 GDP 比重分别为 55.2%、53.6%、65%。要简化政府监管和干预,减少税费,让民间经济成长。加大支持小型微型企业力度。同时发挥上海经济社会资源高度集聚的优势,将更多政府投资转向公共服务领域,形成服务业为主的经济结构。

(2)产业结构要从传统产业向绿色新业态、战略新兴产业转型。战略新兴产业是未来上海发展的支撑。上海在 1978 年至 1990 年进行了产业结构适应性调整,1991 年至 2000 年进行了产业结构战略性调整,2001 年至 2010 年进行了产业结构协调性调整。"十二五"上海

---

① 另有数据:2017 年中国民企 500 强中上海仅 13 家入围。前 100 强中,上海只有 2 席。浙江 120 家企业上榜,其中杭州萧山区就有 15 家企业入围。深圳入围 28 家,为上海的两倍多。

重点培育的战略新兴产业没有实现预期的增长。上海面临新型产业体系第四轮产业结构调整(见表4-3)。上海第十一次党代会提出战略性新兴产业增加值将占全市生产总值的20%以上,全社会研发经费支出要占全市生产总值4%以上(发达国家研发投入占GDP比例在2%以上,科技进步贡献率都在70%以上)。

表4-3 沪京深战略新兴产业增加值比较

2016年	上海	北京	深圳
战略新兴产业增加值(亿元)	4 182	5 647	7 848
年增长率(%)	5%	9.1	10.6
占GDP比重(%)	15.2	22.72	40.3

资料来源:根据2016年统计数据制作。

2017年上海战略性新兴产业增加值为4 943.51亿元,比上年增长8.7%。[1] 要加快培育市场型新兴产业体系,推进重大科技基础设施集群和重大研发的功能转化和市场化。除了战略性新兴产业,应向中小企业和产业倾斜,扶持新业态和绿色业态,实质性降低准入门槛。正如城市专家们指出的:"上海所需要的政策包括与香港一样更加的开放,市场机制的加强,持续完善社会和物质基础设施建设,以吸引外国直接投资,以及改善居住条件和提高劳动力素质。"

(3)社会治理要向"基层多元治理"转型。正确处理好政府、市场和社会组织的关系,消除"大都市、弱社会"这一结构性短板,在社会政策、社会调适、社会工作等方面实现新突破。全面落实市委2014"一号课题""1+6"文件的各项内容,拓展社会治理空间,

---

[1] 其中,制造业增加值为2 262.64亿元,增长8.1%;服务业增加值为2 680.87亿元,增长9.2%。2017年战略性新兴产业增加值占上海市生产总值的比重为16.4%,比上年提高1.2%。《上海市2017年国民经济和社会发展统计公报》(2018年3月12日),中国统计信息网,http://www.tjcn.org/tjgb/09sh/35333_ 4.html,最后浏览日期:2021年2月24日。

激发社会创造活力,通过培育更多"参与型""功能型""治理型"社会组织,有序参与城市治理,建构多元分散的社会风险排解机制,降低社会运行的风险成本。

(4) 文化发展要向"政企分离型"转型。"民间型"文化模式才合乎文化发展法则,任何称得上"文化"的东西,一定是"民间"的。截至 2016 年,上海已举办 33 届"上海之春"国际音乐节、18 届中国上海国际艺术节、5 届上海国际芭蕾舞比赛。2016 年举办首届上海艾萨克·斯特恩国际小提琴比赛、上海国际电影节。2016 年举办第四届市民文化节,全年市民参与文化活动人数近 2 000 万人次。上海艺术表演团体 273 个,图书馆 24 个,档案馆 50 个,博物馆 124 个,全市文化馆、群众艺术馆 24 个。但上海人均文化消费水平不足发达国家 1/3,文化产业产值在 GDP 中比重不高。上海缺少擅长"产业化"和市场化的中介机构,文化行业协会有浓厚行政色彩。城市文化一定程度上表现为红红绿绿的"活动"。在城市细节上,要拓展文化公共空间,诸如博物馆、展览馆、会展馆、美术馆、历史建筑等,应全部免费开放,扩大文化消费流量。

(5) 城市体制要向"扁平简约型"转型,实现结构性制度创新。上海法治化程度高,行政管理效率高,城市管理体制创新有良好基础。体制创新的选择方位应聚焦于扁平化的组织体系、简约化的规制体系、同心圆的民意表达采集机制、高效能的机构运行机制,整体性提升城市制度体系的水准。要注重通过发挥规制的力量来探索破解超大型城市治理的"世界级难题"。这当中,尤其要按照"全球科创中心"和"全球城市"的物质能量效率、生态环境支持、精神愉悦感知水平等质量标准,来引导城市体制创新。要厘清各类执法范围和边界,强化对于执法体系的治理,率先实现各方面制度"更加成熟、更加定型"这一目标。

(6) 分配制度要从"经济总量导向"向"国民收入导向"转型,从"投资主导"向"消费主导"转型。城市进步的意义在于为城市人提供更好的生活,一线城市,要有"一线"的生活质量和"一线"的收入水平，城市居民收入不应总是滞后于经济增长速度。改善民生，要实施普惠性均衡提升，并与社会保障整合衔接，实施教育、卫生、医疗、住房的公平。要遏制日益加剧的"两极分化"，"如果我们的政策导致两极分化，我们就失败了"。① 同时，向供给侧结构改革转型，提高供给体系质量和效率，增强经济持续增长动力。要加快研究出台国民收入导向型的分配政策措施，在改善民生上迈出新步，实现"城市让生活更美好"的愿景。同时要实施城乡平衡统筹，要加快消除城乡统筹上的结构性短板，关键要打破"分割体制固化"，通过社会保障制度的城乡衔接，实施教育、卫生、医疗、住房等的联动性、均衡性布局，向城乡统筹共治模式迈进。

3. 建构"善治型"超大型城市营运模式

政府能力的最大表现，不是狂飙式、外延式扩展与增长，而是"内涵式""内化式""烘焙式"的治理，善于把城市"身心"调养好。城市治理要从管理向治理、从治理向善治迈进。

（1）从包揽型行政向服务型行政转型。政府刚性的"行政能力"与柔性的"社会能力"、城市宏观调适能力与社会内在的自发机制，要有良好的配比平衡。上海行政力强健，具有强健的城市管控能力，这有非常好的一面，对于推进发展功不可没。但随着治理体系与治理能力现代化的推进，政府包揽一切、行政力量覆盖一切的模式已不可持续。政府的"主业"，应主要提供各种有质量的服务。

（2）率先探索"简约型"政府模式，完善"两级政府、三级管理、四级网络"的行政体制，推行简约管理。实现从"行政监管型"向"民主共治型"转型，健全重大行政决策规则，通过制度安排，强

---

① 邓小平：《一靠理想二靠纪律才能团结起来》，《邓小平文选》（第三卷），人民出版社 1993 年版，第 111 页。

化对权力的制约，要厘清各类执法范围和边界，进一步提升城市法治化程度。学会运用社会的力量、自治的力量、非行政化的力量来推进社会治理和社会经济发展，使城市的"政府管理"转型为有社会广泛参与的"公共治理"。

（3）加快政府职能转变。政府工作重心应放在：一是城市的体制性、制度性、政策性、结构性问题；二是激荡城市创新，促进创新驱动，如建立新兴战略产业制高点；三是推行绿色低碳循环经济，倡导人与自然和谐关系，提升城市生活质量、提升市民幸福感；四是回归到营造良好发展环境，维护社会公平、正义，向市民提供优质的公共产品这一根本的职责上来。应确立这样的原则，凡是市场能解决的事情，不应由公权力操刀、枉费行政成本，尽可能发挥市场对公共资源配置的决定作用。

4. 遵循城市规律，构建高品质"城市社会"

（1）对上海"社会缺失型"形态有一个实事求是的认知，正视不回避。如前述，相对于上海的发展目标，上海形态如社会组织无论其数量、质量、功能、作用，都不相匹配，这些都成为迈向全球城市的深层次障碍。社会发育的滞后和孱弱，引发大量深层次问题。这里有个应当确立的认知是：一个"弱社会城市"，不是真正有竞争力的城市，也不是真正的发展型城市。[①]

我们时常担心的一个问题是，社会组织多了是否会带来风险？历史的经验是，一个"弱社会"城市、"欠社会"城市，是最不稳定的——尽管它表面上看起来似乎很稳定，甚至表现为"超稳定"。由于它缺乏多元而分散的社群组织，缺乏多元的公众情绪和压力排解渠道，恰恰是最不稳定的。一个城市社会发育充分，会产生多元而相补益的社会意愿，构成一种社会内在机制的平衡，形成一种社会稳定结构。这是最高超的"稳定"。由此加快发展社会组织，不仅是客观上推

[①] 秦德君：《让更多社会组织"强筋健骨"》，《文汇报》2017年6月14日。

进超大型城市治理的需要，也是一种社会内在机制的需要。

（2）确立社会组织是城市治理的"公共主体"之一。按照十八届三中全会提出的："正确处理政府和社会关系，加快实施政社分开，推进社会组织明确权责、依法自治、发挥作用。适合由社会组织提供的公共服务和解决的事项，交由社会组织承担。"① 对于上海这样的国际大都市，培育社会组织、促进社会组织参与城市治理②，是两级政府非常重要的责任。

（3）确立"社群→社团→社区→社会"点线面社会建设路径。社群是社会不同结构的群体，是推进社会治理的"点"。城市现代化，首先是人的现代化，要从"人"这个点上着手，培育市民的公民意识和参与能力。社团是不同结构的组织形态，构成城市治理的"线"。缺乏社团参与的城市治理，只是"政府管理"而不是"公共管理"。加快功能型社会组织这条"线"是提升城市治理的必要条件。社区是市民生活物理与精神的共同体，是推进社会治理的"块面"。公民参与是通过社区参与、再到社会参与得到实现的。只有具有真正意义的社区，才谈得上社会和社会治理。从"社区"这一端口推进社会，从一种"小面"到"大面"，这是一种循序渐进，是一个"点、线、面"的城市社会治理的扩展阵容。

5. 恪守城市文化特性，推行"文化复兴"计划

历史学家芒福德（Mumford）指出，"城市涵盖了地理学意义上的神经丛、经济组织、制度进程、社会活动的剧场以及艺术象征等各项功能。城市不仅培育出艺术，其本身也是艺术，不仅创造了剧院，它自己就是剧院"。文化复兴是养成式、内蕴式的，与短期行为不同。分阶段制定2020年、2035年到2050年城市"文化复兴"计

---

① 《中共中央关于全面深化改革若干重大问题的决定》，第48条，《人民日报》2013年11月16日。

② 如发展市场化中介机构，在诸如标准化、资格认证、行业统计、产品质评、专业培训等方面更多由行业协会来履行职能。

划,激荡都市文化多元特质,尊重城市文化特性,注重文化发展的养成性、根基性和历史传承性,克服浅表化。

(1) 恪守上海文化特性,恢复上海文化雄风。刚性的行政城市主要特征,是有严密的等级制度,事事纳入行政化体制,权力渗入一切,城市生活政治化、城市营运管控化。而一个"风情万种"的社会性城市,才是上海的发展方向。要发展一切社会性元素,抑制刚性的行政生态,让城市"生活化",提升闲暇宜居幸福感等。放宽社会自主空间,激发社会活力。走向世界的上海应"风物长宜放眼量",遏制不断加剧的行政化态势,提升城市社会性的层级。

上海的城市文化情态是有历史根脉的,不可能是西方城市的某种复制。有一种观点认为,全球化正在消融城市的个性含义,城市地理位置被"高移动性"或流动性所代替,这一点对金融中心来说尤为明显。但事实上,城市没有文化个性便没有发展。全球化浪潮不可能淹没城市文化个性。一个城市的文化地位,要根据自身文化特质进行"良治"来获得。

(2) 遏制大拆大建,遏制商业性景点开发。大拆大建已掀动城市根脉,造成城市文化不可再生的毁损,从根本上改变了城市的文化形态。城市"日新月异"而历史文化的厚重内质日渐消弭。要坚决制止大拆大建,对于商业性开发亦要限制。对已损坏的旧里(老镇、老弄堂、石库门)、历史建筑(包括闻人名宅)、文化遗迹(茶馆、说书场、老剧场)等应尽可能恢复。修复后的这些地方不应仅是一种"摆设",应研究如何实施养护性的可持续使用。

(3) 加强非物质文化遗产保护,一是恢复,二是保护,三是开发。对于业已过气的、时过境迁的、名存实亡的则不刻意搞"恢复"。对于老字号"功德林""钱万隆""老凤祥"等,对于"锣鼓书"、"竹刻"、"顾绣"、徐行草编、奉贤滚灯、黄杨木雕、浦东说书、江南丝竹等能开发则开发,不能则不刻意。总之对于非物质文化遗产的保护,不仅是搞一个名录或空有其名的保护,应有实际的举措。

(4) 遏制形式主义的"文化建设"。凡是急功近利的"文化工程"

"文化打造""文化标签"式活动,不仅无助于文化发展,更营造了虚假的"文化繁荣",对城市文化构成威胁。文化不是"打造"出来的,是养成的。要摆脱把文化纳入严密计划和"计算性"的习惯,让文化发展有柔性、有弹性、有空间。古希腊亚里士多德说:"城邦的过度划一决不是一个良好政策。"文化发展不是整齐划一的,而是错落有致的。上海城市文化治理首先要拓展政策空间,鼓励多元发展、错位发展,更多容纳多元性质,在浪漫氤氲中实现多彩多姿。

(5)大力发展"住文化"。"居住"是城市文化最本原的母体,应遏制中心城区"人居稀""空人化""商务化"趋势。大部分中心城区用作功利性商务开发,大量人居被驱移中心地区之外,成为城市新的形态。这种所谓"功能置换",炮制"千城一面"的商区,趋动"人居稀",实际上是一种"逆文化",有悖城市文化特性。不仅造成人成为"城市的附庸",还严重破坏城市文化发展。要恢复人气,尊重人居,养护人文,大力抢救、发展海派"住文化"。①

---

① 秦德君:《打造"全球城市"文化内核》,《文汇报》2017年2月28日。

第 5 章
城市与社会：新世纪后上海社会建设

进入新世纪后第一个十年是"我国发展的重要战略机遇期"。① 上海社会建设大幅度推进，很多方面在全国领先，为变革中的超大型城市建构新秩序、取得新发展，打下坚实基础，也为今天构筑了城市基层基础的战略优势。当时城市开放加剧，社会结构转型，上海立足基层、围绕民生探索城市治理之道，取得了城市治理新发展。

一、新世纪上海社会建设迈出新步伐

上海是全国最早进行社区建设探索的地区之一。20世纪80年代上海市委市政府对推行社区建设不遗余力。1986年、1988年、1991年、1994年、1995年先后召开街道工作会议，大幅度推进城市管理和基层政权建设。1996年3月召开城区工作会议，标志着上海社区党建和社区建设步入一个新时期。1997年、1998年分别召开城区工作会议，推进"两级政府、三级管理"新体制。1999年8月召开社区党建工作会议，提出面向新世纪加强社区党的建设。1999年10月中组部在沪召开全国街道社区党的建设工作座谈会。② 2000年4月召开社区工作会议，提出加强社区建设和管理是实现跨世纪宏伟战略目标的重要措施。2003年3月上海市委提出推进"凝聚力工程"，加强和改进基层党建。2004年4月上海市委作出推进"社区建设实体化、社区管理网格化、社区党建全覆盖"的决策，开展社区建设和社区党建试点，提出建设"综合协调、管理有序、服务优质、文明祥和"的现代化社区。2004年12月上海市委八届六次全会审议通过《中共上海市委关于加强社区党建和社区建设工作的意见》，自此上海社

---

① 参见胡锦涛《坚定不移沿着中国特色社会主义道路前进 为全面建成小康社会而奋斗》，《胡锦涛文选》（第三卷），人民出版社2016年版，第616页。
② 上海市委就"巩固党的执政基础、切实加强社区和社团党建工作"在会上作交流。

区党建和社区建设进一步得到发展。① 2007年十七大提出社会建设是以改善民生为主,提出优先发展教育、扩大就业、改革收入分配制度、建立全覆盖的社会保障体系、建立基本医疗卫生制度、完善社会管理维护社会稳定六大任务。② 这一时期上海从超大型城市治理出发,以解决突出民生问题为重点,从社会管理格局、社区建设、社会组织、社会稳定、社区党建等方面推进城市社会建设。

1. 加大对社会事业公共财政投入

在经济持续发展和财政稳步增长的基础上,上海进入新世纪后加大了社会事业投入,"吃饭财政"逐步转变为公共财政。上海地方财政收入从改革开放前的几十亿,上升到2007年的2 100亿。社会事业领域财政收入增长快,较好满足了群众需求。

(1) 科教投入方面,用于科技部门的财政支出,1978年为0.11亿元,2006年达到20.27亿元,增长180多倍。2007年上海市财政科技专项投入68.1亿元,占当年财政支出的8.8%,达到"不低于7%"的政策要求,其中一部用于科技领军人才、科技型中小企业、高新技术成果转化项目。用于教育部门的财政支出,1978年为2.05亿元,2006年达到205.46亿元,增长了100倍。2007年市级教育支出105.5亿元,同比增长39.2%。着眼于推进义务教育均等化,加强义务教育资源城乡统筹,把市级基础教育资金增量部分主要用于郊区农村和人口导入地区,推动中心城区优质教育资源向郊区辐射。

(2) 卫生事业投入方面,用于卫生部门的财政支出1978年为0.67亿元,2006年达到42.23亿元,增长63倍。2007年上海市级医疗卫生支出30.5亿元,比2006年增长55.2%。推进公共卫生体系和

---

① 1994年11月8日胡锦涛同志在沪视察闸北、卢湾区的社区党建、再就业工作并了解居民生活情况。1999年9月25日江泽民同志视察徐汇区康健街道康乐小区,并召开社区党建工作座谈会。2000年5月江泽民同志在沪召开社区党建工作座谈会,市委作了关于上海社区党建工作情况的汇报。

② 胡锦涛:《高举中国特色社会主义伟大旗帜,为夺取全面建设小康社会新胜利而奋斗》,《胡锦涛文选》(第二卷),人民出版社2016年版,第642—645页。

健康城市建设，推动社区卫生综合改革，改善城乡医疗卫生条件。

(3) 文化事业投入方面，用于主要文化单位的财政拨款从 2005 年的 2.47 亿元增加到 2007 年的 2.91 亿元，增长 18%。2007 年上海市级公益性文化和体育支出为 14.4 亿元，同比增长 42.6%。推进社区文化建设，积极推动全民健身，弘扬上海城市精神。落实农村文化信息资源共享工程、农村电影数字化放映等项目，支持重大文体赛事举办。

2. 初步构建起健全的社会保障体系

进入新世纪后上海坚持"保基本、广覆盖、分层次、可持续"原则，逐步推进"城保""镇保""农保""综保"等基本社会保险制度建设，探索建立比较完善的社会保障初级体系。

(1) 城市居民"城保"。2004 年上海市初步建立了包括养老、医疗、事业、工伤、生育在内的"五险合一"的城镇基本社会保险(即"城保")体系。上海市民基本社会保障覆盖面达到 1 300 万，"城保"参保人数超过 800 万。2006 年起上海陆续出台多项惠及市民的民生政策，将职工遗属的困难生活补贴、老年遗属医疗费报销分别纳入基本养老和基本医疗保险统筹基金的支付范畴。逐步建立中小学生和婴幼儿住院、门诊大病等基本医疗保障制度，并覆盖到本市所有适龄人群。出台一系列提高低收入市民收入水平的分配保障政策，逐步形成比较完善的社会保障"托低"机制，较好地解决了当时突出的"三最"问题。

(2) 农村居民"镇保"和"农保"。2003 年为解决各类失地农民（包括征用地农民）社会保障问题，探索建立起涵盖养老、医疗、事业、生育、工伤等内容在内的小城镇社会保险(即"镇保")，促进了农村社会和谐稳定。到 2007 年年底时，上海"镇保"参保人数达到 138.6 万人。到 2008 年 10 月底，"农保"参保人数达 77.54 万人。农村居民最低生活保障制度不断完善，新型农村合作医疗制度建立，"农保"覆盖面不断扩大，保障水平不断提高。

(3) 外来务工人员"综保"。上海在全国首创农民工社会保障制度。通过政府立法，建立以农民工为参保主体的外来从业人员综合保险(即"综保"),着力解决来沪农民工最关切的工伤、医疗、养老三大难题,并不断扩大"综保"覆盖面,逐步提高保障水平。到2007年年底,"综保"参保人数达到333.6万人。

3. 社区"三个中心"与"网格化"

步入新世纪前十年的中期后,上海更加下移重心,注重发挥条块联动作用,调动基层积极性,完善社区管理和服务,夯实社区基础。

(1) 以"三个中心"为抓手,夯实社区服务。"三个中心"即社区事务受理服务中心、社区卫生服务中心和社区文化活动中心(文化站),这是上海基层治理的重要举措。到2008年,上海全市213个街道、乡镇实现社区事务受理服务中心全覆盖。有141家受理中心统一了管理软件,439个村委会建立了社区事务代理室,37个街镇实现了"一头管理",59个受理中心实施"一口受理"并完成数据上传,极大地方便了居民群众,提升了社区管理服务效能。到2008年建有社区卫生服务中心232个、服务分中心70个、服务站686个、村卫生室1 760个,社区注册全科医生426人,基本达到每3—5个居委会或1—2万人口设置服务站点的要求。社区文化活动中心到2008年已建217个,覆盖率达99%。

(2) 推进社区"网格化"管理。为完善"两级政府、三级管理、四级网络"城市治理体制,上海探索"条进社区"的"网格化"模式,配置管理力量,建立"无缝隙管理"长效机制。比如长宁、卢湾等区试点万米单元网格管理,对城区5大类84种设施部件和32种事件实行市政管理;华阳、曹杨等街道明确各相关部门工作职责和操作流程;有的区还建立了对部分双重管理部门的量化属地考核指标,实行以"块"考"条"① 的机制;有的街道通过居代会、市民巡访团等社会第三方评议,有效提高了管理效能。

---

① "块",指区域平行管理;"条",指部门垂直管理。以"块"考"条",是以"块"的实际管理运行情况评估和修正"条"的管理。

(3) 推进基层民主自治。以完善治理结构为重点，健全居委会民主自治制度。通过《上海市居委会换届选举办法》《上海市居委会选举工作规则》《上海市居委会选举工作流程》等文件，推进居委会直接选举力度。2006 年，上海居委会换届选举直接选举比例已达53%，中心城区居委会成员基本实现属地化。当时另一项重要工作，是全面梳理居委会工作任务，为居委会"减负"。通过成立社区事务受理中心、归并删减内容重叠的考评项目等多种方式，剥离不应由居委会承担的事项，回归居委会的自治功能。

这一阶段，探索建立起居委会电子台账，培育公益性民间组织，使居委会有精力为居民办事。扎实推广听证会、评议会、协调会"三会"制度，探索创新民主参与的载体，强化了对居委会成员的培训，有效地提升了全市居委会的自治能力。

(4) 健全社区社会救助帮扶体系。各街道都成立了社会救助机构，不断完善社会救助"一口上下"运行机制，初步形成了"市→区→街道→居委会"四级帮困救助体系。开展居民间"一对一结对帮困""慈善捐助"等活动。同时开展了社区就业援助，提供各种劳动保障维权服务，有效缓解就业压力。探索"支出型"贫困群体帮扶机制，采取政府资助、社会募集、福利金出资相结合的方式，在市和区县建立综合帮扶基金，通过对群体性民生困难、家庭和个人大重病等突出困难、天灾人祸等特定事件开展帮扶，有效、及时地将突出矛盾化解在社区。

4. 强化对社会矛盾的化解处置

城市快速发展，城市多元化、异质性增强，新世纪头十年中后期上海以"平安建设"为抓手，群防群治、综合治理，强化对各种社会矛盾的处置。

(1) 完善社会矛盾化解机制。上海市委市政府制定《关于进一步完善本市维稳工作体制的意见》，成立由市人大代表、市政协委员、律师和市相关部门人员组成的"市联席办基层组"，集中化解各类信访突出矛盾和历史遗留信访矛盾。建立健全市、区两级领导带头包案化解信访突出矛盾制度，并与领导日常接待、节假日接待和预约接待等制度有机融合，有效推动了疑难复杂信访矛盾的化解。加强和完善进京上访劝返工作机制，设立驻京工作组、路途劝返组和接收处置组，实行三线联动，有力维护首都和本市的正常信访秩序。积极构建多元化纠纷解决机制，出台相关规范性文件，调动法院、司法行政部门、人民调解组织和律师等主体的工作积极性，引导人民群众依法、理性、有序地表达诉求和维护权益。2007年以后上海全市人民调解组织受理调解了各类民间纠纷194 350件，调解成功率达96%。

（2）加强社会治安综合治理。当时把平安建设作为"一把手工程"，要求通过实事立项、部门牵头、综治督导推进的方式，有效解决好基层群众最关心、反映最强烈、涉及基层社会管理最突出的问题。2006年以后上海两级政府部门通过抓实事项目，出台各类涉及社会管理的相关政策规定、管理办法37个，使平安建设成为当时上海经济发展的保障。当时结合城市重大公共活动如"上海合作组织峰会"及五周年庆典活动、世界特殊奥林匹克运动会、女足世界杯、北京奥运会等，加大社会面控制力度，处置各类突发性、群体性事件，提升了城市治理的层级。

（3）完善稳定工作责任制。当时以一层对一层签订责任书、维稳领导小组统筹协调等方式，制定城市维稳考核办法和责任追究制，细化问责制，基本确立了"一把手"对维稳工作负总责、党政主要领导"一岗双责"，以及"一级抓一级，层层抓落实"的维护稳定责任体系。政法维稳职能部门依法处置违法闹访滋事人员，严密防范各类群体性矛盾的汇流，加强对重要对象的专案工作，综合运用谋略措施，妥善应对境内外敌对势力实施的各种渗透、干扰、破坏活动，维护政治稳定。

5. 结合实际推进党建社会化

在社会建设中，党组织始终处于统揽地位。通过发挥各级党组织在社会建设中的领导核心作用,来促进和推动社会建设,是上海多年来形成的一项传统。

(1) 探索创新覆盖全社会的基层党建体制。一是探索"基层社会党建管理"体制。上海市委明确街道党工委是社区各种组织和各项工作的领导核心,对社会性、群众性、公益性工作负全面责任。通过"报告制""会考制""评议制""会签制",探索对区职能部门在街道的派出机构实行双重领导和双重管理、对社区内的企事业单位党组织实行指导协调。当时不少街道,还探索建立了社区党建联席会议、社区党员代表会议等协商议事机构。二是探索"区域性大党建"格局。一方面,对应街道所辖行政区域成立社区(街道)党工委,作为区委在社区的派出机关,对社区工作实行全面领导,并适当增加具有区域代表性的兼职党工委委员。另一方面,按照社区行政组织、居民区、驻区单位三条线,设立党组织,形成全覆盖的组织、工作体系。三是加强"两新"组织党建。上海在全国首创"支部建在楼上"的基础上,形成了"支部建在园区""建在专业市场""建在商业街(城)"等多种组织设置新模式。通过单独组建、联合组建、委派党建联络员、与园区党建共建等多种方式,探索行业党建工作,逐步构建以行业协会党组织为纽带,领导或管理业内成员单位党组织的管理体系。稳步开展民间组织枢纽式管理试点工作。

(2) 创新党建联动方式。一是"行业与区域联动"方式。探索构建单位党建、行业党建、区域党建互联、互补、互动的党建工作新模式,通过在社区与地铁建设、物业管理、园林绿化、市容执法等单位之间开展党建联建共建,有效整合了政府部门、行业单位和基层社区资源,使系统党建向行业延伸、向区域辐射。二是"城乡联动"方式。组织中心城区与远郊区县、市级机关及企事业单位与郊区所有经济薄弱村开展结对帮扶活动,为远郊区县及经济薄弱村送去资金、项目、技术,培养人才,推动城乡党组织的互联互动,形成城乡统筹的党建工作格局。三是"区域与单位联动"方式。制定了社区（街道）党工委、行政组织党组、综合党委、居民区党委工作细则，明确社区党工委、行政组织党组、综合党委、居民区党委的工作职责、组织机构、委员构成、会议制度及运作机制，有效整合了社区内的行政资源、社会资源、党内资源，形成了党建工作的合力。

在发挥基层党组织和党员作用方面，上海推广了"一线工作法""双结对"，开展"走进基层、服务群众"等活动，建立广泛了解群众诉求的"三访"（走访、下访、接访）体系，构建自助互助、窗口求助和上下协同服务群众的工作机制，将了解群众诉求、协同解决问题和评价考核等机制有机整合起来，对新形势下基层党组织"做什么"和"怎么做"的问题，作出新的回答。

二、城市"痛点"与社会建设难点重点

一个时代有一个时代的矛盾。新世纪前一个十年是继20世纪90年代大发展后上海又一个快速发展时期。上海一直处在应对解决各种新的城市矛盾流程中。各种痛点层出不穷，构成社会建设的难点和重点。

1. 经济波动导致新的城市问题

国际金融危机向实体经济蔓延，国际经济不确定因素增多，会引发国内经济的矛盾和问题，并影响社会群体利益，加大社会建设的难度。

（1）中小企业关闭破产或经营困难。如2008年，上海一些中小企业出现经营困难和关闭破产的情况，引发群体性事件302起、涉及18 444人次（出警处置94起，涉及8 445人次。当事者情绪激动，围堵工厂大门、哄抢公司财物抵债、堵塞公路）。一些企业负责人失踪或离境，引发员工讨要工资、债主讨要货款事件。如2008年此类群体性事件就发生50起（参与4 692人次）。后来一段时期中小企

业倒闭情况进一步加剧，一些企业为改善经营状况会采取裁员减薪等方法降低生产成本，员工失业下岗或收入减少状况进一步增加。

（2）金融领域潜在不稳定因素凸显。国内股市持续大幅下跌，中小投资者严重亏损，股民群体不满，部分股民经济压力和心理承受能力已接近极限。如2008年1至9月，上海全市因股市下跌引发的各类事件54起［其中扬言爆炸、杀人、静坐示威10起，破坏证券交易所场所设施案（事）件3起］。此外部分市民投资金融产品出现亏损，难以接受资产"缩水"，针对银行的群体性矛盾增多。

（3）房市震荡。新世纪头十年中期后，上海房市出现商品住房销售量下降，部分楼盘价格下跌的情况。房价下跌造成特定群体的产权房屋价格贬值，也引发不满情绪和"维权"行为。2008年7月万科公司开发的"金色雅筑""白马花园"等楼盘降价促销，引发部分先期购房者不满，要求退房和赔款。当年8月底10余名先期购房者到万科公司上海总部聚集要求退房，9月份又有50余名先期购房者到万科公司上海总部门口聚集，要求退房赔款。虽然中央和市有关部门连续对房产市场出台了一系列利好政策，但是短期内难以改变市场观望氛围，房价下跌引发的社会稳定风险放大。

（4）重大工程矛盾高发。进入新世纪后上海处于大工程建设期，当时在世博园区、轨道交通、磁悬浮、虹桥综合交通枢纽、重要电力设施等重大市政工程建设中发生了一系列群体性事件。对工程建设规划、动迁、环保、噪声等不满的利益相关者，形成利益群体和集体行动，通过拉横幅、贴标语，上街"散步"集会、阻塞交通，向新闻媒体投诉、互联网散布信息等方式"维权"，个别地区甚至出现居民冲击施工现场、阻挠施工等过激行为，对重大工程建设和社会稳定造成负面影响。其中部分工程由于存在建设在先，规划、审批、环评在后的"软肋"以及规划审批"合法不尽合理"的问题，居民同政府、开发商、施工方的矛盾冲突持续突出，化解工作难度更大。

2. 社会组织期待新的增长空间

城市社会处于转型时期，社会的组织结构和类型发生新变化，当时大量新的社会组织产生和发展，对社会建设的影响日益增大。而发展社会组织，是社会建设的一项重要任务。进入新世纪后，上海社会组织发育呈现的主要特点如下。

一是社会组织有较快增长。注册登记的社会组织从 1999 年的 2 636 家发展到 2008 年的 8 679 家（不包括根据规定免予登记的社会组织，如工青妇等 8 个人民团体，文联、残联、红十字会等 10 多个社会团体）。其中社会团体 3 345 家，民办非企业单位 5 244 家，基金会 90 家，总资产约 360 多亿元。拥有工作人员 12.5 万人（其中专职人员约 4.4 万），社会团体吸纳会员总数已达 460 多万；基金会年度公益事业支出为 7.17 亿元，资助人次 144.8 万。2007 年有 16 家基金会接受境外捐赠达 7 500 万元，接受境外捐物捐款最多的一家达 1 100 万元。

二是大量社会自发组织蓄势待发。当时未正式登记注册的涉外社会组织有 528 家（涉及 39 个国家和地区），各类社区群众活动团队约 1.85 万个，参加人数约 46 万，在丰富社区生活的同时，出现了如何管理的问题。随着私人物权的确立，业主委员会应运而生，上海有近 7 000 个业委会，覆盖了 80% 左右的居民区。高校学生社团也出现增量（当时统计有 2 100 个，成员 16.8 万人），跨校活动日趋活跃，社会化趋势增强。而基于互联网生成的各类社会组织数量更多，类型多样，聚散无定，因兴趣而结社，时常网上联系、网下开展活动。特别是青年自组织群体活跃，占有相当比重。

三是城市发展对社会组织的客观需求大增。要求有更多的社会组织来提供社会公共服务，满足市民多样化需求；需要社会组织参与社会治理，增强城市自治，减轻社会转型带来的震荡；需要社会组织参与民主决策，有序表达群体利益诉求。社会组织作为政府、企业三者中的"第三部门"是十分可贵的社会资本，发展和善用社会组织，发挥好它们的积极作用，是社会建设的要求。

而在市场经济条件下，社会利益格局发生深刻调整，社会财富有了相当的积累，"单位人"转变为社会人，社会组织因分化了的群体而不断产生和发展，有其内在动因。因此进入新世纪后，上海社会组织每年以20%以上的速度增长。随着社会更加开放，特别是在互联网的催生下，更多的社会组织会出现，且是不以人的意志为转移的，客观上顺应了城市发展的内在需求。

3. 社会建设提出新的改革命题

城市进步导致新的社会矛盾，城市问题的解决则会有效推进社会进步。解决好城市问题，本身就推动了城市进步。新世纪第一个10年上海社会建设推进中，又出现了新的改革命题。

（1）公共政策体系如何进一步优化。在"两级政府、三级管理"体制下，不同地区公共财力不平衡，一定程度上影响了各地保障民生的能力，也影响了基本公共服务均等化。而街道（乡镇）招商引资功能弱化后，社会建设财力保障问题，也成为要解决好的问题。同时，当时公共规划与政策设计对民间社会力量的布局、运用、支撑不够，政府向社会组织购买服务规模有限，公益性社会组织无法享受同类事业单位在税收、人事、社保等方面的政策，影响了社会组织的健康成长。在社会需求方面，与现实能力矛盾十分突出，公共政策兼顾、平衡各方利益难度较大。当时虽已建立诸如听证会、论证会、座谈会等来征求意见，听取建议，但系统性、互动性不够强，预期效应研判与社会风险评估机制尚未建立起来。

（2）基层工作如何进一步加强。当时政府公共事务向基层延伸，顺应了城市管理重心下移的需要，然而条线各自为政、缺乏协同，基层需面对大量与居民切身利益没有直接关系的事务。如前面提到的，当时在居委会挂了各种工作机构牌子10多个，承担着150多项任务，140多本台账，90多份报表，还有30多项各类评比工作。基层队伍中，除公务员、事业单位人员等在编人员外，还有大量聘用人员、协管员。据调查，当时上海全市街道和居委会管理和服务类协管人员多达 26 万人，在编社工 1 万多人，每个街道约 700—800 人。由于条聘块管，聘管分离，容易造成多头管理、责任不清，工作职责与待遇不相匹配，基层难以根据实际需要优化配置。

当时还有一个突出问题是党支部、居委会、社工站和业委会等关系错综复杂。按法律规定，居委会要由当地居民选举产生，而党支部成员可由上级党委推荐非当地居民担任，于是出现居委会是一批人，党支部是另一批同志，社工站又是由街道向社会聘任的人员组成的现象，日常工作中容易产生矛盾。居委会缺少对业委会、物业服务企业法定的指导功能，尤其在指导业委会组建上职责不清，产生不少矛盾和误会。

（3）社会矛盾调处机制如何进一步健全。从社会心理层面看，城市居民的民主意识、维权意识、参政意识在随着城市发展明显增强的同时，法制意识、义务观念却没有相应提升，维权和争取利益的方法失当、行为失范，甚至将"闹事""事情弄大"作为谋求更多利益的手段。从维稳工作体系看，稳控工作的政治、社会、经济代价越来越高，法律风险、安全风险增加；领导下访、领导包案等工作机制在实行中存在一些偏差，目标考核压力较大，矛盾化解个案之间不平衡情况时有发生，造成群众互相攀比等负面影响。

条线部门在公共资源配置、公共项目安排、公共政策设计等方面承担着相当的权职，是源头上减少矛盾、过程中回应矛盾的关键力量，但由于维稳责任不够明确，日常工作中尚未完全对维稳工作做到同步考虑、同步部署、同步推进。从矛盾形成及化解看，在旧区改造、市政工程、招商引资、市场建设等方面，基层政府有时成为利益攸关方，产生矛盾往往很难就地化解；一些群众有合法利益诉求，但采取了违法行为，公安、法院等政法机关介入可能成为矛盾冲突一方；一些历史遗留问题的解决有赖于政策调整，往往涉及面广、经济代价大，可能引发连锁反应。

（4）社会领域如何建构合理的党组织体制。当时有"1+3"社区党建模式，行政党组、综合党委、居民区党委与党工委职责划分落实不清晰，党工委有时替代了三条线党组织的工作，导致三条线党组织职能难以充分发挥。通过行政组织、党组强化对社区（街道）派出机构双重管理的制度执行情况不理想。在如何发挥好居民区党委作用这个问题上，措施不够具体，办法还不够多。此外，在党对社会组织的领导方面，由于社会组织成员身份的双重性及流动性，加大了党组织的覆盖难度，尤其是自组织迅速发展与境外非政府组织不断渗透，由于对其没有相应的准入制度与监管体系，总体上这些组织处于无序发展状态。如何通过创新群众工作实现党的工作全覆盖，尤其是充分发挥工、青、妇、科协、社联等枢纽型组织功能，促进社会组织健康发展已成为当前一项重要课题。

三、社会建设与社会发展

这一时期上海社会建设得到突破性推进，初步形成了超大型城市中推进社会建设的思路和经验。主要是六个方面。

一是把握超大型城市发展规律，注重立足于发挥中心城市集聚、辐射、服务、带动功能，探索社会主义现代化大都市社会建设新路径。

二是坚持"以人为本"，从上海实际出发，与发展阶段相适，切实解决好"三最"问题（人民群众最关心、最直接、最现实的利益问题）。

三是强化创新驱动，突破体制瓶颈，坚持不懈地支持和促进社会创新，破解发展难题，为城市可持续发展注入新的动力和活力。

四是加强统筹协调，妥善处理好"市级与区级""社会与经济""国内与国外""城市与农村""人与自然"等一系列重要关系，促进社会发展协调均衡。

五是以"和谐与公平"为导向，坚持政策效应的普适性和平等性，体现公共性原则，确保城市居民共享经济社会发展成果。

六是注重体制机制创新，着力提高地方党委的领导统筹能力，提升政府行政效率，强化社会协同能力和公众参与水平，使城市社会建设有一个整体性、平衡性的发展。

2008年12月在对社会建设进行专题调研的基础上，上海市委市政府形成了进一步推进社会建设的思路，在很多方面作了相应调整，形成了下一步推进社会建设的思路。进一步明确市委对社会建设的领导，发挥政府主导作用，广泛动员社会力量参与，形成政府行政功能与社会自治功能互补、政府调控机制同社会协调机制互联、政府管理力量同社会调解力量互动的社会管理网络。① 当时的主要考虑如下。

1. 强化领导体制

（1）在市级层面成立上海市社会建设领导小组。成员单位主要包括市委组织部、市委宣传部、市委政法委、市社会工作党委和市发改委、市教委、市公安局、市民政局（社团局）、市财政局、市人力资源和社会保障局、市卫生局、市人口和计划生育委员会、市住房保障和房屋管理局等，以及工青妇等群众团体。

（2）明确各部门职责。市委组织部牵头基层党建工作；市委宣传部负责社会建设和管理工作的理论建设和舆论宣传；市委政法委负责社会稳定、综合治理；市社会工作党委负责社区党建和"两新"组织党建的指导协调工作；市发改委负责社会建设总体规划和宏观政策，推进社会领域的各项改革；市教委负责发展教育工作；市公安局负责社会治安管理，建立社会防控机制和突发事件应急处理机制；市民政局（市社团局）负责加强基层政权建设、社会救助和社会福利、社会组织管理等工作；市财政局负责社会建设公共财政资金安排、政府购买服务制度等；市人力资源和社会保障局负责社会保障、就业和协调劳动关系；市卫生局负责发展公共卫生事业；市人

---

① 当时明确：a 不是重建一个工作体系，尽可能不大动现有行政管理体制；b 重点在体制机制上创新，加强整体规划布局，统筹协调各方力量，有效配置各方资源，形成工作合力；c 着眼于扩大有效供给，提高公共产品和服务质量，有效解决民生问题；d 着眼于社会稳定，加强社会综合治理，从源头上化解社会矛盾；e 着眼于增强党对社会建设的领导，夯实党执政的社会基础。

口和计划生育委员会负责优生优育，控制人口数量，提高人口素质；市住房保障和房屋管理局负责解决住房难的问题。

（3）领导小组的运作机制。由市委市政府主要领导挂帅，统筹全市社会建设和管理工作。市委建立社会建设工作部门（领导小组办公室），与社会工作党委两块牌子、一套班子，合署办公，其主要职能是对本市社会建设开展调查研究、进行统筹规划、提出政策建议、加强指导协调。各区县成立社会建设工作领导小组，建立相应的社会工作机构，形成党委统一领导、社会建设领导小组办公室具体负责，条块结合，以块为主，分级负责的社会建设工作体制。领导小组每半年召开一次会议，研究解决在社会建设和管理工作中存在的全局性问题，并及时将重要问题和建议提交市委常委会讨论，以形成市委的重要决策。领导小组办公室要健全工作机制，逐步建立定期的信息沟通机制、工作协调机制、督查评估机制等。

2. 强化社区建设

（1）理顺条块关系。合理界定条块职责，进一步明确街道的主要职责是组织公共服务、强化综合管理、监督专业管理、指导自治组织。进一步落实双重管理体制，对派出机构主要负责人的任免、调动，实行会签制，由街道领导班子集体研究后签署意见并盖章；对派出机构主要负责人的考核、奖惩，应由街道签署意见，街道可根据其工作表现，向区有关部门提出奖惩建议；健全社区代表会议制度，让条和块的工作接受居民群众的评议和监督。

（2）完善社区治理结构。构建以居民区党组织为核心，居委会为主体，业委会、物业公司和社会组织为载体的组织格局。居民区党组织是社区各类组织和各项工作的领导核心，居委会代表本居民区全体居民的共同利益，对本辖区内的物业管理、业主委员会及其他社会组织进行指导、协调和监督。居委会与社区事务工作站是委托与被委托的关系，社区事务工作站按工作项目合同，在街道办事处和居委会指导下开展工作。重点是要规范业委会建设，加快制定加强业委会组建和管理运作的文件，进一步明确房管部门、街镇和居委会在业委会组建、改选中的职责和任务，切实加强居委会对业委会的指导和监督。

（3）构建社区公共服务体系。社区事务受理服务中心要着力推进标准化建设，规范统一管理软件，制订建设和服务地方标准、工作人员国家职业标准等规范，扩大"一口受理"和"全年无休、全市通办"试点，全面推进"一头管理"，加强数据上传平台建设，为各级领导落实民生和社会管理提供决策辅助。社区卫生服务中心要加强居民健康档案建设，推进家庭病床、居家照料、临终关怀等上门服务，坚持"请进来"与"走出去"相结合，实施本地区基本医疗和公共卫生服务的全面管理。社区文化活动中心要推进文化服务向居民区延伸，提高文化活动的普及率和辐射面。加强对基层群众团队的指导，坚持将培养核心价值观与陶冶情操、强身健体相结合，不断弘扬健康向上的社区文化。社区生活服务功能要完善，建议以社区服务中心为载体，成立社区服务协会，整合社区各类社会公益服务组织和生活类项目，为居民和其他社区组织提供多元化、个性化、综合性、普惠型的服务。

（4）切实推进基层民主。不断加大居委会直接选举力度，2009年换届选举直接选举比例拟达70%。全面推广"三会"制度，激发居民参与社区的民主管理、民主决策和民主监督。切实给居委会减负，探索建立社区准入机制，推动政府部门"少开会、少评比、少考核"，让居委会有更多的精力"串百家门、知百家情、解百家难"。探索建立以居民满意度和情况知情度为导向的居委会考核体系，引导居委会关注民生，服务居民，贴近居民需求开展各类活动。加强自治能力培训，引导居委会用自治的方法协调社区矛盾和处理社区事务，真正发挥其协调利益、化解矛盾、排忧解难的作用。

3. 发展公益组织

（1）分类指导和发展社会组织。优化社会组织结构和布局，实行区别政策，鼓励发展行业性、公益性和基层社会组织；对经济社会发展需要、政治社会稳定负面因素小、社会服务功能较强、政府职能辅助补充效应明显的社会组织，探索直接登记制。积极吸引全国性、区域性行业协会落户本市。探索"政府支持、民间力量兴办、专业团队管理、政府和公众监督、民间公益组织受益"的社会组织孵化模式，大力扶持公益性、慈善性、服务性的社会组织。重点扶持生活服务类老年人组织、残疾人组织、慈善组织，在更大范围内开展扶贫济困、助残敬老的活动。按照国家法律法规，严格控制业务宽泛、不易界定的社会组织，禁止设立违背法律法规的社会组织，禁止和限制有政治、宗教背景和企图的社会组织发展，遏制其对社会稳定的负面影响。

（2）继续探索"枢纽型"社会组织管理模式。按照产业、行业、同业、专业的发展要求，组建以联合会为主要形式的不同层级的管理枢纽组织，有关委办局负责相关业务的管理和指导。社科类、科技类、文化类等已经形成的枢纽组织，要进一步完善工作机制，明确管理职责；具有管理枢纽特征、具备管理能力的组织，政府要授权或委托其负责本领域社会组织党的建设和综合管理工作；尚未形成管理枢纽的街道、社区及其他领域，在有条件的情况下，可根据需要设立相应的枢纽组织。枢纽组织要引导广大社会组织加强自我管理，完善内部治理结构，提升社会组织的公信力。工青妇等人民团体要善于在社会组织中开展工作，发挥对社会组织日常活动的管理枢纽作用，并把性质相同、业务相近的行业性社会组织联合起来，让有影响力的骨干成员单位牵头，组建不同层次的枢纽组织。

（3）完善扶持政策。加大政府购买公共服务力度，通过定向委托、公开竞标等形式，采取奖励性、委托性、补贴性或购买性的投入方式。财政部门要明确政府购买服务的标准、规范以及操作规程。税务部门要梳理社会组织依法可以享受的减免税项目的税收优惠，并向社会组织公示告知。建立"权随责走、费随事转"的机制，将政府向社会组织购买服务的经费列入各级政府的财政预算和各级机关的部门预算，各级政府和各职能部门每年用于购买社会组织服务的专项经费要按一定的比例递增。要探索建立社会组织发展基金，通过财政投入、福利彩票公益金资助、社会捐赠等多种形式吸纳集聚社会资金，从而扶持公益性社会组织。建立健全社会组织管理人才的培养机制，加大社会组织领导和骨干的选拔、培养、推荐力度，完善社会组织专职工作人员的职称评定、养老保障、工资基金管理等措施，鼓励政府和社会优秀人才积极投身社会组织事业，倡导党员、群众以志愿者身份参与公益性社会组织的服务活动。

（4）进一步推进管办分离、政社分开。进一步加快政府职能转变，落实政事分开、政社分开，下放管理权限。梳理政府与社会组织的职能和职责边界，推进政府与社会组织在主体、机构、职能、资产、场所、人员等方面分开，确保社会组织的自主性。建立政府与社会组织联系沟通的常设平台，政府在制定政策、进行重大决策过程中，应及时与社会组织沟通，听取意见和建议，提高社会组织对公共行政的参与度，进一步发挥社会组织在协调利益关系、反映群众诉求方面的积极作用。深化事业单位改革，将从事公益服务的事业单位，逐步改造和转化为社会组织，进一步优化工作流程、控制成本费用、改善服务质量、提高人员素质，满足社会服务需求，提高公共服务的效能。

4. 完善社会矛盾调处机制

（1）建立重大事项社会稳定风险评估机制。建议由市政府牵头，对市维稳办会同有关部门起草的《关于建立重大事项社会稳定风险评估机制的意见（送审稿）》，尽快提出实施方案，启动试点工作，并进一步细化、完善配套制度和办法，逐步在全市推广实施，真正从源头上防范社会稳定风险的发生。

（2）推进公共政策民主科学决策。注重公众参与，尝试建立公共政策听证评议制度，让广大市民参与重要政策的制定、实施、评估、监督。加强公共政策的宣传，积极引导社会公众心理预期。及时修订、完善不合时宜的政策，主动化解存量矛盾，消减增量矛盾。

（3）推行实施信访终结制度。建议市信访办等部门结合试点工作中发现的问题，认真总结经验，进一步修订、完善《上海市信访案件终结办法》及其配套文件，加强针对性和操作性，适时开展业务培训，加快全面推进实施，将信访终结工作纳入法制化轨道，建立"统一、规范、权威"的信访终结制度，推动依法信访秩序的形成。

（4）完善大调解工作体系。继续推进人民调解、行政调解、司法调解之间的对接联动机制，推动基层信访、综治、司法、人民调解等资源整合，构建、完善大调解工作体系，不断提高调处化解工作的水平和成效，积极引导当事群众把调解作为解决争议、维护权益的首要选择，从而达到息诉罢访、案结事了、定分止争的目标。

（5）落实维稳工作责任制。建议市委研究制定《关于进一步落实维稳工作责任制的实施意见》，明晰各级党政领导维护社会稳定的工作职责，厘清现有涉及维稳工作有关部门的工作界面，改进工作评估和考核办法，明确相关责任及奖惩措施，进一步提升领导干部和地区部门维护社会稳定的责任感和积极性，形成齐心合力维稳的格局。

（6）健全社会治安防控体系。加强社会治安综合管理，严格落实工作责任制，推进平安创建活动。加强群防群治工作，加快和完善街面实时图像监控系统建设，严厉打击严重刑事犯罪及经济犯罪活动，整治治安复杂地区和突出治安问题，依法处置大规模群体性事件，不断提高城市治安管理水平，使全市社会治安始终保持可控状态，切实增强群众安全感和城市安全度。

5. 社会领域党建革新

社会领域党的建设，主要在社区和新社会组织中展开。重点如下。

（1）进一步完善社区党组织"1+3"体制。"1+3"的社区党组织领导体制和工作机制总体上是应该肯定的，当前主要问题是要进一步完善，不宜在体制上做大的调整，重点是鼓励基层继续大胆探索。一是进一步明确职能。强化和落实社区（街道）党工委在区域性大党建格局中的领导核心地位，更好地发挥党的统领作用；强化和落实社区行政党组对派出机构的协调监督，更好地提高社区行政效率；明确和强化居民区党组织对居委会、业委会、社工站和物业公司等的指导协调职能，使党的工作更加深入人心；强化综合党委对"两新"组织的资源整合，更好地促进"两新"组织健康发展。二是加强综合协调。在明确职责的基础上，进一步理顺社区党工委和街道内设机构、社区党工委和"一组两委"的关系，发挥街道社区党建联席会、社区党建工作代表会、精神文明建设协调会、社会综合治理委员会等党建工作平台，在议事协商、沟通信息、整合资源方面的作用。切实加强居委会党组织对业委会的指导和监督，进一步形成工作合力。

（2）进一步提高社会领域党建工作的有效性。继续推动支部建在商务楼宇、工业园区、商业街城、专业市场等组建方式，进一步扩大"两新"组织党建工作覆盖面。进一步探索和发挥社会组织联合会等枢纽型组织的党建模式，充分发挥工青妇、社联、科协等人民团体的优势，将性质相同、业务相近的社会组织党组织归口枢纽党组织管理，最大限度地动员和整合各方力量，不断拓展党的工作。充分发挥基层党组织凝聚引领作用和党员骨干作用。探索创新社会化党建方式方法，善于运用信息化手段，宣传党的路线方针和政策，重视网络舆情研判，及时掌握网络社会动向，提高驾驭网络社会的能力。

（3）加大社会领域党建支撑保障力度。一是队伍建设。要逐步完善基层党群工作者社会化招聘、契约化管理、专业化培训、市场化运作的选拔使用机制，整合专兼职党群工作者、党建志愿者等人才资源，将其纳入社会工作人才队伍统一考虑。二是载体支撑。充分发挥社区(街道)党员服务中心以及楼宇、园区党员服务点和居民区党员服务站的功能作用,使党员服务中心成为区域性大党建格局的重要依托,确保流动党员有接纳地、"两新"组织党组织有活动场所,发挥党员优势和特长,为社区成员提供高质量便捷化的志愿服务。三是财力支撑。确保人均经费或总额保底,进一步提高社区(街道)党工委、居民区党支部、"两新"组织党支部的工作经费。建立基层党建工作经费与区级财政收入水平同步提高的机制。

第 6 章
城市社会体制建设及相关问题

20世纪80年代上海以探索建立社区体制为主线推进城市治理。进入新世纪后第一个10年，上海以夯实街道治理、解决城市突出矛盾为重点推进城市治理，为后来城市发展构筑了基层的战略优势。进入新世纪第二个10年后，如何构建新型社会体制，推进城市社会体制创新，成为超大型城市治理面临的新问题。城市愈大，社会体制创新命题愈突出，社会体制建设要解决的理论与实践问题愈多。

上海社会体制建设一直是在各种现实矛盾中展开的，从面对经济社会暴露的重大问题切入。如城市生活水平整体提升，但是城市贫富差距扩大；城市就业方式日趋多元化，但是就业压力日益加剧；教育机会不断扩大，但是教育公平与教育质量问题突出；城市医疗卫生条件得到改善，但供需矛盾落差加大；城市社会保障体系得到完善，但风险防范薄弱环节频现；社会组织发展迅速，但参与能力很弱，其性质和形态只具备"团队"特征而难以归入第三部门范畴；社区建设不断推进，但基层自治能力式微；网络化等技术设施和手段日益完善，但社会突发事件和公共安全隐患更为突出；生态建设日益受到重视，但生态环境时有恶化。作为改革开放先行先试地区，上海社会体制建设具有更早更突出的探索性。

一、"社会体制"的基本内容

社会体制建设是我国社会建设和整个现代化进程中面临的一个重大问题，也是上海当前经济社会建设面临的一个重大问题。从上海进入新世纪后的实践和探索上来看，加强社会体制建设、部署社会体制建设重大战略决策，必须明确"社会体制建设"的主要内容是什么。要明确这一点，首先必须把握：究竟什么是社会体制？"社会体制建设"与"社会建设"构成了怎样一种关系？"社会体制"与"社会管理"的联系与区别是什么？深入研究社会体制问题，搞清楚这些问题，是推进社会体制建设和城市治理的全部基础。

第6章 城市社会体制建设及相关问题

1. "社会体制"问题的提出

社会体制和社会建设问题,是在我国现代化历史进程中出现的。"社会体制"这一概念,比较权威的文本提法出自2006年10月十六届六中全会通过的《中共中央关于构建社会主义和谐社会若干重大问题的决定》:"适应社会发展要求,推进经济体制、政治体制、文化体制、社会体制改革和创新……建立健全充满活力、富有效率、更加开放的体制机制。"① 2007年10月胡锦涛在十七大报告中,继续论述了社会建设和社会体制等问题,提出"必须在经济发展的基础上,更加注重社会建设,着力保障和改善民生,推进社会体制改革"。2008年初国务院《关于2008年深化经济体制改革工作的意见》,第一次把"社会体制"问题单列出来,要求探索社会体制改革的有效途径,破解社会体制改革的难点。

社会体制改革的要旨,是回归城市的社会性。根本任务是通过有效的制度安排协调政府、社会组织、私人部门的相互关系,明确政府、企业、基层社区、非政府组织、公众的权责;并培育社会自组织力量,强化公共意识,发展非营利组织、培育慈善和服务精神,在解决好社会公平公正的基础上,达至活力饱满、各种社会关系平衡和谐的社会。

中央提出推进社会体制改革这一重要问题后,在全国范围内引起极大反响。但从当时各地的情况看,无论在实际工作中还是在理论研究领域,对"社会体制"问题的理解,都还存在随意性和偏差。在我国"社会体制"一直缺乏公认的确定内容。人们或将"社会体制"与"社会管理"混为一谈,或将"社会体制"归于"社会管理"的一个部分。理论界事实上回避了或忽视了对社会体制这一"本体性"问题的正面探讨,由此尽管多年来"社会体制建设"呼声极高,但对于究竟何为社会体制、社会体制建设与改革包含哪些内容,在

---

① 见《中共中央关于构建社会主义和谐社会若干重大问题的决定》第二部分"构建社会主义和谐社会的指导思想、目标任务和原则"。

实际操作领域，其实一直是"混沌"不清的。

2. 社会建设的本质问题是体制问题

社会体制建设与社会建设的关系，是"从属"关系。社会体制建设要解决的核心问题，是社会建设中的"体制性"问题。

改革开放以前，中国没有严格意义上的"社会建设"（social construction），而只有"国家建设"（state-building）。经过40年改革开放和经济发展，我国已形成"经济-政治-文化-社会-生态"五体一位总体布局。十六大报告提出"三位一体"（经济建设、政治建设、文化建设），十七大报告提出"四位一体"（经济建设、政治建设、文化建设、社会建设），十八大报告拓展为"五位一体"，提出"全面落实经济建设、政治建设、文化建设、社会建设、生态文明建设五位一体总体布局"。这个"总体布局"的形成是个扩展过程，反映了中国现代化是从局部到全面、更加协调的现代化。

2006年《中共中央关于构建社会主义和谐社会若干重大问题的决定》颁布，标志着中国步入了真正意义上的社会建设时期。"社会建设"成为中国现代化建设的核心概念之一。在五位一体总体布局中，所谓"社会"，除了指人类生活的共同体这一含义外①，主要指包括社区、社会团体、第三部门等在内的社会空间。

"社会建设"包括哪些内容？《中共中央关于构建社会主义和谐社会若干重大问题的决定》在论述"社会事业建设"时，提到推进新农村建设、落实区域发展总体战略、实施积极的就业政策、坚持教育优先发展、加强医疗卫生服务、加快发展文化事业和文化产业、加强环境治理保护七大方面。② 在论述"保障社会公平"的制

---

① 广义上，所谓社会，是指人类以共同物质生产活动为基础、按照一定行为规范相联系的有机总体。社会概念含义宽泛，它适用于原始的没有文字的民族到现代工业国家，它既一般地泛指人类，也表示较小的有组织的民族群体。社会是人们交互作用的产物。

② 见《中共中央关于构建社会主义和谐社会若干重大问题的决定》第三部分"坚持协调发展，加强社会事业建设"。

度建设时，提到完善民主权利保障制度、完善法律制度、完善司法体制机制、完善公共财政制度、完善收入分配制度、完善社会保障制度六大方面。[①] 十七大报告在论述"社会建设"时，把"加快发展社会事业，全面改善人民生活"确立为全面建设小康社会奋斗目标的新要求，把继续关注民生、重视民生、保障民生、改善民生列为贯彻落实科学发展观的核心内容，提出了优先发展教育、实施扩大就业的发展战略、深化收入分配制度改革、加快建立覆盖城乡居民的社会保障体系、建立基本医疗卫生制度和完善社会管理六方面任务。[②] 十八大报告提出"在改善民生和创新社会管理中加强社会建设"，强调民生和社会管理在社会建设中的重要性。

体制建设是社会建设的关键和要害所在。十八大报告提出"社会体制改革"的问题："加强社会建设，必须加快推进社会体制改革。要围绕构建中国特色社会主义社会管理体系，加快形成党委领导、政府负责、社会协同、公众参与、法治保障的社会管理体制"[③]，没有社会体制的完善和推进，社会建设就谈不上实质性的推进。因为体制问题历来是社会进步和公共绩效的真正渊源所在。体制、制度的完善和进步，是人类社会的真正进步。科学的、简约的、结构逻辑清晰的社会体制，有利于促进社会进步和发展；反之，则形成高成本、低绩效的社会运行模式，严重制约社会的发展。

这里，又涉及一个必须厘清的问题，即究竟什么是体制？进而什么是社会体制？在我国社会生活中，"体制"一般指国家机关、企业和事业单位机构设置和管理权限划分的制度或组织制度。美国政治学家在解释"社会结构或分层体制"时认为，"在判断哪些人组成团体和互相分离时（如阶级、宗教或种族地位）所依据的标准，以及

[①] 见《中共中央关于构建社会主义和谐社会若干重大问题的决定》第四部分"加强制度建设，保障社会公平正义"。
[②] 胡锦涛：《高举中国特色社会主义伟大旗帜，为夺取全面建设小康社会新胜利而奋斗》，第八部分"加快推进以改善民生为重点的社会建设"。
[③] 胡锦涛：《坚定不移沿着中国特色社会主义道路前进 为全面建成小康社会而奋斗》，第七部分"在改善民生和创新管理中加强社会建设"。

回答这些分层是会重叠还是互相分离的问题",就是所谓社会结构或分层体制。① 我国《法学词典》(增订版)对"体制"的权威解释是:"体制是有关组织机构设置、领导隶属关系和管理权限划分等方面的体系和制度的总称。"②

那么什么是社会体制,它包含了哪些方面和内容?

"社会体制"问题在我国的理论典籍和实际领域,尚无确定的定义。根据社会实际,可以认为,所谓社会体制,是社会领域一系列制度安排的样式,即在特定的国家或地区内反映明确的政府、市场与社会组织职能,体现中央、地方各级政府之间事权、财权责任,进行社会管理、公共服务、解决社会纠纷的机制与制度。社会体制受基本经济制度、一定历史时期社会模式的决定和制约。它是基本社会制度的具体体现,广义上它包含了经济体制、政治体制、文化体制等内容,狭义上则与经济体制、政治体制、文化体制等内容相对。

中国特色"社会体制"包含了哪些内容?根据世界各国经验和人类社会发展的经历,特别是改革开放以来我国社会实践,可以看到,一个比较完整意义上的"社会体制",至少包含了五个方面的重要类别:①社会运行体制;②社会组织体制;③社会保障体制;④社区构成体制;⑤社会管理体制(主要表现为政府公共管理体制)。

社会体制与经济体制、政治体制、文化体制一起,构成了一个国家的体制框架。社会体制建设,既是社会建设的一个子项,是它的重要组成部分;又与经济体制建设、政治体制建设、文化体制建设、生态文明建设等构成一个体制整体。

---

① [美]劳伦斯·迈耶、约翰·伯内特、苏珊·奥格登:《比较政治学——变化世界中的国家和理论》,张丽梅、罗飞、胡泳浩等译,华夏出版社 2001 年版,第 12 页。

② 如国家行政管理体制是关于如何建立中央和地方的国家行政管理的体系和制度;工业管理体制是关于如何确立中央和地方工业管理部门与企业的隶属关系、各类物质分配的权限、人事管理权限、计划管理职责和财务管理等方面的体系和制度。《法学词典》(增订版),上海辞书出版社 1984 年版,第 524 页。

3. "社会体制"与"社会管理"

社会体制和社会管理混为一体，不仅造成理论上的含糊不清，更造成实际工作中诸多偏差，引发无视社会体制的内在规律，忽视社会体制本身所要求的管理特征，简单以社会管理代替社会体制的种种做法。由此在进行社会体制创新的重大决策中，应对"社会体制"与"社会管理"、"社会体制"与"社会管理体制"有一个甄别，有明确规范的认识和把握。

《中共中央关于构建社会主义和谐社会若干重大问题的决定》在论述"社会管理"时，提出建设服务型政府、推进社区建设、健全社会组织、统筹协调各方面利益关系、完善应急管理体制机制、加强社会治安综合治理、加强国家安全工作和国防建设七个方面。[①] 社会体制与社会管理，虽有内在联系，却是有着重大区别的不同领域。社会体制与社会管理的区别，主要有五个方面。

第一，从性质看，社会管理是政府和社会团体为促进社会系统协调运转，对社会系统的组成部分和社会生活领域及其发展过程所进行的组织、指挥、监督和调节的行为过程。社会体制则是社会领域或社会空间中一种"客观结构"。这种结构，是社会体制各组成部分或诸要素之间比较持久、稳定的相互联系模式。

第二，从特点看，社会管理相对于经济管理、政治管理、文化管理，是公共管理的一个"品种"；而社会体制相对于经济体制、政治体制（政府体制）、文化体制，它是一种"社会样式"，是一个社会得以运行的"体式"。

第三，从主客体看，社会管理具有自身的主客体。它的主体是"政府主导"，它主要是一种"政府行为"——其格局是"党委领导、政府负责、社会协调、公众参与"，它作用的方向和客体是社会和民众。而社会体制没有主客体。它主要是一种系统性的"结构模

---

① 见《中共中央关于构建社会主义和谐社会若干重大问题的决定》第六部分"完善社会管理，保持社会安定有序"。

式",并具有多元性。

第四,从内容看,社会管理是包括社会调控(social control)、社会治理(social governance)和社会整合(social integration)等在内的"管理系统"。在层级上,社会管理分为社会宏观管理、社会微观管理(即基层管理)。社会体制则是包括诸多"体制子系统"在内的结构体系。在层级上,社会体制包括社会运行体制、社会组织体制、社会保障体制(社会保险、社会福利、社会救助)[①]、社区构成体制、社会管理体制等子系统。

第五,从形态看,社会管理具有行为性、动态性;社会体制具有结构性、静态性。

社会体制与社会管理的主要区别如表 6-1 所示。

表 6-1 "社会体制"与"社会管理"的不同特性

	社会体制	社会管理
隶属	结构体系	公共管理
形态	静态	动态
性质	结构性	过程性
主体	社会多元	政府主导
相对性	相对于政府体制、经济体制、文化体制	相对于政治管理、经济管理、文化管理
相关性	包含社会管理体制	从属于管理体制

对于"社会体制"和"社会管理体制"也应有明晰的把握。十八大报告提出:"加强社会建设,必须加快推进社会体制改革。要围绕构建中国特色社会主义社会管理体系,加快形成党委领导、政府负

---

① 社会保障(social security,对社会成员的基本生活予以保障的社会安全制度)包括社会保险(social insurance,通过立法,在劳动者或全体社会成员中的年老、残疾人员或由于其他原因而丧失劳动能力的群体生活发生困难时,向其提供物质帮助以保证其基本生活需求的保障制度)、社会福利(social welfare,为改善和提高全体社会成员尤其是困难群体物质生活和精神生活的各种社会措施)、社会救助(social relief,对贫困者提供最低水平生活需求的物质援助,并增强他们适应社会生存能力的一种社会保障制度)。

责、社会协同、公众参与、法治保障的社会管理体制。"① 这一段话中提出了三个概念:"社会体制""社会管理体系""社会管理体制",最明确的是对"社会管理体制"的表达,即"党委领导、政府负责、社会协同、公众参与、法治保障的社会管理体制"。"社会体制"则如前述,是社会领域或社会空间的一种"客观结构",是社会运行的一种"体式"。

4. 社会体制建设内容分析

关于社会体制建设的现实方位,《中共中央关于构建社会主义和谐社会若干重大问题的决定》中,其实已作出相当明确的界定。

《决定》提出"社会体制"问题,是与"经济体制""政治体制""文化体制"一并提出的。就是说,社会体制与经济体制、政治体制、文化体制处于同一水平面上。由经济体制、政治体制、文化体制、社会体制四大体制建设构成总框架。十八大提出"全面落实经济建设、政治建设、文化建设、社会建设、生态文明建设五位一体总体布局"②,十九大提出"明确中国特色社会主义事业总体布局是'五位一体'、战略布局是'四个全面'"③,这是今天推进社会体制建设的现实方位,如图 6-1 所示。

由此"社会体制"与经济体制、政治体制、文化体制、生态文明体制事实上构成一个共同体。社会体制问题当与经济体制、政治体制、文化体制、生态文明体制一并考虑,将社会体制问题与经济、政治、文化、生态体制问题进行同一层面比较、研究和协同推进。

---

① 胡锦涛:《坚定不移沿着中国特色社会主义道路前进,为全面建成小康社会而奋斗——在中国共产党第十八次全国代表大会上的报告》(2012 年 11 月 8 日),第七部分"在改善民生和创新管理中加强社会建设"。
② 胡锦涛:《坚定不移沿着中国特色社会主义道路前进,为全面建成小康社会而奋斗——在中国共产党第十八次全国代表大会上的报告》(2012 年 11 月 8 日),第一部分"过去五年的工作和十年的基本总结"。
③ 习近平:《决胜全面建成小康社会 夺取新时代中国特色社会主义伟大胜利——在中国共产党第十九次全国代表大会上的报告》(2017 年 10 月 18 日),第三部分"新时代中国特色社会主义思想和基本方略"。

图 6-1　社会建设在现代化建设中的方位

政治体制、经济体制、文化体制有着比较确定的、规范的社会含义，但"社会体制"尚未有一个真正确定、准确的含义。如我国政治体制改革，1982 年 9 月十二大报告中首先正式使用"政治体制"这一概念。《中国大百科全书·政治学》认为："政治体制"是政治制度在政治生活过程中的具体化，是政治制度具体的、外在的表现形式的实施方式，包括政治组织形式、国家结构形式、管理形式、机构设置以及政党工、选举制度、公民权利和公共舆论在国家政治生活中的地位、作用和运行方式等一系列具体的制度规范。① 又如经济体制，一般指社会生产关系的具体形式和具体形式的总和。它

---

① 政治体制是为实现国家意志、维持国家机器的正常运转而采取的各种制度、设施、行为、政策的总体。它首先体现为一系列具体的制度，如人事制度、选举制度、官吏制度、财政制度以及制定和执行这些制度的程序等。政治体制与国家形式密切相关。政治体制的变化，取决于国家权力的实际配置状况，取决于政治领导的决心和方法，取决于人民群众的意愿和支持，也取决于经济发展和政治发展的实际状况。又如行政体制(administrative system)，作为国家政治体制的组成部分，一般指国家行政机关的设置、职权的划分与运行等制度的总体情况。在类型上，行政体制一般包括：一是行政权力体制，指国家行政机关与国家机关、政党组织、群众团体等之间的权力分配关系的制度。行政权力体制一般有三权分立制、议行合一制、军政合一制、政教合一制、党政合一制等。二是政府首脑体制，指最高行政权力的代表者与政府首脑职位担任者关系及人数情况，一般有"一元制""二元制""多元制"。三是中央政府体制，指国家最高行政机关的职权划分、活动方式和组织形式等制度，其体制类型主要有中央集权型、地方分权型、集权与分权结合型，合议制度和首长制，政府首脑负责制和集体领导负责制等。西方发达国家的中央政府体制，有内阁制、总统制、委员会制等。四是行政区划体制，指国家将全国领土划分为若干层次的区域单位，并建立相应的各类行政机关的制度等。社会体制也必须从定义到构成的内容类别上，作出比较规范的区分。

而领导体制是各种组织内部的机构设置、职责权限、管理方式等结构体系。领导体制有各种层次之分，一般而言，领导体制指大范围的宏观领导体制。从领导科学角度看，领导体制按决策层的人数，可分为一长制和委员会制；按体制内部各单位的职权性质和范围，可分为层级制和机能制；按上级对下级单位的控制程度，可分为完整制和分离制；按各层次职权的关系，可分为集权制和分权制。

主要包括两个方面：一是生产资料所有制结构。它涉及具体采取什么样的经济形式和经营方式。二是社会主义国家对国民经济的管理体制。它包括管理权限和职责的划分，管理机构的设置，处理各种经济利益关系的原则和措施，管理程序、机制和手段的确定等。

在一些具体工作中，很难界定某个问题仅属于某一单纯的体制范畴。如促进就业与经济增长、物价稳定、国际收支平衡，并列为市场经济国家"四大宏观经济调控目标"；分配与生产、流通、消费，并列为经济运行的"四大环节"；社会保障则一直是福利经济学研究的主要对象。十二届三中全会通过《中共中央关于建立社会主义市场经济体制若干问题的决定》，分别将劳动力市场体系、收入分配体系、社会保障体系，作为构筑我国社会主义市场经济体系的子体系之一。近年来社会民生问题突出，中央、国务院又在一些文件中多次把劳动就业、收入分配、社会保障等问题放到社会事业、民生中布局。再如推进社区建设、健全社会组织、协调利益关系等问题，又涉及政府职能转变、民主法治建设，实际上与政治体制密切相关。由此经济体制、政治体制、文化体制、社会体制等是紧密相关的。

二、社会体制创新主要方位

尽管社会体制建设还是一个相对模糊的概念，但是依据人类社会发展的规律和世界各国的经验，社会体制建设有着特定的、约定俗成的构成内容。它至少有五个方面的展开方位，如图6-2所示。

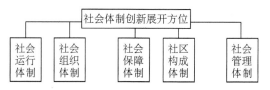

图6-2　社会体制构成及展开方位

方位一：社会运行体制。社会运行体制是社会体制的一个重要方面。它是一个社会作为有机体运动、变化和发展的体制样式。社会运行体制表现为社会多种要素和多层次子系统之间的交互作用以及它们多方面功能的发挥。按照世界各国的经验和我国对于社会问题的有关分类，社会运行体制主要指一个社会的劳动就业体制、收入分配体制、国民教育体制、医疗卫生体制（广义的社会运行体制还包括社会保障体制、社区运行体制、社会文化体制、社会管理体制等）。

在社会领域，一般可以将社会运行基本类型区分为三种：一是社会"良性"运行。这是社会运行的"理想模式"，指经济、政治、社会生活、思想文化之间，社会各个系统之间（包括社会系统与外部系统的交换）以及系统不同部分和层次之间的运行障碍、运行失调等被控制在最小限度和最小范围内。二是社会"非良性"运行，指社会运行中有着严重障碍，社会运行成本高昂，社会稳定性差，并导致种种严重的离轨、失控现象。三是社会"中性"运行。它表现为社会运行有障碍、发展不平衡，有较多不协调，但未危及社会常态运行，故亦可称"有障碍的常态运行"。它是介于"良性"运行与"非良性"运行之间的一种中间状态。

但在实际工作中，考察一个社会运行体制的类型，最本质的，是要考察和区分这样几种基本类型。

（1）政府包揽社会运行型。最本质表现，是一个社会的运行完全依赖于政府的行政力量。没有这个力量的支撑，这个社会运行就难以维系。

（2）社会自主运行型。最本质表现，是社会运行依赖于社会自身的力量，实行自我管理，社会自发秩序成为维系社会正常运行的主导力量。

（3）"政府-社会"合作型或"政府-社会"平衡运行型。最本质表现，是在一个社会正常运行中，政府和社会分担了各自相应的角色，并且它们的角色互动和力量配比，处于均衡的稳定的状态。

西方发达国家的所谓公民社会，基本是属于"社会自主"运行型模式；东亚、东南亚一些国家和地区，基本属于"政府-社会"平衡运行型模式；而我国目前的社会运行，则基本属于"政府包揽型"模式。

方位二：社会组织体制。任何社会都是有组织的社会。这不仅表现为它任何时候都是高度组织化的，更表现为社会本身就是由一个个组织所构成。大小不同、功能各异的社会组织，构成了现代社会的基础。人类现代社会中，人们的经济、政治和社会需要，大部分是通过社会组织来满足的。人们无论在生理上还是在智力上，都无法以个人的形式满足各种需要；都必须以群体的方式，来提高满足需要的社会能力。

建立在社会分工基础上的专业化组织，将具有不同能力的人聚合在一起，以特定的目标和明确的规范协调人的活动，从而更有效地满足人们的各种社会需求。社会组织是人们为实现特定目标而建立的共同活动的群体，故社会组织也称为"次社会群体"。

在组织体制上，按照组织规模大小可分为小型、中型、大型、巨型等类型。按照组织成员之间关系的性质，可分为"正式组织"与"非正式组织"。[①] 按照组织的功能和目标，可分为生产组织、政治组织和整合组织（美国社会学家帕森斯的分类法）。按照组织目标和获得者的类型，可分为互利组织（如工会）、私有者营利组织（如商业组织）、服务组织（如医院）、公益组织等（美国社会学家 P.M.布劳等的分类法）。按照组织对成员的控制类型，可划分为强制性组织、功利组织、规范组织。根据人们社会结合的形式和人们之间社会关系的表现，可分为经济组织，政治组织，文化、教育、科研组织，宗教组织等。

但就社会组织管理体制的基本类型来说，只有两种基本的体制

---

① 正式组织中，组织成员之间的相互关系，由正式的规章作出详细和具体的规定。非正式组织中，组织成员之间的关系，则无这种规范的规定，他们的相互关系是自由而松散的。

类型，即"家长制管理体制"和"官僚制管理体制"。家长制管理体制产生于生产分工不发达、生产规模相对狭小的手工工具时代。它把生产管理的一切指挥权集中于一人或数人身上。官僚制管理体制产生于工业革命后的现代化大生产时代。它的主要特征是把权力分散于各个科层，分科执掌、分层负责。

组织作为一个开放系统，时刻与环境进行物质、能量、信息的交换。组织环境是存在于组织界限以外的一切与组织发生相互作用的因素。组织环境一般分为两类：一类是一般环境，包括自然和社会文化环境、社会经济和技术的发展水平、社会制度、人口等。它们对所有的社会组织都发生作用（但不是全部因素都对某一组织发生直接作用）。另一类是特殊环境或具体环境，它具体地与某一组织发生作用，直接影响组织的结构特点和活动方式。在今天，组织环境的基本特征是变化速度加快，综合性作用日益显著。

毫无疑问，社会组织是社会的细胞质。一个"弱组织"社会，不是真正的社会；一个社会组织体制不充分的城市，不是健全的城市。这里有个需要作出基本判断的问题，即对于一个社会来说，社会组织的数量、规模和功能，在多大程度上会影响一个社会的稳定。

正如本书前面已论及的，历史经验是一个"弱社会组织"的城市或"欠社会组织"型的城市，是最不稳定的，尽管它表面上似乎很稳定，甚至表现为"超稳定"。由于它缺乏多元而分散的群体组织，缺乏分散的公众情绪、公共压力排解渠道，恰恰是最不稳定的。一个城市社会组织多了，会产生多元而分散的社会意愿，构成相互制约和牵制，形成一种内在的稳定结构和平衡机制。因此大力发展社会组织，不仅是一个社会内在机制的需要，也是城市稳定机制的必然要求。

改革开放以来上海社会组织发展很快，社会组织已经发展到相当规模。基于互联网而生成的各种社会组织也数量众多。但在总体上，上海社会组织发展还很不充分，与卓越的全球城市的目标差距很大。

众多社会组织在众多领域发挥了积极作用，已成为公共服务的一支重要力量。如当年在"5·12"汶川地震救灾中，上海许多社会组织反应迅速，为灾区募集大量资金和物资，组织协调志愿者奔赴救灾第一线，发挥专业特长驰援灾区、参与重建，成为政府处理危机的得力助手。各类社会组织在参与政府民主决策、帮助缓解就业压力、促进政府职能转变等方面，也发挥着不可替代的作用。

方位三：社会保障体制。社会保障体制是社会体制的另一个基本方面。十九大提出"加强社会保障体系建设"，"全面建成覆盖全民、城乡统筹、权责清晰、保障适度、可持续的多层次社会保障体系"。[1] 社会保障是国家和社会对社会成员的基本生活予以保障的社会安全制度。它是一种不可或缺的"社会稳定机制"。社会保障源于欧洲中世纪的世俗和宗教的慈善事业。"社会保障"这一概念最早出现，见于1935年美国国会颁布的《社会保障法》。其他国家的社会保障详见注释。[2] 国际劳工局对"社会保障"的定义是：社会保障即社会通过一系列公共措施对其成员提供的保护，以防止他们由于疾病、妊娠、工伤、失业、残疾、老年及死亡而导致的收入中断或大大降低而遭受经济和社会困窘，对社会成员提供的医疗照顾及对有儿童的家庭提供的补贴。社会保障制度，就是在政府的管理之下，

---

[1] 习近平：《决胜全面建成小康社会 夺取新时代中国特色社会主义伟大胜利——在中国共产党第十九次全国代表大会上的报告》（2017年10月18日），第八部分"提高保障和改善民生水平，加强和创新社会治理"。

[2] 世界各国的社会保障体制，大致分为就业保障体制、普遍保障体制、社会救助体制、储蓄基金体制、雇主责任体制五种类型。就业保障体制，是对工薪者实行的社会保险。普遍保障体制，是对全体公民，不论其收入多少，有无收入或是否就业，都提供平均的现金补助。采纳这一模式的国家，主要有北欧的瑞典、挪威、丹麦及大洋洲的澳大利亚等。以家庭经济调查为基础的社会救助体制，用于贫困的或低收入的申请者。它由政府制定一个最低生活需要标准，即"贫困线"，通过调查家庭和个人的经济来源及状况，根据标准决定是否提供社会救助。储蓄基金体制，由政府通过立法强制实行。雇员和雇主按工资的一定比例交纳相应金额作为专用储蓄基金，当发生规定的保障事故时，将这笔专用基金连本带息一次性支付给受保人。而雇主责任体制，是国家通过立法，通常是劳动法，强制雇主在其雇员遭受某些特殊事故如工伤事故时，提供专门的补助金，向被解雇的雇员支付解雇赔偿金，对老年职工提供一次性退职金。这种方式已向社会保险转变。

按照一定的法律和规定，通过国民收入的再分配，以社会保障基金为依托，为保障人民生活而提供物质帮助和服务的社会安全制度。

社会保障体制，一般包括社会保险体制、社会救助体制和社会福利体制。在中国，它还包括优抚安置体制，由这四个方面构成。

社会保险是对未来风险的预防。社会保险体制，是通过立法，在劳动者或全体社会成员中的年老、残疾人员或由于其他原因而丧失劳动能力的群体生活发生困难时，向其提供物质帮助以保证其基本生活需求的保障制度。① 社会救助是对现实贫困的救济。社会救助体制，是对贫困者提供最低水平生活需求的物质援助，并增强他们适应社会生存能力的一种社会保障制度，又称社会救济体制。社会福利提供的则是福利设施和社会服务。社会福利体制，是为改善和提高全体社会成员尤其是困难群体物质生活和精神生活的一种社会制度。② 有的国家将社会福利事业分为两种类型：将实施于全体国民的文化、教育、卫生等公共服务事业归为"社会事业"；将提供给特殊困难群体的社会服务归类于"福利事业"。③ 优抚安置包括对于中国人民解放军的现役军人、革命伤残军人、复员退伍军人、革命烈士家属、因公牺牲军人家属、病故军人家属、现役军人家属的救济保障。

从体制管理看，一国社会保障管理体制一般有两种类型，一是"集中统一管理体制"，即政府依法建立全国性的统管机构，作为调控中心，实行专门管理。二是"多部门分散管理体制"，即按不同项

---

① 世界各国社会保险体制不尽相同，但主要构成是：失业保险体制、老年保险体制、医疗保险体制、疾病保险体制、伤残保险体制、就业伤害保险体制、生育保险体制、遗属保险体制、就业服务体制。

② 广义的社会福利指为提高全体社会成员的物质生活和精神生活水平，向其提供的各种社会服务措施；狭义的社会福利指当一部分社会成员因年老、疾病、生理或心理缺陷而丧失劳动能力、出现生活困难时向其提供的服务措施。

③ 社会福利事业是为社会孤、老、残、幼和其他有特殊困难的群体提供社会服务的事业。有的国家将社会福利事业分为三类：a 补救性服务，主要对那些因社会问题导致部分功能丧失、生活困难、无法适应社会的人们的服务；b 预防性服务，为预防某些社会问题发生而提供的社会服务；c 发展性服务，文化、教育、卫生、劳动就业等公共服务计划。

目分别由不同部门分管，如卫生和福利部门管年金和医疗保险，劳工部门管职工的工伤和失业保险等。

方位四：社区构成体制。社区构成体制是社会体制的重要组成部分。社区通常指以一定地理区域为基础的社会群体。[①] 社区的本质是社会共同体。对于社区体制的考察，有不同的视角和分类。

依据地域群体的不同特质来划分，社区大体可分"地理区域型"社区和"区位体系型"社区两大类。"地理区域型"社区，指有一定地域边界的社区。主要依据是否为自然状态和是否从事农业生产活动，区分为不同的社区类型。依据前者，可分为"自然社区"和"法定社区"。"自然社区"以自然居住群体的形成和现状来确定，如村落。"法定社区"以行政管理的权力范围来确定，如乡、镇、县、市等。依据是否从事农业生产活动，可分为农村社区和都市社区。农村社区以农业生产活动为基本特征，人口相对分散。都市社区以从事非农业生产活动为基本特征，人口相对集中。小城镇社区则是发展规模较小、人口集中程度较低的以从事非农业生产活动为主的社区。它是联结农村社区和都市社区的中间环节。[②]

区位体系社区，是按照人类生活必需品的生产与分配的区位过程和规范来划分的社区。美国社会学家麦肯齐（Rodericke D. Mckenzie）在《人类社区研究的区位学》一文中，将这种社区分为四种类型：①基本服务社区，即它既是基本生活资料分配过程中的第

[①] 社区构成体制的基本要素主要是：a 人口。指社区内按一定生产关系或社会关系聚居的人口群体。b 地域。社区的范围、方位、形状、环境、自然资源等。c 经济。社区居民的生产、交换、分配和消费等经济活动。d 社区的专业分工和互相依赖关系。分工形成社会的各种团队、组织，导致阶层、阶级分化，构成单位、团体之间的各种依赖关系，并形成社区的组织结构和功能结构。e 共同的文化与制度。社区成员的社会化既是接受社区文化的结果，又是形成社区共同文化与制度的前提。社区的共同文化和制度指导并控制着社区的行动，促使社区构成一个整体。f 居民的凝聚力与归属感。社区成员的共同结合感及对某些实际生活及精神生活的共同评价等决定社区的本质。g 为社区服务的公共设施，如各种商业设施、文化娱乐中心、医疗卫生机构等。h 社区标志与仪式。当这些标志与仪式为社区居民所赏识并提高他们对社区的共同情感时，它们就能成为促进社区整合的精神心理力量。

[②] 在人类生活中还存在其他一些感情相同、信仰相同的共同体，如思想、学术团体。有学者称为精神社区或心理社区。它们是精神上的共同体或心理上的共同体。

一环节，又是其他制成消费品分配过程中的最后一个阶段，诸如农业村镇、捕鱼、采矿、林业等社区。社区的规模主要取决于当地消耗自然资源的生产事业性质和形式，以及它与周邻地区贸易往来的程度。②在生活资料分配过程中履行次要功能的社区。它是原料和商品的集散中心，通常称作商业社区。其规模取决于行使各地产品功能的程度。③工业城镇社区。它是商品制造业的中心，兼备基本服务型社区和商业社区的功能。它的发展规模取决于该地区内工业的发展余地及市场组织的状况。④缺乏明显经济基础的社区。如当代一些旅游地，政治和教育中心等。这类社区的发展在经济上依赖于其他社区，并在商品的生产以及分配过程中不承担特殊的功能。

但是以上的划分，今天看来远远不够。首先，社区不是一个行政区域概念，而是基于共同生活、相同价值的社会共同体。其次，考察一个社区体制状况，最为重要的，是考察它的运行架构是行政性的，还是非行政性的，即它是"行政性社区"还是"自主性社区"，即维系一个"社区"存在的，是行政的力量，还是共同体中人们基于共同价值的向心力。

一个社区的形成和存在，还在于社区结构的形成和存在。社区结构是社区内各要素的内部及其相互形成的相对稳定的关系或构成方式。① 没有社区结构的实际存在，一个"社区"只是形式上的，而不具备内在生命运行的内质。

上海将"社区"放在街道，形成"社区-街道"同构性模式，其优点是便于管理、整合程度高，缺点是行政化过强，社区的本质属性不明显，自治能力薄弱，行政成本高昂。

---

① 社区结构主要包括以下几个方面。社区的经济结构，包括生产力结构和生产关系，是社区生活中起主导作用的系统，制约着其他方面的发展。社区的政治结构，是社区居民在社区活动中形成的关系，它反映社区居民的利益和地位的分化。社区的文化结构（或称社区的情感结构），包括社区内存在的各种伦理道德、价值观、宗教信仰等社会意识形态以及社区内语言、个体意识和群体意识、各种文化载体或设施、机构等。它是多层次的，复合成分的。

方位五：社会管理体制。社会管理体制从属于社会体制，是一个社会确定的管理制度和样式。在中国社会管理是党和政府、社会团体为促进社会系统协调运转，对社会组成部分和社会生活领域及其发展过程所进行的组织、指挥、监督和调节。从类别上说，"社会管理"相对于经济管理、政治管理、文化管理、生态文明管理。在政府管理角度，社会管理是公共管理的一个组成部分。

在构成上，社会管理体制包括社会政策体制、社会控制体制和社会服务体制等。现在有人（包括一些学者和政府部门）把社会管理体制仅仅视作是政府用来"管理"社会的体制，是相当片面的。十九大强调"社会管理体制"是由"党委领导、政府负责、社会协同、公众参与、法治保障"所组成。①

社会管理体制首先包括社会政策体制。在一定意义上所谓社会管理，主要是社会公共政策的管理。② 其次社会管理体制包括了社会控制体制，大致包括社会安全体制，利益协调和矛盾化解体制，危机预警、评估和应急体制，社团组织调控体制等。③ 社会学家罗斯（Rose Sheldon D.）认为，社会控制（social control）是对人的动物性的控制，限制人们发生不利于社会的行为。他指出：在人的天性中，存在一种"自然秩序"，包括同情心、互助性和正义感三个组成

---

① 习近平：《决胜全面建成小康社会 夺取新时代中国特色社会主义伟大胜利——在中国共产党第十九次全国代表大会上的报告》（2017年10月18日），第八部分"提高保障和改善民生水平，加强和创新社会治理"。
② 广义的社会公共政策，包括社会事业政策，如人口政策、劳动和就业政策、社会保障政策、医疗卫生政策、环境保护政策、文化和体育事业政策、社会服务政策、教育政策、居民收入分配政策和消费政策等。社会政策体制的功能是，为社会行为规定准则和措施，按预期的方向完善和健全社会关系；从总体上为社会问题的解决，制定相关原则、方针和措施。
③ 社会控制体制中，控制方式主要有：a 正式控制和非正式控制。法律、法规、政纪、规章和各种社会制度以及社会中有组织的宗教，均有明文规定它们正式控制的范畴；而习俗、习惯等则是非正式控制。b 积极控制和消极控制。如用奖励手段是积极控制，用惩罚手段是消极控制。c "硬控制"与"软控制"。政权、法律、规章、组织都依赖于权力性控制力，属于"硬控制"；依赖于社会舆论，社会心理，社会风俗、道德、信仰和信念的控制，属于"软控制"。d 外在控制与内在控制。外在控制是社会依靠外在力量控制其成员就范。内在控制即自我控制，这是社会成员自觉把社会规范内化，用以约束和检点自己的行为。这种控制才是社会控制最有绩效的方式。

部分。人性的这些"自然秩序"成分，使人类社会能处于自然秩序的状态。

社会管理体制还包括了社会服务体制。广义的社会服务（social service）包括生活福利性服务、生产性服务和社会性服务（为整个社会正常运行与发展的服务，包括公用事业、文教卫生事业、社会志愿者等）。"社会服务"始于1884年英国伦敦成立的"托因比服务所"（该所在伦敦城内教育条件极差的地区开展社会服务活动）。1886年，美国纽约市东低坡建立"邻里协会"；1889年后，在芝加哥西区成立了赫尔大厦服务社。此后，社会服务迅速传到西欧大部分国家以及东南亚、日本。1922年，在伦敦首次举行了国际社会服务工作会议。1926年国际服务所及邻里服务中心联合会成立。第二次世界大战后，西方发达国家第三产业迅速发展，对其经济、社会生活产生深刻影响。狭义的社会服务，还应包括市民教育培训机制、人员流动机制、社区服务机制、居民自治机制和公众参与机制等内容。

在层级上，社会管理体制有着社会宏观管理体制和社会微观管理体制（基层管理体制）的不同类型。社会宏观管理一般涉及社会公共政策、社会宏观调控的管理。社会微观管理是最低一级的国家政权机关直接管理或与群众自治组织相结合共同管理公共事务的社会活动。

从历史经验看，中国自秦至清的历代封建王朝，都把县级以下的乡政权作为基层政权组织。王朝的政权机构委派乡级小吏负责课税、徭役、社会治安等基层政务，在乡以下建立严密的、多层次的群众自治组织体系，以辅助乡政权进行基层社会管理。秦代设亭、里，唐代设里、村、保。元代规定"社"为掌理地方自治事务的自治组织，与办理基层政务的"里"分开。明代在基层政权组织之下，出现了职能单一的民间自治团体（教化组织、救济组织、祭祀组织），负责管理基层社会生活中某一方面的公共事务。这些组织主要负责办学校、设交仓、兴水利、植树木、垦荒地、倡副业、调解民事纠纷等民间事务，同时协助办理乡政，由官府指定乡民（多为地方豪绅）总管。

中国基层自治制度，是当前中国现代化政治发展的重要特点之一。它最主要的构成，是民族区域自治制度和基层群众自治制度。① 根据宪法，基层群众自治制度，是基层群众在所居住的区域内依法直接行使民主权利，进行自我管理、自我教育、自我服务的制度。主要有三个方面：一是农村社区的村民自治制度；二是城市社区的居民自治制度；三是以职工代表大会为基本形式的企事业单位民主管理制度。它的组织形式是：农村村民委员会、城市居民委员会和业主委员会、企业职工代表大会。

世界范围的社会管理体制在类型上表现为"社会自主型""政府主导型"和"政府-社会互助型"三种基本形态。以美国为代表的政社分离的社会管理模式②，是第一种类型；以日本、新加坡为代表的政府主导型社会管理模式③，是第二种类型；以我国香港特别行政区为代表的半行政半自治型的社会管理模式④，是第三种类型。

政府主导型的社会管理体制，是政府统管社会，大包大揽社会事务的体制，是一种高成本型的社会管理体制。上海社会管理体制总体上亦属"政府主导型"体制。社会自主型的社会管理体制，是社会力量管理社会的体制。西方很多发达国家基本都采用此种类型，属于一种低成本型的社会管理体制。"政府-社会互助型"是一

---

① 基层群众自治制度，在十七大报告中，首次被列为与人民代表大会制度、中国共产党领导的多党合作和政治协商制度、民族区域自治制度一起的中国特色的政治制度的范畴。
② 特点是政府通过政策调节、法律制定和财政支持来实现对社会的宏观管理，具体的社会服务项目则由非政府组织承担和实施。
③ 特点是政府通过制定发展规划以及对社会组织的物质支持和行为指导，把握社会方向，体现政府的意志和倡导的社会价值观，社会公共设施和日常经费一般由政府承担。
④ 特点是既有政府资助官办的行政性社会组织，又有官民合办即政府资助、民间主办的半行政性社会组织，还有由政府主导和策划、以自治为主、行政为辅的一系列居民组织。

种平衡性的社会管理体制，它是"适度行政成本型"的社会管理体制。"政府-社会互助型"管理体制，应是超大型城市社会管理体制创新的取向。

三、社会体制创新面临八个"跨栏"

上海城市治理在全国处于前列，但社会发育不足是老问题。行政力量强大，社会发育客观上有所抑制。又由于城市体量过大，秩序的要求、管控的需求客观上增强，也成为抑制城市社会性的缘由。但改革开放以来城市社会组织形态已发生全面转型，上海社会组织形态、社会阶层结构也发生重大变化。城市化进程突飞猛进，旧体制迅速解体。随着上海产业结构升级优化，社会结构的中间阶层比例扩大，产业工人和农业劳动者比例下降。国有单位从业群体下降，国企原来承担的大量社会职能弱化，新经济组织、新社会组织迅速成长。城市传统社会阶层结构发生重大分化，形成了现代化社会阶层结构的基本形态。这种变化，要求变革原有的社会体制和社会管理体制。上海社会体制创新，需要有八个"跨栏动作"，即解决和跨越八个方面的问题。

（1）社会建设投入滞后于经济增长。近年上海社会体制建设投入虽大幅度增加，但所占公共财政比重与社会体制创新面临的缺口和经济增长不成比例。社会发展与社会公共服务滞后于经济市场化和国际化进程。在"两级政府、三级管理"体制下公共财力不平衡，影响基本公共服务均等化。街道（乡镇）招商引资取消后，社会体制创新财力保障问题可能更为突出。

在经济学原理中，投资是将一定的资金或资源投入某项事业，以期未来获得收益或效用的活动。OECD（Organization for Economic Co-operation and Development，经济合作与发展组织）国家政府在公共卫生领域投入占其卫生总投入的70%以上。美国联邦政府社会事业项目几乎占去了其政府财政开支的60%。如果上海财政支出大部分还是用于生产性投资,而不是社会服务型支出,那就算不上是"公共服务型"政府。应调整财政收支结构,把更多财政资金投向公共服务领域,加大在教育、卫生、文化、就业再就业服务、社会保障、生态环境、公共基础设施、社会治安等方面投入。

(2) 体制创新内生动力不足。在社会建设和社会体制创新领域作为少,与上海作为先行先试地区、改革开放排头兵地位不相称。向全国提供社会体制创新经验,对上海来说责无旁贷。上海重视社会建设是个传统,隔几年会搞大调研,并推出相关文件。如 2014 年大调研和形成的"1+6"配套文件,再如 2008—2009 年市委确定的 17 个课题中,有 7 个涉及社会建设。但是社会体制创新强度弱,在实际工作中被"挤兑"被弱化普遍。没有真正意义上的体制创新,"社会建设"时常成为行政行为的另一种方式,对于城市的社会性没有真正提升。

(3) 对发育社会领域心存疑虑。从上海超大型城市治理现实要求和"卓越的全球城市"战略目标看,要像大力解放生产力一样,大力解放"社会力"。但实际上普遍存在对加快社会领域发育的种种担忧,生怕社会领域迅速发育发展会带来"不稳定"。政府部门制定的关于社会组织的法律、法规、条例、规章,大多数出于抑制性考虑,很少有鼓励性条款。而对社会组织的管理多为管控性监管,很多"社会组织"如许多行业协会等只是政府部门的附庸和延伸。其实这是一种面对社会领域新发展的"本领恐慌"。

(4) 以社会管理代替社会体制创新。将社会管理等同于社会治理,等同于社会建设。一些干部对于什么是社会体制、社会体制建设该做哪些事,并不都清楚。对于社会体制建设的内容、方式、属性、方法、要求和目标方位等,以及如何培育和发展社会领域、需要提供哪些政策框架,缺乏清晰的意识和精准的把握。由此"一管代百治",简单将社会管理替代社会体制建设,引发无视社会体制建设内在规律、忽视社会体制特性、简单强化自上而下的行政管理、削弱基层和社会的主体性等诸多问题。

(5) 基层体制结构有待理顺。上海"单位制"解构至今,基层尚未真正找到一种高效率的体制方式来承担留出的空间,未能形成真正合乎超大型城市升级卓越的全球城市所相应的基层治理结构。1949年以来,上海街道体制几经变革,中间曾采用弱性的社区体制建构,但目前基本已全面回归行政性强健的街道体制。街道与社区合一,但两者在性质、治理方式等方面,社区作为"柔性"生活共同体与街道作为"刚性"的行政组织之间,客观上存在体制矛盾。实际上是全面回归行政管控,街道的"社区性"孱弱。再如居委会主导业委会的体制方式、法律关系不明。居委会自身则也存在"自治"性质与繁重的行政事务之间的体制矛盾。由于行政事务过多,除在编人员外,大量聘用临时人员组建各种"协管员"。全市街道和居委会管理和服务类协管人员已达26万人,在编社工1万多人,每个街道约700—800人左右,成为城市治理中有待突破的体制性难题。

(6) 行业协会行政化加剧。能参与城市治理、担当公共事务的功能型社会组织严重"缺位"。由于对行政力量过多依赖,上海行业协会等第三部门多具有"二政府"性质,是一种典型的"政府型组织",违背行业组织属性,导致社会资本(或第三次分配)开发利用不足,社会运行成本增大。如文化市场中上海缺少擅长"产业化"和市场化的机构。上海有演出公司、对外文化交流公司、演艺公司、大剧院演出中心等中介,除了中介总量不足、机构规模小(资产50万元以下经营实体占相当比例)之外,都有浓厚的政府色彩。上海早在2004年就建立了文化娱乐行业协会、演出行业协会、音像行业协会、音像制品分销行业协会、互联网行业协会等,但普遍缺乏资质,没有作为。①

(7) 社会治理专业化偏低。首先是专业化社会工作者总量不足。美国有67万专业社会工作者,占人口比例为2%。按此比例,我国

---

① 关于社会组织参与城市治理的分析,请参见第8章的分析。

需要社会工作者260万人，上海远低于这一比例。我国高校每年培训的社会工作人员约4万人，专业人员社会需求与实际现状的落差突出。其次，社会领域从业人员专业性不强。如上海第三部门从业人员中40%是退休和离职人员，本科学历以上仅占34%。松江救助站一年救助500多人，工作人员只有8人，只有1人受过专业培训。党政干部队伍中经济型、党务型占大多数，真正熟悉和懂得社会领域的干部少。在各种干部培训中，很少有真正专业上的培训课程，党政干部大都"凭直觉"开展各种工作。这在相当程度上制约了上海社会体制建设的深度推进。

（8）社会体制探索缺乏理论支撑。在发达国家社会理论蔚为大观，各种理论影响深远。[①] 我国真正意义上的社会理论研究滞后。近年来社会理论研究有长足发展，但"我注六经、六经注我"多，不管用、不顶用、隔靴搔痒的成果多，深度研究少。我国《中国大百科全书·社会学卷》中甚至没有"社会体制""社会体系"等条目。在"社会管理"条目中也没有对于社会体制方面的任何阐述。此外在社会理论研究中，对于社会体制的内容、本质、特征，对社会体制改革的政策选择、制度安排、专业培训等方面，理论供给不够，支撑乏力。另外，政府系统对于采纳社会研究理论成果的自觉性不够。这种状况，构成对社会治理创新的障碍。

四、社会体制创新分层战略

1. 社会运行体制层面

主要目标：建立"政府-社会"平衡型的新型社会运行体制。这

---

① 发达国家社会体制建设方面最具影响力的理论是社会秩序理论、福利国家理论、第三条道路理论等。20世纪90年代以来，发达国家社会政策的重点发生转移，社会政策基点是围绕着国家、社会、社区、家庭、个人在福利中的地位和作用展开。20世纪末叶后，西方出现了大量社会建设方面的文献，但基本上没超越上述几种理论的框架。由于国情和基本政治制度的差异，西方对社会体制建设的研究及理论只能作为参考，应发展适应中国国情的社会理论。

是上海社会体制创新的必然选择。加强社会领域发育，健全社会结构，才能降低社会运行的行政成本。一个合理的社会结构，必须形成"政府-社会"的复合结构。政府力量覆盖一切，包揽一切社会事务，行政力量包打天下，不是一个合理社会的标志。

按照世界各国的经验和我国对于社会问题的有关分类，社会运行体制主要包括了劳动就业体制、收入分配体制、国民教育体制、医疗卫生体制。广义的社会运行体制，还包括社会保障体制、社区运行体制、社会文化体制、社会管理体制等内容。

在这些领域的运行中，政府和社会应分担各自应有的角色，使社会公共治理处于均衡的稳定状态。要从社会结构上大力拓展社会空间、发育社会领域，增强社会的主体性，减少社会运行对于行政力量和行政成本的依赖，改变现在社会运行的高成本、低绩效状态。

2. 社会组织体制层面

主要目标：强化社会组织的公共治理参与功能，建构多元分散的社会压力、社会风险排解机制。考察一个城市社会组织状态，不仅以数量考量，更以其参与社会治理的功能和绩效来衡量。现阶段上海还处在一种"弱组织"城市形态中。一是各类社团数量虽然不断增长，但其性质和形态只是"团队"特征（如健身、娱乐等），难以归入第三部门范畴，很少进入公共服务领域，参与社会治理作用微弱。二是由于注册门槛高，"无身份"社会组织增多。三是一些"正式"社会组织（或"体制内"社会组织）如工青妇、行业协会、学会、联合会等行政化加剧，行业组织"二政府"现象久治不愈。四是在对社会组织管理上业务主管部门对"挂靠"组织全面干预，其班子构成、人事管理、财务运作、外事活动无不受严格约束，严重抑制其独立性、成长、自治性。体制创新须立足：①尊重和还原种类社会组织的属性，增强自主性。工青妇、社联、科协等人民团体应按照各自章程的功能定位，还原作为"纽带桥梁"和群众组织的本来面目，纠正"党政部门"取向的错位。②明确社会组织参与城市治理的权利义务，鼓励引导社会组织参与城市治理。提升参与功能，拓展参与空间，构建多元化的社会压力分散机制。③凡是能购买的服务尽可能以市场方式购买。建立"权随责走、费随事转"的机制，将政府向社会组织购买服务的经费列入各级政府的财政预算和各级机关的部门预算。各级政府和各职能部门每年用于购买社会组织服务的专项经费按一定的比例递增。④大力整治行业组织"二政府"现象，坚决杜绝领导干部在行业组织中变相行使权力。⑤改革社会组织找"婆家"挂靠的做法，改革登记制度，让社会组织注册更简易。⑥改革对社会组织的家长制管理体制，向官僚制管理体制转型。

3. 社会保障体制层面

目标：营建"三位一体"投资结构，强化对城市弱势群体的保障救助。世界各国社会保障体系涵盖了社会保险、社会救助、社会福利这些内容。社会保险是对未来风险的预防；社会救助是对现实贫困的救济；社会福利提供的则是福利设施和社会服务。

2017年上海1 548.22万人（包括离退休人员）参加城镇职工基本养老保险，78.83万人参加城乡居民基本养老保险。最低生活保障标准从2016年每人每月880元提高到970元（增长10.2%）。月最低工资标准从2 190元提高到2 300元，小时最低工资标准从19元提高到20元。2017年上海有1 496.78万人（包括离退休人员）参加职工基本医疗保险，344.63万人参加城乡居民基本医疗保险。①

上海社会保障体制在已有基础上要进一步完善：①设计一个能够对各级财政支付能力进行如实评估的指标体系，实事求是合理分担，以多种方式筹措社会保障资金，建立市、区和个人三位一体投

---

① 《上海市2017年国民经济和社会发展统计公报》（2018年3月8日），中国统计信息网，http://www.tjcn.org/tjgb/09sh/35333_ 4.html,最后浏览日期：2021年2月24日。

资结构，推进郊区社会保障制度向深层次发展。②改革完善"低保"制度。上海在全国率先建立"低保"制度，以后出台的大病重病医疗救助、教育救助和住房救助等都以"低保"入线，对于家庭人均收入略高于"低保"家庭则无法得其救助。后来提出了"低保收入家庭"概念，不以"低保"为标准线，但低保切线刚性仍过强。在社会保障体系比较完善的国家，各项目保障的目标人群明确，保障责任平行发展。一些发达国家最低收入社会救助是同较完善的国民年金制度、社会救助体系和社会福利体系（如住房、医疗、教育救助，老年人福利、残疾人福利、儿童津贴等）同步发展，最低收入社会救助在其他社会保障项目发挥作用前提下实现拾遗补阙，相得益彰。③加大对低收入、无收入群体救助力度。上海低收入和无收入弱势群体主要有以下几类：一是下岗失业或无业人员构成的贫困阶层。20世纪90年代以来在产业结构调整中分流了98.5万人，约77万家庭有失业人员。二是有特殊困难的老年群体19 000多户（其中隔代扶养12 000多户，老养残家庭7 000多户，其子女为弱智或身体残疾）。三是残疾人群体约52.1万人。四是失地农民约70万，外来民工及家属约450万。要动员社会力量参与扶贫助贫，缓解压力，促进社会稳定。

4. 社区构成体制层面

目标：简约社区管理，遏制行政化态势，强化社区的社会性、自主性、个性化自我管理性。上海是全国最早进行社区探索的地区之一，20世纪80年代开始了社区建设，并形成了影响甚大的"上海模式"。但上海社区行政化营运方式突出，构成新的体制性障碍。考察社区运行体制完善与否，不看行政力量如何管理有效，而看其自治能力的强弱。在世界各国，社区都是非行政化的自主模式，政府主要负责提供政策和有关经费支持。如美国的社区是一种完全没有行政概念的居民自治形式。加拿大联邦政府和省政府的职能是制定社区发展政策和法规，还根据各市社区发展计划和社区项目提供相应经费。联邦政府主要负责退休金、老年保障金、暂时性的失业救济金和就业培训等，省政府负责长期失业者的基本费用、医疗服务、安置移民教育培训并通过发行彩票为非营利机构筹款。各城市政府都为社区提供基础综合服务。政府行政力量包揽社区事务，只会削弱社区的内在生命力。

基层民主是我国民主政治的逻辑起点。居委会作为基层群众自治组织，进行直接选举，是"题中应有之义"，不会产生任何政治风险。推行居委会直选是提升公信力、向心力的有效途径。在给基层减负方面，要少开会、少评比、少考核。引导居委会以"居民满意度"为导向贴近居民实际需求开展工作。

上海社区整齐划一带来很多管理"方便"，但使社区出现特色危机和个性危机。趋同化是上海社区一个可悲的文化走向。要解决社区个性与"统一"之间的体制矛盾。行政化的刚性管理和缺乏对"社区成长"的耐心、对社区"柔性"特质的尊重，是基层社会治理特色匮乏的一个重要成因。要弱化"统一管理"，推行个性化管理模式。解决好社区"内质"和文化缺失问题，凸现社区个性和文化特色。

5. 社会管理体制层面

目标：形成"党委领导、政府负责、社会协同、公众参与"的社会管理高效体制，其中每一方都发挥作用。社会管理体制既包括政府社会管理，又包括社会自我管理。政府对社会的管理，是政府为增进公共利益，通过整合社会资源，动员社会力量，依法对社会组织、社会事务和社会生活进行规范和管理；社会的自我管理，是公民依据一定的法律法规进行自我管理的行为。把社会管理体制仅仅视作是政府管理社会的体制，是片面的。

最好的社会管理不是政府包打天下的管理，而是社会多方参与的管理。动员和鼓励社会各方参与社会事业，一方面可弥补政府公共财政供给不足，另一方面可满足多元化的需求。激发社会各方参与社会事业，将其纳入本市整体的战略规划之中。在就业、教育、文化、体育、卫生、环保、社保、社会救助等方面形成多元化、全方位服务。

城乡二元结构是一种经济结构，更是一种社会结构。由于城乡二元结构，不少郊区居民得不到集体和社会的帮助，无法从根本上缩小与城镇居民在社会保障方面的差距（现在郊区贫困人口还没有真正制度化的最低生活的保障，面向老年人、残疾人、妇女儿童的社会福利尤显欠缺），进而导致社会体制上的城乡分离，加大行政运行的损耗。把市场经济和社会建设带来的公民权利、社会权利和参与权利从中心城市居民扩展到郊区农民，是真正改变社会面貌的伟大事业。上海应进一步改革城乡管理体制，打通城乡二元分隔，实现城乡融合。

政府要分类指导，有所为，有所不为。要从众多第三部门具体事务中退出，通过税收及法规等方式实现对第三部门财务监管。尤其不能在社会领域与民争利。同时将公共服务绩效、社会发展指标体系纳入对各级政府的考核。

第 7 章
社会组织能力分析：
政策、体制的视角

现代社会，人类的经济、政治和社会需要，大部分是通过社会组织来满足的。人们无论从生理上还是智力上都无法以个人的形式满足自己的需要，只能以群体的形式来加强满足需要的能力。建立在社会分工基础上的专业化组织，将具有不同能力的人聚合在一起，以特定的目标和明确的规范协调人的活动的能力，从而更有效地满足人们的多种需要。

另外，现代治理是一种参与型治理，是"公共-私人行为共同合作"。① 社会组织作为市场部门和政府部门之外的第三部门，是第三次分配的具体组织实施者。不仅可以缓和第一次分配的收入差距，弥补第二次分配的不足，还可以提升第三产业内涵，为第三产业发展注入活力，并且可以为经济可持续发展提供社会道德资本。社会组织是分解城市治理风险的前沿地带。大小不同、功能各异的社会组织，构成了现代社会基础。中共十八大报告谈到社会组织时，要求"加快形成政社分开、权责明确、依法自治的现代社会组织体制"。② 一个城市只有具有宽阔的社会地带，才是一座品性健全的"城市社会"。

一、上海社会组织基本状况

上海是社会组织能力建设最好的城市之一。改革开放以来，社会组织建设一直是上海市委市政府用力抓的一条工作主线。每隔几年，会根据新形势新情况，推出社会建设的新举措，这已经形成一种地方性传统。2014 年习近平总书记参加两会上海代表团审议时提出："社会治理的核心是人，重心在城乡社区，关键是体制创新，要更加注重系统治理、依法治理、综合治理、源头治理，希望上海努

---

① 周弘、[德]贝娅特·科勒-科赫主编《欧盟治理模式》，社会科学文献出版社 2008 年版，第 77 页。
② 胡锦涛：《坚定不移沿着中国特色社会主义道路前进 为全面建成小康社会而奋斗——在中国共产党第十八次全国代表大会上的报告》（2012 年 11 月 8 日），第七部分"在改善民生和创新管理中加强社会建设"。

力走出一条符合特大城市特点和规律的社会治理新路子。"2014年市委一号课题"创新社会治理、加强基层建设"历时一年,形成了旨在推进社会治理创新的"1+6"文件。

2015—2018年上海每年召开工作推进会,落实"1+6"文件实施。2017年上海第十一次党代会提出推进"符合超大城市特点和规律的社会治理体系更加完善"的目标,并提出"加大政府购买公共服务力度,鼓励、支持、培育社会组织发展"的要求,对包括推进社会组织能力建设在内的城市社会建设作出战略布局。

上海在"十二五"期间社会组织开始有较快增长,社会组织规模扩大(见图7-1)。"十二五"末全市登记社会组织13 352个,年均增长6.1%,平均每万名户籍人口拥有社会组织数达到9.3个,平均每万名常住人口拥有社会组织数达到5.5个(其中社会团体4 003个、民办非企业单位9 082个、基金会270个,分别增长12.5%、45.9%、134.8%)。上海全市社会组织从业人员规模从16万人扩大到28万人(专职人员超过22万),专职化程度从69.0%提高到79.9%。社会组织净资产、年度总收入、总支出,均从"十一五"末的200亿元规模,增至超过370亿元规模。进入"十三五"后社会组织继续稳步增长,截至2017年6月底,经上海民政部门注册登记的社会组织共有14 568家。其中社会团体4 017家,民办非企业单位10 162家,

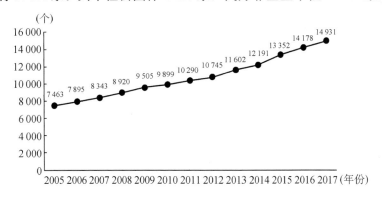

图7-1　2005—2017年上海社会组织数量变化,根据相关资料绘制

基金会 389 家。

社会组织在众多领域发挥着积极作用，成为提供公共服务的重要力量。上海全市 678 家公益性民办非企业单位提供残疾人服务、为老助老服务、技能培训、慈善救助、社区服务等，满足了多元化、个性化服务需求，如名气很大的静安区"柏万青工作室"、长宁区"李琴工作室"等积极调解居民矛盾，维护社区和谐。上海市自强社会服务总社、上海社会帮教志愿者协会、阳光社区青少年事务中心等，帮助"两劳"释放人员回归社会正常生活，协助开展禁毒活动、帮教问题青少年。这些社会组织都显示了很大的社会参与的能量。各区县向这些机构购买的公共服务接近 4 亿元。上海公布了《上海市承接政府购买服务社会组织推荐目录》，列有区划名称、单位类型、社会组织名称，几百个社会组织列入其中。上海全市社会组织每年开展的公益活动项目从"十一五"末的 1.3 万个，增加到"十二五"末的 3.8 万个；社会组织接受福彩公益金资助 5 亿元，承接公益服务项目和创投项目共 1 420 个。

在参政议政方面，上海全市至少有 700 多名社会组织人员担任了市、区党代表，人大代表，政协委员，初步形成社会组织代表参与机制。在服务经济发展方面，近年一批新兴社会组织应运而生，如亚太地区教育质量保障组织（APQN）上海总部、上海纽约大学等一批服务上海"五个中心"和城市现代化建设的涉外社会组织相继成立。

从 2014 年 4 月开始上海实行行业协会商会类、科技类、公益慈善类、城乡社区服务类等社会组织"直接登记制度"，社会组织直接登记数量增长。如从 2014 年 4 月至 2015 年年底上海全市新成立社会组织 2 030 家（直接登记数 1 464 家，占比为 72.1%），其中社会服务类组织增长最快（同比增长 16.2%，其中社会服务类民办非企业同比增长 17.4%、社会服务类基金会同比增长 71.2%）。2016 年新增的社会服务类社会组织占总增量的 40% 以上（见表 7-1）。

表 7-1　2016 年上海新增社会组织一览

类别	数量(个)	类别	数量(个)
法律	17	社会服务	478
工商服务业	65	生态环境	11
国际涉外组织	3	体育	106
教育	90	卫生	42
科学研究	42	文化	170
农业及农村发展	6	职业及从业者组织	4
其他	73		

资料来源：根据相关数据绘制。

《社区公共服务需求与社会组织现状》数据显示：上海街镇中服务于老龄的社会组织有 413 家，占比为 24%。2017 年上海全市民政部门共有各类提供住宿的收养性社会服务机构 781 个，床位 14.41 万张。其中养老机构 703 家，床位 13.83 万张。而在全市养老机构中，由社会投资开办的有 363 家，床位 7 万张。[①]

2015 年 12 月民政部授予全国 298 个社会团体、民办非企业单位和基金会"全国先进社会组织"称号，上海软件行业协会等 5 家社会组织获此殊荣。全市涌现一批社会组织先进典型，2016 年 204 个社会组织获评第二届"上海市先进社会组织"，26 个社会组织、49 名社会组织从业人员获得省部级以上荣誉称号。

在克服"行政化"、与行政机关脱钩方面，2017 年 4 月上海探索在全市社会福利行业协会推行与行政机关脱钩。按照《上海市行业协会商会与行政机关脱钩第一批试点总体方案》，实施"五规范、五分离"，原来在协会理事会中担任职务的党政领导干部全部退出，

---

① 上海统计局：《2017 年上海市国民经济和社会发展统计公报》，2018 年 3 月 8 日。

党组织挂靠市社会工作党委。参与协会的 195 家会员单位实现了行业协会政社分开、自主办会。这样提升了行业资源整合能力和服务好会员单位的能力,从一个方面反映出上海社会组织在克服"行政化"方面取得的成果。

但另一方面正如其他城市一样,上海社会组织体系存在的问题比较突出,这与我国长期的管控模式有关。我国政府主导管控模式主要基于三种方式:一是社会组织的登记和管理制度。社会组织登记注册须"挂靠"于核定编制的正式机关,主管部门对该组织负有政治责任;二是较大的社会组织如较大的福利院都由政府创办,尽管从形式上脱离了政府部门,但创办者依然是这些社会组织的"婆婆";三是尽管中央三令五申党政领导干部不得在第三部门任职,但事实上许多领导干部从职位上退下来后就去担任各种社会组织的领导。很多社会组织经费由政府拨款,经济上完全依赖政府。

评估一个超大型城市社会组织的阵容和能力,有两个重要指标:一是与国际社会相比;一是社会组织参与城市治理的深广度。

与国际社会相比,从每万人拥有社会组织的数量看,发达国家一般超过 50 个(如法国 110 个、日本 97 个),发展中国家平均 10 个。至 2015 年我国每万人拥有社会组织仅 4.8 个,上海为 9.3 个[①](2020 年目标为 11 个),上海中心城区社会组织密集度最高的是静安区,但每万人拥有的社会组织仅 14 个。上海社会组织数量、规模、吸纳就业人数与纽约、东京等世界城市相比,更存在较大差距。虽然社会组织的人均拥有量并不全部反映一个城市的社会性状况,但总体上可以反映出一个城市社会组织体系的质量状况(见图 7-2、表 7-2)。

---

① 资料来源:根据《2015 年国民经济和社会发展统计公报》数据计算得出。

第7章 社会组织能力分析：政策、体制的视角

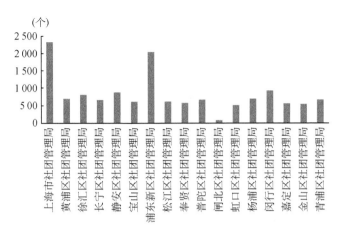

图 7-2　上海市各社团管理局登记在案的社会组织数

资料来源：上海市社会组织网（截至 2017 年 3 月底）。

表 7-2　上海市各区所登记的社会组织数

行政区	数量(个)	平均每万名常住人口拥有社会组织数(个)	行政区	数量(个)	平均每万名常住人口拥有社会组织数(个)
黄浦区	641	9.7	普陀区	531	4.1
徐汇区	738	6.8	崇明区	433	6.2
长宁区	596	8.6	虹口区	475	5.9
静安区	872	8.1	杨浦区	646	4.9
宝山区	554	2.7	闵行区	839	3.3
浦东新区	1 872	3.4	嘉定区	512	3.3
松江区	567	3.2	金山区	488	6.1
奉贤区	505	4.4	青浦区	542	4.5

资料来源：根据上海社会组织网发布的社团登记机关信息计算得出，以《上海统计年鉴》2015 年年末常住人口测算。

199

"国际化"是超大型城市社会组织的走向。现实情况是上海社会组织中涉外机构比例相当低。现今国内有1 000家社会组织加入了国际组织,但这当中真正能在境外开展活动、产生影响的很少。参与国际交流的社会组织相对多一些,但质量方面目前尚难判定。

社会组织参与城市治理方面,上海社会组织阵容中行业协会、商会居多,公益性、服务性社会组织少,治理型、功能型、参与型组织缺乏。在街道社区中,社会组织多为娱乐性团队,真正能适应市场经济发展需求、能参与城市实际治理的社会组织缺乏。即便是参与率较高的社会组织,也存在能力相对不足的问题。从社会组织分布看,上海社会组织的"核心圈"多在社会服务、初级教育等领域,并延伸到文化、劳动、科技等领域(见图7-3)。

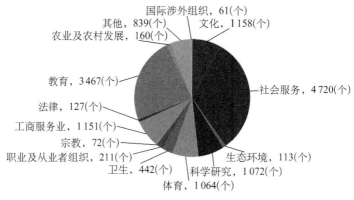

图7-3 上海社会组织分类

资料来源:上海社会组织网(截至2017年3月末)。

行业协会中,相当一批行业协会处于萎缩状态,甚至存在大量"僵尸性"组织。有的行业协会的代表性弱,对业内覆盖率不到一半甚至更低。上海社会组织的数量、质量以及参与城市治理的状况,与上海日新月异的发展需求和"卓越的全球城市"的发展目标不相适应。

二、社会组织功能类型分析

上海城市"社会性"（sociality）不足，很大程度上在于社会组织发育不充分，功能性不强，参与城市治理不足。社会组织功能类型也过于单一。需从理念、体制、政策多方面探讨研究。同时为增强工作针对性，应科学地把握社会组织的特点，切合实际地对各类社会组织开展分类指导和管理，提升社会组织参与城市治理的能力。

1. 社会组织形态和类型

社会组织有多种称谓，如非政府组织、非营利组织、公民社会、第三部门或独立部门、志愿者组织、慈善组织、免税组织等。从 2007 年开始我国使用"社会组织"取代"民间组织"概念。

在组织结构上，上海社会组织呈现"直线型""职能型""网络型"等不同类型。①"直线型"社会组织结构是"直线式"的等级序列，下一层级受上级领导，上下属关系简单而直接，在规模不大的组织体系中居多；②"职能型"社会组织是在较大体系内把职能内容划分为若干个职能部门，相关职位和部门科学组合，具有分工负责的特点；③"网络型"社会组织具有纵横交错的立体组织架构，既有"统一的"组织目标，又有"分散的"独立目标。这类社会组织超越了"直线型""职能型"社会组织在信息沟通、协调运行上的某些局限性。

从营利和是否具有竞争性来看，上海社会组织呈现竞争性营利组织、竞争性非营利组织、独占性营利组织、独占性非营利组织等不同类型。①竞争性营利组织包括了生产型组织、商业组织、服务型组织等社团。它们处于市场竞争中，一方面要主动适应市场、争取公众和社会的支持；另一方面其营利性诉求突出。②竞争性非营利组织包括各类专业学术团体等类型（如上海市社联）。非营利机构的性质，体现在其创办目的是为社会服务，不允许向成立、控制或资助它的机构提供收入、利润或其他财务收益。③独占性营利组织的产品或社会服务具有独占性。这类组织较易产生违背社会公益的行为。④独占性非营利性组织（如工青妇组织等），具有突出的科层性质，并缺乏竞争性，公关意识也相对滞后。

我国一般将社会组织分为三类，即社会团体、基金会和民办非企业单位。但从上海超大型城市特点出发，在界定社会组织性质上，可分为社会团体、基金会、民办非企业单位、中介组织、社区活动团队五类。①"社会团体"，按照《社会团体登记管理条例》，指由公民自愿组成，按章程开展活动的非营利性社会组织，包括学术性社团、行业性社团、专业性社团和联合性社团①；②"基金会"，按照《基金会管理条例》，指利用自然人、法人或者其他组织捐赠的财产，以从事社会公益事业为目的，依法成立的非营利性法人，属民间组织。其公益性主要表现在不为特定的自然人、法人和其他组织获利，而强调社会公众广泛受益。② ③"民办非企业"，按照《民办非企业单位登记管理暂行条例》，指由企业事业单位、社会团体和其他社会力量或公民个人以非国有资产举办的、从事非营利社会活动的社会组织。按所属行业，可划分为教育事业类③、卫生事业类④、文化事业类⑤、科技事业类⑥、体育事业类⑦、劳动事业类⑧、民政事业类等。⑨ ④"社会中介组织"，是指在市场经济活动

---

① 不包括工会、共青团、妇联、残联、工商联、中国红十字会、中国福利会、中国保护儿童委员会、社联、文联、科协、宗教团体等。
② 基金会分为面向公众募捐的基金会（公募基金会）和不面向公众募捐的基金会（非公募基金会）。公募基金会按照募捐的地域范围，分为全国性公募基金会和地方性公募基金会。
③ 如民办幼儿园、民办小学、中学、学校、学院，民办专修（进修）学院或学校，民办培训（补习）学校或中心等。
④ 如民办门诊部（所）、医院，民办康复、保健、卫生、疗养院（所）等。
⑤ 如民办艺术表演团体、文化馆（活动中心）、图书馆（室）、博物馆（院）、美术馆、画院、名人纪念馆、收藏馆、艺术研究院（所）等。
⑥ 如民办科研院（所）、研究中心等。
⑦ 如民办体育场、馆、中心、俱乐部等。
⑧ 劳动和社会保障事业，如民办职业培训学校或中心等。
⑨ 如民办福利院、敬老院、托老所、老年公寓，民办社区服务中心（站）等。

中，以独立第三方身份受托而为，起桥梁或中间联系作用，运用专业技术开展智力性服务的机构。也可称"市场中介组织""市场中介机构"，它是沟通政府、社会、企业、个人之间的桥梁和纽带。社会中介组织有商务咨询类①、社会公益类②、鉴证监督类③、准司法类④、准行政类⑤等不同类型。⑤"社区活动团队"，是指以社区群众为主，因文化知识、兴趣爱好、强身健体等需求自发建立起来的，未经社团管理部门正式登记但在街道社区有备案的群众性社团。

2. 不同属性参与方位分析

从近年上海城市治理实践和社会组织实际状况看，社会组织在参与城市治理上又呈现为不同的类型。

（1）纯市场组织。即产生于市场，面对市场运行，承担市场功能，以营利为目标的社会组织。如前述，这些市场组织有商务咨询类、社会公益类、鉴证监督类、准司法类、准行政类等，在市场中以独立第三方身份受托，以专业技术开展智力性服务。这类社会组织客观上虽能承担一部分城市治理功能，但总体上属于以市场化营利为导向。主观上参与城市治理功能有限。

（2）学术性组织。是指主要由专家学者和科研人员组成的各类学会、协会、研究会等。这当中，行业性社团如联合会、商会、促进会等，是指主要由相应领域的各同、近专业组成的组织。专业性社团，是指主要由专业组织和专业人员组成的各类组织等（如上海

---

① 商务咨询类包括投资咨询、项目代理公司、顾问有限公司、信息咨询公司等。
② 社会公益类包括人才市场、人才交流中心、劳动就业指导中心、职介所、婚姻介绍所、各类帮困中心等。
③ 鉴证监督类包括律师事务所、会计师事务所、审计师事务所、价格认证中心，医疗事故鉴定、法医鉴定等机构，资产、房地产和土地评估机构等。
④ 准司法类包括各类仲裁委员会和公证机构等。
⑤ 准行政类包括公共客运、文化市场、陆上运输、工程质量、工程监理、物价等管理机构。

市领导学会、上海市政治学会)。现阶段上海城市治理中,能发挥参与城市治理、起到参政作用的,多为一些学术团体如上海市社联、政治学会、法学会等。特别是在中央提出"建设新型智库"后,上海众多学术团体朝"智库"建设靠近,在参政资政方面表现出一定的能力。上海市社会科学界联合会所管理的学会已发展到160多个、民办社会科学研究机构17个。① 在组织协调学术研究活动、开展国内外学术交流、开展社会科学咨询、宣传普及社会科学知识和科研成果等方面,发挥着较好作用。但当应看到,真正参与城市治理、发挥资政功能的多为学者个体行为而非组织行为,机构只起着管理、登记、统计、文宣等作用。距离超大型城市治理体系与治理能力现代化的要求,还有较大距离。

(3) 公益慈善组织。影响大的组织有上海市慈善基金会、上海宋庆龄基金会、上海市老年基金会、上海真爱梦想公益基金会、上海仁德基金会等。② 非营利机构,指创办的目的是为了生产货物和服务,但不允许向成立、控制或资助它的机构提供收入、利润或其他财务收益的法律实体或社会实体。上海社会组织每年开展的公益活动项目,从"十一五"末的1.3万个,增加到"十二五"末的3.8万个。社会组织接受福彩公益金资助5亿元,承接公益服务项目和创投1 420个。上海初期社会公益组织主要从事人道主义救援和救济活动,很多公益组织起源于公益慈善机构。作为非营利性的自主管理社会组织,上海公益慈善组织主要致力于社会公益事业、公开募捐,解决各种社会性问题。与传统慈善组织庞大规模、严密架构不同,近年上海兴起的"微公益",拓展了公民参与公共事务的界面。

---

① 《上海市社联举行第七次代表大会:发挥桥梁纽带和组织协调作用》(2017年4月8日),澎湃新闻,http://www.thepaper.cn/newsDetail_forward_1657857,最后浏览日期:2020年10月22日。

② 从国家层面看,我国综合性的社会公益组织有中国福利彩票公益网、中国公益联盟、公益互助网、世界的爱、爱心慈善联盟、NGO发展交流网、中国在行动、公益组织孵化器、进德公益等。这类社会公益组织对于社会存在的种种问题都有涉及,范围比较广,在上海也有延伸。

由于社会化网络的普及，使志愿者的召集和组织成为可能；淘宝和支付宝提供的便捷的支付渠道，使民众的善意能较快转化为行动的力量。2011年上海公益事业发展基金会曾发起"一个鸡蛋的暴走"的民间募捐行动①，在社会上获得了意想不到的欢迎。

（4）行业性组织。是由同业经济组织以及相关单位自愿组成的非营利性的社团法人，这部分社会组织体量较大。近年上海市标识行业协会、上海市互联网金融行业协会等一批新兴行业、跨部门行业组织等相继诞生。上海全市257家行业协会基本实现国家行业分类标准中门类的全覆盖，服务会员单位近6万家。从上海城市治理现状看，现阶段能承担一部分城市治理功能的社会组织主要是这些行业性组织。但这些组织普遍行政性强、社会性弱。这当中，突出的现象是上海有体量较为庞大的"二政府"组织。这些社会组织"挂靠"于某一政府机构，成为其"下属单位"，看似是某个政府部门的"行业组织"，实际上只是政府部门的延伸，其人事、经费、机构都由其安排，由主管部门说了算，独立性、自主性屡弱。因此政府部门是否将部分职能转移给社会组织，并没有实质上的差别。这样的现象在行业性社会组织中更为常见。政府把一些职能转给行业协会来做，目的是更优更好，但如果行政化严重，政社不分，效果还不如政府部门，那还不如维持现状。

（5）群文组织。即以社区为活动基点、以社区居民为主，由一定文化需求和强身健体需求形成的、在街道社区备案的社会组织。群文组织其实是发展最快的社会组织，上海"十二五"期间全市由街道（乡镇）实施管理的社区群众活动团队达到2.3万个，比"十一五"增长了32.2%。② 随着上海发展，市民文化消费扩张，市区两级群文组织主要通过策划项目，以演出、培训、赛事、研讨、展览等形式，提供戏剧、曲艺、摄影、书法、合唱、舞蹈、美术、乐器

---

① 活动邀请户外爱好者参与50公里"暴走"，如走完50公里，亲朋好友将认捐鸡蛋钱，以让贫困地区的孩子吃上鸡蛋。
② 《上海社会组织发展"十三五"规划》。

等各种活动或培训平台，满足社会需求。2004年全市开始推进社区文化中心建设，现已实现220个街镇全覆盖。从组织功能上看，上海体量宏大的群文组织在活跃社区生活方面发挥了较好作用，但在参与城市深度治理功能上，还有很大的提升空间。

（6）"僵尸性"组织。即"名存实亡"的社会组织。不少社会组织扩充了上海社会组织的体量，但长期不开展活动或活动质量低下，事实上处于瘫痪状态。有些社会组织有其名，无其实，无办公场所或找不到联系人。有些社会组织长期不参加年检或年检不合格。2007年以来上海"僵尸性"社会组织呈现逐年增加态势。2017年度，上海民政部门在对登记注册的14 914家社会组织进行数据核查摸底的基础上，依照法定程序对348家长年未开展活动的"僵尸性"社会组织实施了分类清理处置。从清理处置的类型分类看，社会团体73家、民办非企业单位274家、基金会3家；从清理处置结果看，实施撤销登记行政处罚266家，约谈训诫后社会组织主动办理注销登记72家，社会组织整改后重新纳入日常监管的10家。有效遏制了"僵尸性"社会组织增长势头，但大量"名存实亡"的社会组织仍是个庞大存在。

3. 社会组织能力的共性问题

如前述，一方面社会组织促进了上海经济发展，繁荣了社会事业，在参与城市治理创新等方面发挥了重要作用；另一方面参与上海城市实际治理有限、功能不足，与上海超大型城市治理的客观需求特别是"卓越的全球城市"目标很不适应。政府仍是事实上城市治理的"唯一"主体力量。共性的功能问题，主要有五方面。

（1）自觉融入上海工作主旋律的能力不足。对市委市政府工作大局和工作主线把握不足。

（2）适应社会、适应市场的能力不足。面对市场、服务社会的意识不强，缺乏自我调整变革的"敏感度"。一些行政审批权限下放后在中介机构被截留。

(3) 对行政依赖性强，存在"脱钩难、脱钩后更难"的怪圈。很多社会组织特别是行业协会、商会习惯于"为政府服务"和"依赖政府工作"，告别传统模式的动力机制和"存活能力"羸弱。

(4) 自我解决问题的能力不足。内部管理层级低，体制结构、组织属性未完全理顺，难以成为有担当、功能强的社会治理主体。

(5) 提供专业服务的能力不足。尤其是面对日新月异的城市治理需求，专业服务能力不强。承担公共职能的效果、效率缺乏比较优势，"存在感"和存在价值弱化。

这些问题客观上遏制了上海社会组织的发展能级，也遏制了综合参与能力的提升。共性的结构性问题，主要有以下三个方面。

(1) 公共效率低。随着城市发展深入，更多社会组织会承担一定的公共治理职能，但其效果、效率、绩效时常不如政府部门。基于拥有的社会资源、社会组织力、社会影响力等多种原因，大部分社会组织承担的公共职能效率、效果不如政府部门，缺乏"比较优势"。于是"交给社会组织不如政府自办"，成为一种"常态"，也成为一种两难境地。总体上，社会组织承担社会事务相对能做得比较好的，是专业培训之类事务。如 2020 年 5 月中旬，受市食品药品监督管理局委托，市医药质量协会承担了对全市 40 多家中成药、中药饮片生产企业质量负责人、质量受权人、生产负责人、QC（Quality Control，质量控制）主管等 108 人的中成药、中药饮片生产质量管理培训。既有中药饮片常见质量问题、药品生产检查数据可靠性相关缺陷等企业关注的内容，又有色谱系统软件及数据追踪应用、FDA 数据可靠性检查经验分享等理论与实际紧密结合的专业问题。类似这种专业培训等任务，社会组织发挥作用有着很大空间。

但在其他社会事务方面，由于客观上操作条件、专业能力、资源调控、影响力都相对弱，最后慢慢又回归、还原到政府部门中来。这是造成政府职能转变困难、政府部门包揽社会事务过多、行政成本过高的重要原因，也是上海社会组织能力建设要解决的重点之一。

(2)附庸性强。很多社会组织难以独立承担社会职能。很多社会事务转给或委托给社会组织后,社会组织并没成为真正的主体并独立完成,实际操盘的还是政府部门。近年上海家政服务市场标准化体系正基本形成,《家政服务机构管理要求》《家政从业人员基本要求》《家政服务溯源管理规范》三个地方标准将出台。上海市家庭服务业行业协会尝试推进"标准化家庭服务"新模式,并以"家庭服务体验馆"方式向市民展示、"解说",让市民通过"体验"了解标准、感受标准和认知标准,这是社会组织很好的探索,但还是很难真正独立地开展工作,背后是市妇联、市商务委等官方部门的实际操盘。

再如2017年上半年上海开展了为期三个月的"寿仙谷杯"点赞身边好阿姨、好雇主这样一个看似"纯民间"的活动(自2月下旬启动,到5月23日颁奖,历经启动、征集审核、初评、网络投票、组委会集体综合评审等阶段,评出"十佳"好阿姨、好雇主),这个完全可以"民间化"的活动,却充满了官办色彩。上海市妇联、上海市商务委、上海市总工会、上海市现代服务业联合会是实际的操盘角色,上海市现代服务业联合会会长、上海市商务委员会副主任、上海市家庭服务业行业协会会长等领导站台。就是说,没有官方支撑,连这样一个"草根色彩"的活动都难以办成。从中可看到"习惯性机制"的强大和民间主体能力的孱弱。

反映出的问题:一是一些重要社会事务如果没有一定"官方"的参与和站台,社会组织在操作上勉为其难。社会动员力、感召力都弱;二是没有官方支撑(或没有官方身份的相应层级领导加盟、出席),社会各方就觉得"没分量","层次不高",媒体也"不给力"甚至不报道,社会评价和影响力也会相应减弱。

(3)内部结构混乱。很多社会组织在体制结构、人员属性等方面都相当混乱,难以真正成为有担当的社会治理主体。如很多社会组织形式上注册为法人,但实际运行中缺乏治理结构,甚至无确定的办公地点。有的社会组织专职人员比例过低,内部人员结构相当复杂,既有兼职、专职之分,又有在职、退休和人事关系的不同。在体制和制度上也没理顺,缺乏参与城市治理的基本条件。

三、创新、再造与重塑:社会组织更新议程

一个"弱组织社会"型城市,不合乎上海实现社会主义现代化国际大都市和实现"卓越的全球城市"的战略目标。健全、充沛的社会组织建构是现代城市文明的法则之一,丰富、健全、多元的社会形态才能构成城市的"活力"。从根本上说,社会组织发育不充分,社会空间狭隘,城市"社会性"层级低,只是物理上的庞大存在,是一架行政机器而非真正意义上充满内在活力的"城市社会"。要通过规模化体制变革,来推动创新、再造和重塑,为超大型城市社会组织建设发展探寻新路。

1."管控模式"向"发展模式"转型

扶持多元化社会组织发展,是社会参与超大型城市治理的前提。要实现社会组织全面深度参与城市管理治理,首先得拥有一大批多元化、多类型、有能力的社会组织,建构"小政府、大社会"态势,否则城市多元治理是一句空话。由此思想认识上,应对社会组织发展滞后有实事求是的态度。十八届三中全会提出要创新社会治理体制、改进社会治理方式,上海作为我国社会建设和基层治理比较先行的城市,在社会组织参与社会治理方面有一定基础。促进社会组织发展,进一步强化社会组织能力供给、扩展社会组织参与城市治理的渠道,对于上海迈入卓越的全球城市之列具有重要的推动作用(见表7-3)。

上海缺的不是知名度、影响力,不是城市的物理建构和其他技术条件,而是缺乏一个真正意义上的"社会"。上海行政力强健,具有良好城市管控能力,这是好的一面,对推进上海发展功不可没。但随着治理体系与治理能力现代化的提出和推进,政府大包大揽、

行政力量覆盖一切已不可持续。社会发育的滞后和孱弱，引发大量体制性问题：一是行政力无处不在，一旦行政力空缺，城市运行就会失衡甚至瘫痪；二是政府包揽大量社会事务，造成"行政肥大症"，行政成本和行政风险高昂；三是城市性质的行政化，构成对卓越的"全球城市"的巨大障碍；而"大城市、弱社会"更抑制上海更为长远的发展。

表7-3 上海社会组织发展"十三五"规划基本指标

指标名称	现状	2020年目标	指标类型
每万人拥有社会组织数（户籍人口/常住人口）（注：本目标为全市性预期目标，各区预期目标根据区域发展情况自行设定）	9.3个/5.5个	11个/6.5个	预期性
各级社会组织服务中心覆盖率	80%	100%	预期性
政府购买服务收入及政府补助收入占社会组织年度总收入比	22%	30%	预期性

资料来源：《上海社会组织发展"十三五"规划》，上海社会组织网。

上海正向"全球城市"迈进，加快社会发育、发挥社会组织城市治理主体作用是必备的条件。所谓"风物长宜放眼量"，我们应更多以社会的力量、自治的力量、非行政化的力量来实现城市新型治理，对这一点，各级党政部门须有足够的认识。在党政部门存在一种担忧，即社会组织发展多了，太强了，会不会引发不可控的风险？这其实是个认知误区。历史经验是：一个"弱社会城市"或"欠社会城市"才存在"不可控"的风险——尽管它表面上似乎很稳定，甚至表现为"超稳定"。由于缺乏多元而分散的社群结构，缺乏分散的公众情绪、公共压力排解渠道，它恰恰是充满了风险的。

社会组织是消解城市治理风险和压力的前沿地带。一个城市社会组织多了、强了，会产生多元而分散的"众意"，构成相互制约和平衡，不仅有利于形成正确的"公意"，更有利构成一种内在的稳定结构。"弱社会城市"不仅本质上具有非稳定特征，而且还削弱了社会治理的公共性，抑制了公民有序的政治参与。因此大力发展和强化社会组织，提升其能力，扩展其参与，发挥其功能，不仅是城市发展内在机制的需要，更是城市稳定、新型治理和长远发展的需要。

市、区两级要把社区社会组织培育发展纳入基层治理创新的内容规划上来，摆上议事日程，出台相关发展指导意见。如可考虑设立扶持社区社会组织发展资金，纳入财政专项支出经费，用于社团的奖励、活动、培训等。同时要理顺社会组织与政府的关系，改变多头管理、管控为主的模式。

2. 推进社会组织"行政脱钩"

对于超大型城市来说，社会组织能力建设其实是个相当复杂的系统。一部分的能力问题、参与力不足问题，可以通过技术层面来解决，有些则要与社会建设、社会领域等其他构件相向推进才行。对相当一部分社会组织加快推进"行政脱钩"，是促使社会组织社会化的重要抓手。上海有相当体量的社会组织挂靠于许多政府部门，成为实际上的"二政府"或政府部门的延伸组织。加快"脱钩"，为其要害，通过"脱钩"促其实现自主性、志愿性、非政府性和非营利性。

2016年上海市按照中央统一部署，完成262家（市级92家、区级170家）行业协会商会脱钩第一批试点工作，基本实现"五分离、五规范"（机构、职能、资产财务、人员管理、党建外事等事项分离），并出台了多项政策文件。

2017年4月14日国家发改委体改司率行业协会商会与行政机关脱钩联合工作第一调研组到沪调研。2017年5月4日上海公布《上海市行业协会商会与行政机关脱钩第二批试点总体方案》，确定349家条件比较成熟的行业协会商会（市级140家、区级209家）开展第二批试点，明确必须于2017年9月底前完成。2017年6月27日上海市召开行业协会商会与行政机关脱钩第一批试点工作总结暨第二批脱钩试点工作部署电视电话会议，推进上海市第二批行业协会商会与行政机关脱钩工作。①

上海在加强政社分开改革方面,已有过诸多探索。2002年上海率先在行业协会推行政社分开,要求党政机关领导干部从行业协会中退出。2009年政社分开的范围从行业协会拓展到企业协会、部分商会,要求党政机关工作人员不得在协会中担任任何职务,基本实现"人员、机构、财务、资产"四分开。2016年在全国脱钩改革中,上海是首批改革的六个省(市)之一。纳入第一批试点共245家行业协会商会(市级92家、区县153家),主管单位涵盖市经信委、市商务委、市住建委、市民政局、市体育局、市政府合作交流办等部门。在2016年3月的上海市行政审批制度改革工作会议上,全面完成审批中介服务机构与政府部门脱钩被列为本市审批制度改革的四个方面重点工作之一。

加快"行政脱钩"要把握的重点难点是:第一,要在更大范围、更多界面实施社会组织"行政脱钩",实现真正意义上的机构分离、职能分离、资产财务分离(规范财产关系)、人员管理分离、党建和外事事项分离。否则很多社会组织永远是"养不大、长不熟、依赖强、能力弱"的半行政机构。第二,"行政脱钩"是与"公权力"脱钩,核心是去行政化,斩断中介机构与政府部门的利益链条。还独立的人事任免权于社会组织。为权力瘦身,为企业减负,为市场腾位,让改革目标真正落地,因此本质上它是一种"脱胎换骨",须有"壮士断腕"之举,必须在深度上推进。第三,要基本完成全市以行业协会商会为重点的"政社分开"。

3. 加大购买社会服务力度

政府购买公共服务,是发达国家乃至全球政府改革的主导方向。加大政府购买服务,才能整体上促进社会组织提供更多更优的

---

① 《上海首批行业协会、商会与行政机关脱钩试点完成》(2017年6月27日),东方网,http://shzw.eastday.com/shzw/g/20170627/u1ai10678542.html,最后浏览日期:2021年2月24日。

服务。政府购买服务一方面有利于推进政务公正、透明，另一方面能锤炼社会组织承接项目的执行力，让社会组织有更多承担，有效提升能力。

政府财政首先要坚决从一般性竞争领域退出。公共财政对于社会发展的支出必须以"市场失灵"和"公共产品和服务"为标准严格界定。重要的是要确立一个理念：政府不能在社会领域与民争利，而应支持社会领域的公共事务，加大对社会体制建设投入比重。

上海 2014 年社会组织收入中来自政府购买服务的资金为 88 亿元，占 2014 年全市社会组织总收入的 25%。[1] 近年加大政府购买服务已呈现更多态势。2017 年 9 月 17 日在上海第七届"公益伙伴日"开幕式上，上海市民政局、上海市社团局等发布"承接政府购买服务的社会组织"推荐目录，列入推荐目录的社会组织共 189 家，均系成长健康的优秀组织，且都有承接政府购买服务的成功记录。[2] 通过实行长期有效的政府购买战略，从源头确保购买服务的稳定性与连续性，让社会组织拥有相对稳定的预期和发展的底气，积累力量从而变得更专业。

但从整体情况看，现在存在三方面突出问题亟待解决：一是招标、评估随意性大，有的存在"暗箱操作"；二是服务定价机制不合理，直接影响承接主体和服务质量；三是政府民政部门之外的其他部门，如财政部、发改委等部门，对提供服务的社会组织主体不熟悉、不了解，影响实际操作。要完善政府购买服务的定价机制、建立和健全第三方评估制度。进一步完善制度体系，推行政府授权、委托社会组织事项制度化、规范化，一方面可以加强管理，让政府真正放权，使财政资金得到科学使用，有效避免政府提供公共服务过程中的资金浪费和闲置，另一方面能有效激发社会组织活力。

---

[1] 上海市民政局 2014 年数据。
[2] 《沪大力扶持优秀社会组织 189 家获推荐承接政府购买服务》（2017 年 9 月 18 日），中国政府采购网、中国政府购买服务信息平台，http://www.ccgp.gov.cn/gpsr/zhxx/df/201709/t20170918_ 8856506.shtml,最后浏览日期：2021 年 2 月 25 日。

我国正在建设服务型政府,"服务型政府"的要义其实有两方面,一是提供服务,二是善于购买服务。要通过更多的社会化购买服务来提升公共服务质量。更多的"购买服务"才能使更多的社会组织锻炼能力、提升能力,具备真正的社会功能。

上海市、区两级政府应按照《政府采购法》相关规定,把购买社会服务纳入政府采购统一安排,以公开竞争招标的方式,确定服务提供者和服务金额。建立政府购买社会组织服务的财政预算和决算制度,明确每年购买社会组织服务的具体项目,设立专项资金。同时要引入第三方评估机制,引入专家、学者、公众、媒体记者等组成评审团,对社会组织服务和政府履行职责情况进行监督,确保评估结果的公平性和真实性。

英国著名社会学家尼格尔·多德(Nigel Dodd)认为:"制度化是指参与主体在公正的制度环境中形成稳定的行动者结构而能够得到其他主体政治认同的过程。"① 使政府购买服务制度化,能够增强政府、社会组织与社会公众对购买服务的价值认同,让社会组织、公共治理上升为人们的意识和行为,成为一种文化。在实现"购买服务"制度化方面,要进一步增强全社会特别是政府部门对"购买服务"的认同,推进政府职能转变,这也是加大两级政府、三级管理"购买服务"力度的社会意义所在。

4. 减少社会参与的制度性约束

上海法治基础条件好,应通过探索新型管控模式,减少对社会组织参与的制度性约束,在新时代要理顺社会组织与政府的关系,建立合理科学的管理体制。按照"政事分开,官办分离"原则,推进事业机构改革,积极放宽社会组织的运行和行为空间,提升超大型城市的社会品级。

---

① [英]尼格尔·多德:《社会理论与现代性》,陶传进译,社会科学文献出版社2002版,第234页。

第7章 社会组织能力分析：政策、体制的视角

只有放宽，才能成长。要贯彻落实好两个纲领性文件：一是中共中央办公厅、国务院办公厅《关于改革社会组织管理制度促进社会组织健康有序发展的意见》（2016年8月21日），《意见》是十八大后对社会组织改革发展作出的新部署；二是国家"十三五"规划中关于"加强和创新社会治理"所提出的健全社会组织管理制度，形成政社分开、权责明确、依法自治的现代社会组织体制等目标规划。

在管理制度上，一要减少审批，更多实施"登记"制度。政府部门对于社会组织不应只做约束的设定，而应"放管并重"。要放宽登记注册管理规定，为社会组织发展提供相应政策支撑，来激发其能力。目前行业协会商会类、科技类、公益慈善类、城乡社区服务类四类社会组织已实现"直接登记"①，这是社会组织登记管理制度改革的重要突破。二要对社会组织参与治理推行"负面清单制度"。不能做的事情，通过制度化的"负面清单"晓示，其他都应放开，撤除门槛。三是要保护社会组织权益的合法性、正当性和获取社会资源的独立空间。社会组织的能力建设既与其内部能力结构、机制合理与否密切相关，更与政府政策等外部环境的支持度相关联。在许多社会组织面临政策限制、资源缺乏、人才缺乏等现实情况下，从外部资源引入支持的角度提升社会组织的自身能力建设，成为可选择的发展路径。除了国内外的基金会、企业社会责任的外部支持之外，社会组织所在地的政府部门在社会组织的能力建设提升方面，应放宽管制，提供服务、政策和平台，开发和提供更多政策、环境方面的支持。

---

① 《上海市社会组织直接登记管理若干规定》出台，2014年4月1日起，在本市范围内新成立行业协会商会类、科技类、公益慈善类、城乡社区服务类四类社会组织实现"直接登记"，可直接向社会组织登记管理机关依法申请登记，不再需要业务主管单位审查同意。

5. 使社区作为社会组织实习地

我国社区社团多为娱乐健身类,但实际上社区是公民精神的发祥地,也是社会组织营运地。应大力提升社区社团的质量和社会参与能力。日本"社区公民馆"的做法很值得参照。根据日本法律,"公民馆"(也称自治公民、社区教育中心、市民会馆等)是为社区居民提供与生活密切相关的教育、学术及文化事业与服务的机构,是供各类团体联络调整、居民集会及其他公共性利用的设置。日本3 300个自治体(社区),即市、町、村(分别比我国城市的区、街道、居委会区域小一些)中,约92%都设置了"公民馆"。"公民馆"按区域设置,政府或市自治体须为其配备相应设施。人员上除配置专职管理人员外,还设有能反映民意的居民代表,由他们构成公民馆的运营审议会,体制上具有独立自主性。日本各地"公民馆"设置规模、活动状况不尽相同,但多样化中有共同性,即它的综合性、民主性和实习性。"公民馆"具有社会教育、社交娱乐、自治发展、就业辅导和青年培养等功能,是公民之家。日本权威人士认为,建设"公民馆"就是为了学习民生、倡导平等和体现和平,为了提高教养、营造文化、塑造人的品格,并以此重建社区政治、丰富社区生活。

6. 实行分类指导,定向提升

只有聚焦,才能突破。上海社会组织五花八门。对不同类别、不同领域的社会组织,应聚焦其结构性问题,有针对性地制定不同的"攻略菜单"。除了推进社会组织服务中心覆盖街镇,建设社会组织孵化基地和支持性、枢纽型平台,社会组织人才队伍加快集聚,加大公益要素市场拓展规模,消除"僵尸性"组织等外,还要能"定向"地、有针对性地提升社会组织的特定能力,如下所示。

(1)"纯市场化组织",重点要在市场化、专业性基础上细化分类,扩大对城市公共生活的覆盖面、辐射面,在市场营运中提升市场地位和专业影响力。2016年经工商登记新设立各类市场主体34.70万户,其中私营企业28.15万户、个体工商户5.10万户。上海市生产总值中,公有制经济增加值为13 193.27亿元,比2015增长6.8%;非公有制经济增加值为14 272.88亿元,增长6.8%。非公有制经济增加值占上海市生产总值的比重为52.0%。2016全市市场化组织专利申请119 937件。其中受理发明专利申请为54 339件(增长15.7%)。2016年PCT国际专利受理量为1 560件(比2015增长47.2%)。2016年全市有效发明专利达85 049件。全市科技小巨人企业和小巨人培育企业共1 638家,高新技术企业6 938家,技术先进型服务企业272家。2019年新认定的高新技术企业2 306家,认定高新技术成果转化项目469项。2016年高新技术成果转化项目10 969项。市场化社会组织可为市场提供民主公平的保障,又能在政府向市场购买服务过程中,推进公共服务资源的市场化,有助于经济公平透明。对于社会性基础较好的市场化组织,要以提升市场服务能力为重点,通过"权益的分配方式的改进"来促进和保证市场经济的自由运转,成为城市治理的社会支持力量。

(2) 行业性社会组织,重点是克服行政化、减少官方色彩,加快"脱钩"和市场化、社会化转型,提升独立性和专业化水平。上海市第11次党代会报告提出战略性新兴产业增加值将占全市生产总值比重的20%以上,全社会研发经费支出要占全市生产总值的4%以上(发达国家研发投入占GDP比例在2%以上,科技进步贡献率都在70%以上),实现这些目标,就要加快培育市场型新兴产业体系和行业布局,推进重大科技基础设施集群和重大研发的功能转化和市场化。正如城市专家们指出的,上海"所需要的政策包括与香港一样更加的开放,市场机制的加强,持续完善社会和物质基础设施建设,以吸引外国直接投资,以及改善居住条件和提高劳动力素质"。针对行业性社会组织存在的深层次的、体制性的问题,要聚焦剥离行业协会商会现有的行政职能这一重点难点,对适合其承担的职能制定清单目录,加快实施"政社分开",实现人员、机构、财务、资产等方面的分离。

（3）学术性社会组织，重点要加快政企分离，聚焦城市治理中制度体制结构性问题深度研究，提供更多优质"思想产品"。上海学术性社会组织体系中聚集了大量专家、学者和专业科研人员，众多学术性社会组织的"能力建设"重点，一是要加快向"政-企"分离型转型，遏制不断强化的行政化态势。二是要改变沉湎于大型文宣、会议等高频率形式化活动的习惯，多聚焦于城市治理中的制度体制结构问题，提供建言。三是对于治国理政的重要问题、上海发展和城市治理的重大问题，组织专题研究，避免浮光掠影，提供有质量的思想产品和有价值的决策参考。如上海市社联统辖160多个团体，7个民办社会科学研究机构，其能提供的资政思想产品与这一"体量"并不完全相适应，其能力建设目标是聚焦提升资政能力，提供思想产品。

（4）文体型社会组织，能力治理重心是如何构筑都市民间文化地带，强化"草根性"和基层参与性，按照第十一次党代会提出的要求，实现参与基层社会治理创新的深化拓展。此类组织植根于社区基层最日常精神需求，应引导、规范其健康、科学发展，主要要提升专业水准，并以强化"草根性"为取向。因地制宜开展相关问题活动，避免对其强加行政化逻辑。

7. 选择相关领域重点突破

要按照十九大精神，支持社会组织在一些领域和行业担当更大责任。

（1）扩展社会组织在城市文化领域的作用。上海市第十次党代会提出建设"国际文化大都市"的目标，上海市第十一次党代会进一步提出5年建成"国际文化大都市"的目标。上海缺少专业化文化中介机构，文化行业协会有较多行政色彩。要推进政企分离，发展文化服务支撑体系，在诸如专业论证、资质评估、行业统计、专业培训、产品质检等方面，更多由文化社会组织来履行职能。

建设国际文化大都市，须不遗余力地进行城市文化遗产保护。"历史文化是城市的灵魂，要像爱惜自己的生命一样保护好城市历史文化遗产。"① 目前上海文化遗产的保护和抢救工作任务繁重，石库门建筑群等物质文化遗产损坏严重，扁担戏等非物质文化遗产后继无人，文化遗产遭受"建设性"破坏。在政府财力和精力有限的情况下，社会组织参与文化遗产保护有着天然的优势。② 目前在上海，虽也有社会组织参与物质文化遗产保护工作（如禾邻社），但与发达国家相比差距很大。发达国家 NGO 组成了一支庞大的文化遗产保护的民间力量。法国的文化遗产保护社团组织有上万个。早在 1877 年，英国工艺美术家莫利斯（William Morris） 就发起由民间组织来推动整个社会保护历史文物古迹。不仅发展比较早，这些社会组织的号召力特别强，比如法国遗产保护志愿者工作营联盟（Union Rempart）曾组织 14 万名世界各国志愿者，参与文化遗产保护和修复工作，在欧洲乃至世界享有很高的声誉。在参与都市文化建设上，要尊重上海城市文化的丰富性特质，遏制文化发展的"打造思维"和急于求成，注重文化发展的养成性、根基性和历史传承性，克服浅表化形态。

（2）扩展社会组织在居民养老服务领域中的作用。上海已步入深度老龄化社会，养老问题成为突出的社会问题，民间力量如何深度参与承担，已构成体制性瓶颈。2017 年统计数据显示，上海 60 岁及以上的老年人口占沪籍人口比重达 30.2%，老年人比例接近全国数据的 2 倍。应对"老龄化"社会，上海需要大量社会组织参与老年教育、老年文化、老年健康、银发经济等。全市养老机构共

---

① 习近平：《像爱惜自己的生命一样保护好文化遗产》（2015 年 1 月 6 日），新华网，http://news.xinhuanet.com/politics/2015-01/06/c_1113897353.htm，最后浏览日期：2020 年 10 月 27 日。

② 社会组织中有一大批具有丰富的保护、重建和开发经验的专家和学者，他们对文化遗产保护情有独钟，更知道珍惜和爱护这些宝贵财富的重要性。特别是在城市建设过程中，城市文化遗产的价值往往会被忽视，此时社会组织的功用更为凸显，在参与文化遗产的保护过程中，它们更能以谨慎、负责的态度对待保护工作。社会组织成员来自五湖四海，他们能够看到政府看不到的地方。

703家，60岁以上老人数量达483.60万人，平均6 879位老人由一家机构服务，供需落差极大。几乎所有的街镇都希望有更多服务老龄人口的社会组织，民办非营利性组织深感"被政府重视"，但其实际运行困难重重，如人工成本逐年增高，要像企业一样缴纳税收，很多组织入不敷出，导致正常运行难以为继，步履维艰。解决好这一难题，才能迈出治理新步伐。

（3）扩展社会组织在国际交流领域的作用。上海作为国际性大都市，在国际交流领域，民间力量、社会组织应是一种"前台力量"。2017年上海新引进外资项目3 950个；合同外资401.94亿美元，实到外资达到170.08亿美元。① 成绩背后少不了像英国英中贸易协会、德国工商大会等社会组织的贡献，它们为上海企业到英国或欧洲其他国家投资提供了便利。上海本土，乃至全国的社会组织在促进国际经济贸易和投资中起到的作用严重不足。在贸易谈判中如果缺少与他国社会组织的交流，往往会因国际规则的不熟悉而损害会员单位的利益。不止在经济领域，目前上海社会组织在医疗救助、环境保护以及人权保障等重要领域的国际影响力远远不足。鲜有像英国救助儿童会、绿色和平组织等享有较高国际知名度和美誉度的社会组织。上海要建设全球城市，社会组织无疑是世界认知和联系上海的一条纽带。要参照国际社会经验，按照上海新的城市目标，对社会组织进行新的营建和构筑，增加上海发声、表达意愿，参与国际事务的机会。

（4）扩展社会组织在城市重点整治领域的作用。如"五违"整治社会组织可以发挥很大作用。上海社会组织已参与"城中村治理"的一些方面，如医疗救助、慈善慰问等，但是为本村居民和外来务工人员提供的培训服务（包括儿童早教培训、青年创业培训、外来工社区融入培训等）、法律救助等，少之又少。在拆迁问题上上海社会组织的功能仅以象征性的救济、帮扶、慰问为主，无论从政治

---

① 上海市统计局：《2017年上海市国民经济和社会发展统计公报》。

与社会地位上,还是在能力和水平上作用有限。由于城市拆迁涉及大量专业知识与技能,如公共利益界定、补偿安置标准确定、法律咨询、信息收集与甄别等,要求社会组织进一步强化升级自身的"能力支持系统",有效解决矛盾。社会组织服务应更为多元化,满足不同人群需求,着力参与城市拆迁矛盾的化解,也让政府能走下社会矛盾和社会冲突一线。这一点可列为社会组织能力建设的突破重点之一。

8. 简政放权,加快"放管服"

近年国务院对推进放管服多次作出部署。2018年两会记者招待会上李克强总理强调推进简政放权,要实现"简政放权、放管结合、优化服务"三者的加快联动,指出"政府仍管了很多不该管的事,该放的权有些还没有放"。上海作为先行先试地区,要在加快政府职能转变、推进"放管服"上拿出实绩,给全国作出表率。

只有加快简政放权,转换"强政府"角色,才能从另一方面促进社会组织的能力的提升。政府转变职能与社会组织承接公共事务,是一枚硬币的两面。一方面,只有政府加快转变职能才能让一部分公共职能由社会组织来承担;另一方面,只有社会组织具备了相应"能力",才能承接好一定公共职能。

上海已取消调整审批事项1 400多项,为新一轮"简政放权"奠定了坚实基础。2016年浦东新区在全国率先启动"证照分离"改革试点,对116项行政许可事项,分取消审批、审批改备案等5种方式进行改革;在2016年116项行政许可事项改革基础上,2017年又纳入70项。以"证照分离"为代表的简政放权是加快政府职能转变、降低制度性交易成本、减轻企业负担的关键举措。

加大"简政放权"、推进"放管服"的价值预设是:只有市场和社会解决不了、解决不好的问题,才是政府"该管"的事。上海应在浦东先行试点基础上,进一步扩大改革事项的实施范围,在"简政放权"和"放管服"上走在全国前列。涉及百姓生活的如食品安全、药品监管、环保卫生、社会信用、社会弱势群体的保护以及公平正义、法治规制等，政府部门要下气力做实做好，其他事情则尽可能让社会组织来承担，政府购买服务。力争把经济领域的许可事项全部纳入改革，继续扩展取消行政审批和评审评估事项范围。推广"互联网＋政务服务"模式，加快把有关审批的事项和面向社会、企业、群众的服务事项接入网上政务大厅。

近年上海市政府力推简政放权有很多突破，但这方面还有很大拓展空间。简政放权过程中出现的"职能转移异化""扔包袱"等现象，对于社会来说是一种负担。虽然现阶段上海社会组织发育不充分，社会能力不强，同时难以找到可以分散承担公共事务的功能型、治理型社会组织，但是政府部门要有耐心，有信心。如果社会"稍有乱象"，政府就立马伸手干预，社会缺少成长最主要的土壤，永远得不到"自净"和"自理"的机会和过程，那么社会只会越来越依赖政府。与此同时，行政负担也会十分沉重，行政成本也居高不下。

简政放权的要义，就是政府把一些事务性的管理职能和公共服务职能，从体制内转移到体制外，由社会组织承接，从而提高行政效能和公共服务质量。这部分职能，哪些是社会组织可以承接的，是适合由社会组织提供的公共服务和解决的事项，应该予以明确，这是对社会组织正本清源、培育扶持的首要任务。

政府部门在"放管服"上要迈出实质性的新步伐，放开可由社会组织承接的事务项目，并有耐心让社会有"自主""自净"过程，让社会组织体系和治理能力真正成为超大型城市治理体系与治理能力的重要组成部分。上海法治化程度高，行政管理效率高，城市管理体制创新有良好基础。体制创新的选择方位应聚焦于扁平化的组织体系、简约化的规制体系、同心圆的民意表达采集机制、高效能的机构运行机制，整体性提升城市制度体系的水准。

上海提出"对标国际最高标准、最好水平，全面深化自贸试验区改革开放"，上海自贸区作为体制机制创新引领之域，不仅在于提供更多可复制、可推广的经验，还要首先在整个浦东新区、上海全市推行"自贸区逻辑"的普遍化，按照世界通行法则推行经贸管理。政府进一步担当好利益平衡者和市场激活者的角色，简化行政监管和干预，减少税费，让民间经济活力泉涌。

要注重通过发挥规制的力量来探索破解超大型城市治理的"世界级难题"。这当中，尤其要按照"全球科创中心"和"全球城市"的物质能量效率、生态环境支持、精神愉悦感知水平等质量标准，来引导城市体制创新，促进上海"城市品牌"建设。要厘清各类执法范围和边界，强化对于执法体系的治理，率先实现各方面制度"更加成熟、更加定型"这一目标。

第 8 章
城市运行的制度性成本：
膨胀动因与治理

我国城市尤其是一线城市商务成本持续走高，社会生产生活高位运作，许多城市进入"昂贵城市"行列，对构建良好营商环境、实现城市的可持续发展形成深层障碍。① 习近平总书记 2017 年在中央财经领导小组第十六次会议上指出："要改善投资和市场环境，加快对外开放步伐，降低市场运行成本，营造稳定公平透明、可预期的营商环境，加快建设开放型经济新体制，推动我国经济持续健康发展。"并要求"北京、上海、广州、深圳等特大城市要率先加大营商环境改革力度"。② 降低城市运行的制度成本是优化营商环境、提升我国城市运行质量、实现城市治理现代化的治本之策。

有效降低城市运行的制度性成本，不仅是推进供给侧结构改革、实现城市治理"降成本"目标的重要任务，也是提升我国城市治理质量、优化营商环境，提升城市市民"幸福指数"的重要任务。探究超大型城市制度性成本攀高难题，须回归制度层面，关注权力行使、政府责任、税收、产权等相关的政策制度。

一、制度性成本形态与膨胀现状

新制度经济学有个经典命题，制度决定成本，即社会成本根本上是由制度供给和质量决定的。2015 年年末中央经济工作会议首提制度成本问题，2016 年国务院《降低实体经济企业成本工作方案》，要求通过"放管服"改革来有效降低成本。尽管制度性成本尚无广泛认同的定义，但大多指由制度、政策和政府效率所引起的经济、时间和机会等各种损耗。根据制度性成本的来源和状态来看，制度性成本具有实体形态、隐蔽形态、扭曲形态和既有形态四种不同的类型。无论哪一种制度性成本，虽然被施以不同程度的管控力度，

---

① 秦德君：《上海怎样打造一流营商环境》，《解放日报》2018 年 2 月 6 日。
② 《习近平主持中共中央政治局会议》（2019 年 7 月 30 日），中国政府网，http://www.gov.cn/xinwen/2019-07/30/content_5417282.htm，最后浏览时间：2021 年 2 月 24 日。

但仍然高位持坚,处于"压力下的膨胀状态"。

1. 制度性成本"实体形态"

为更好地阐述"实体的"制度性成本,这里借入经济学家杨小凯教授提出的"外生交易成本"概念——交易双方在决策前就知道其水平的交易成本,它包括运输费用、贮藏时商品腐化造成的费用,交货不及时造成的费用,执行交易时的各种费用,甚至税收等。① 在制度性成本中,诸如税费、维权成本等都是法律法规已经明确规定的、可计算的、必须支付的实体费用。此类成本涉及面最广,长期以来计入企业和居民的"账簿"中。

(1)税费。税负过重构成了企业和个人沉重的成本压力。表 8-1 列举了几组税负统计数据,尽管调查对象有所不同、计算方式存在争议,加上企业和居民的主观感知难免会有"坏孩子效应"(Bad-Boy-Effect)②反映的可能,但都说明了税负高的事实,表达了社会对于税收负担的真实感受(见表 8-1)。2020 年政府工作报告提出"降成本一定要让市场主体有切身感受",这显然还是一个遥远的目标,减税空间依然很大。

表 8-1 2015—2016 我国税负情况的统计数据(部分)

年份	来源	调研结果
2015	中国中小企业发展促进中心发布的《2015 年全国企业负担调查评价报告》	反映"生产要素价格上涨""税费负担重""市场增长乏力""招工难"的企业比例分别达到 54%、52%、49% 和 43%
2016	中国企业家调查系统	企业反映的最主要困难中,超过半数企业家选择"社保、税费负担过重"
2016	天则中国企业家研究中心课题组《中国民营企业税负问题与税制改革研究报告》	企业中有 63.1% 认为"营改增"后税负提高了,15.8% 认为税负持平,仅 21.1% 认为税负减轻

---

① 杨小凯:《经济学原理》,中国社会科学出版社 1998 年版,第 64 页。
② "坏孩子效应"指的是投资者试图通过抱怨来获得更加优惠的政策,有"得寸进尺"的倾向。

(续表)

年份	来源	调研结果
2016	世界银行《全球企业税负情况报告》	2016年所有国家（地区）平均总税率为40.6%，而中国总税率则高达68%
2017	普华永道和世界银行最新报告《缴税2017》(Paying Taxes 2017)	中国企业各种税费负担占其净利润的百分比为68%，而美国只有44%
2017	《光明日报》2017年01月24日14版	全国政协委员、财会专家张连起曾做过一个统计，就房地产行业而言，相关收费就达97种
2017	中国财政科学研究院《降成本——2017年的调查与分析》	无企业认为税费负担"较轻"，6.7%企业认为税费负担"非常重"，51.5%企业认为税费负担"合理"，41.8%的企业认为"较重"

资料来源：根据相关数据绘制。

在大多数国家民众的财政负担主要是税收，非税负担少。我国则存在大量非税财政负担——各种杂费林林总总。对于企业来说，每年缴纳的行政性事业收费和各类政府性基金必定是一笔沉重的负担。

（2）土地成本。有个屡被引用的房价公式：房价＝土地成本＋开发费用＋建安成本＋税费＋利润。① 公式里的税费、土地成本以及建安成本中的政府规划费等都属于"制度性成本"。全国工商联房地产商的数据显示，土地成本占直接成本的比例一度接近60%，一线城市更是达到80%。② 土地成本高，从根本上促成了城市房价（包括居民住宅和商业用房价格）高居的局面。进一步看，土地成本的持续上涨或高位徘徊从来不是一个独立的故事，它像一副多米诺骨牌的第一张，引起大范围的、持续的连锁反应——房价、物价，以及教育、娱乐等消费项目的费用也被相应抬高。尽管上海、深圳

---

① 艾经纬：《地价对房价波动贡献不足10% 土地成本约为30%》，《第一财经日报》2015年5月25日。
② 资料来源：《2008中国房地产市场年度研究报告》，该报告将房地产开发企业的总成本分为直接成本和运营成本。

等许多城市都对创新创业进行了大力度的政策扶持,而如今这种政策优势正逐渐被居高不下的房价所带来的成本所消解。

(3)安居成本。这里的"安居"不是狭义的"获得城市户口"的概念,而是个人或企业能够顺利进入一座城市并"体面地"生活或生产和经营的概念。近几年,城市整顿措施愈演愈烈,日益严苛的人口和产业结构调整政策使得人们进入城市、在城市安家落户的成本越来越高,非户籍人口在就业、教育医疗等福利享受以及买房等方面,被一层层令人惊愕、不易满足的政策要求限制。《中国社会体制报告2016》数据显示,"北上广深"一线超大城市和沿海旅游城市户籍开放度最低,[①] 这意味着进入城市越来越难,户籍制度的既有障碍并没有式微。而冲破障碍过程中所耗费的资源,都是企业和居民需要承担的真实成本。长远来看,这些做法带来的更大伤害是,城市可能会失去大批有创新活力的群体,挫伤城市的创新力和创造力。

(4)维权成本。在当前的市场环境和法制背景下,很多消费者刚迈出维权的脚步,就跌进了"得不偿失"的窘境。年费、诉讼费、案件受理费、检测鉴定费等名目繁多的费用加起来绝非一笔小数目。曾有企业负责人在接受央视采访时表示,维权成本占企业预算的30%—50%。2014年,江苏省消协、南京市消协等37家消费维权单位联合发布了《消费领域维权成本大调查报告》,央视网站"3·15"晚会专题也对维权成本进行了网络投票调查,数据显示:逾七层网友支付的维权成本超过所买的商品或服务的价格(见表8-2)。特别对于属于自然人的个人发明人,如果不去维权或者维权成本高昂,相当于之前的付出没能得到合理的市场回报,这无异于成本的增加。

[①] 王斯敏:《社会体制蓝皮书:中国社会体制改革报告2016》,《光明日报》2016年5月11日。

表 8-2　维权的时间成本和经济调查

维权时间	百分比	维权成本	百分比
超过一个月	80.07%	维权成本超过了所购买的商品或服务价格	71.55%
其他	11.75%	维权成本和购买价格相当	10.25%
一周内解决	6.19%	维权成本相对较低，不超过购买价格的一半	18.2%
当天解决	1.99%	—	—

资料来源：2014 年江苏省消协等 37 家消费维权单位发布的《消费领域维权成本大调查报告》。

2. 制度性成本"隐蔽形态"

税收等现实成本通常有正式的法律要求和明确的缴纳标准。相比之下，因遵从规章制度而产生的直接或间接费用，即"遵从成本"[①]（或称"奉行成本""服从成本"），包括交通费用、时间成本、精力损耗等，特别是遵从过程的精神烦恼，这些均是没有法律法规明确规定、隐蔽又难以鉴定或直接衡量的成本。

具体到成本每一项，看起来并不起眼且十分琐碎，但累计起来也是一笔较大的支出。国内首份《中小企业税收发展报告》首度对国内小微企业的税收遵从成本进行了测算，发现近半数小微企业每年的遵从成本在 10 万元—20 万元。再次以维权为例，企业或个人通过法律途径维护自己的合法权益，除了要承担前文提到的年费、鉴定费等确定的费用以外，更多的不确定性来自搜集信息、完成重重审批程序所花费的时间和交通成本，从前面表 8-2 就能清楚地看到，仅仅是时间成本就已经让消费者"耗不起"了。还有心理成本——因政策规定复杂多变而产生的焦虑，认为维权没有得到相应回报而产生的不满，或因一些行政人员态度的恶劣和冷漠等造成的

---

① 这里借用税收学中"遵从成本"（tax compliance costs）的概念。在《成功税制改革的经验与问题（第 2 卷）：税制改革的关键问题》一书中，英国经济学家锡德里克·桑德福（Cedric Sandford）认为税收的"遵从成本"指的是纳税人为遵从税法或税务机关要求而发生的费用支出，主要包括时间成本、货币成本和心理成本。

失望等，行政机关办事效率低、规章制度和手续繁杂、信息和操作流程不透明，更使情形雪上加霜。这种精神方面的耗费与支出，虽然看不见摸不着，但同样是不容小觑的成本。

3. 制度性成本"扭曲形态"

在受传统观念长期影响的社会运转机制下，人们为争夺资源、获得许可等，往往会直接或间接求助于和政府人员的非正式关系，从而必然付出相应的"人情成本"或"关系成本"。根据赵建国在《中国式关系批判》一书中列出的"个人成本＝正常成本＋关系成本"公式，关系成本的增加势必抬高总成本。而这些成本是由于正式制度被扭曲而产生的非正常开支，它是能够利用博弈工具加以刻画的。这部分成本，毫无疑问是社会资源的直接损失和浪费。

现实中各项关系的建立与维护所耗费的成本让人咋舌。一些企业每年维护政商关系的支出占销售收入的 1.2%—1.5%。一家小型企业每年要花费上百万元来"建立和维护关系"。[①] 政府几乎掌握着所有资源，这通常成为一些官员运用权力寻租的筹码，因此围绕权力展开的无休止的应酬和公关活动、谈判成为人们广泛诟病的社会现象，其中靡费的财富和精力更是无法估算。[②] 此类巨额的花费就像社会肌体中的"熵"（entropy），它比物理界中的"熵"（不能再创造价值，但不会影响到其他能量的存在）更严重的地方在于，它会给社会带来进一步的损失。

一方面对个体而言，扭曲的成本随着时间的推移会不断扭曲和扩张。因为随着经济的发展，特权参与商业利润的成分会越来越大，权力的要求分成也必然增多，范围也越来越广，其要承受的关系成本也会逐渐上升，个人或企业看似享受了"优先""优惠"，但总

[①] 白天亮、王政、陆娅楠等：《这些成本最该降！——对两省四市五十三家企业制度性交易成本的调查》，《人民日报》2016 年 5 月 9 日。
[②] 王前强：《无限政府主导型经济增长的特点及其趋势——中国经济发展的内在逻辑》，《中国经济规律研究会第十八届年会论文集》，中国经济规律研究会、湖南商学院，2008 年版，第 395—405 页。

支出往往远高于收益。另一方面交易过程中每一环节所需的成本也随之上涨，达成各种契约的费用再次叠加，最终都会反映到物价或服务价格上，而且将大量财富用于非生产领域而不是生产领域的投资，长此以往必将滋生更多搭便车、违反规则等失范行为，使资源配置产生背离"帕累托最优"的歪曲，导致社会经济发展的停滞。早在2008年，张五常在接受《广州日报》采访时表示：像走后门等这些都是交易费用和社会费用，只要交易费用在国民收入的百分比上减少一些，中国的经济就会飙升。①

4. 制度性成本"既有形态"

前面主要是在既定制度下产生的成本。应注意到，制度形成也是有成本的，就像企业为生产产品而发生的生产成本一样，这部分成本显然也属于整个制度性成本的范畴。美国社会学家彼得·布劳（Peter M. Blau）认为："立一个正式程序要求一种资源投入，它保存社会行为和关系的模式并使它们固定化。要建立人们将一贯遵守的规则涉及更大的成本并使行动模式进一步具体化。"② 在论述制度变迁时，诺斯（Douglass C. North）不仅指出制度最初设立时的初始成本是巨大的，而且认为正式规则的形成和实施的变迁通常需要动用大量的资源。③ 可以说，在一个完整的制度周期中，每一个阶段（制度形成、制度执行、制度监督以及制度变迁）都需要消耗一定的社会资源，即需要相应的人力、物力和财力的投入。如果各种社会制度最终都取得相应的制度绩效，或者说制度收益大于制度的"生产成本"，那么投入的资源则是值得的；但是倘若制度不能产生应有的制度绩效，或者在实践中出现较大的问题，或者被束之高阁，

---

① 邱敏、曾向荣：《接单工业，中国还要做多十几年》，《广州日报》2008年12月9日。
② ［美］彼得·M.布劳：《社会生活中的交换与权力》，李国武译，华夏出版社1988年版，第315页。
③ ［美］道格拉斯·C.诺斯：《制度、制度变迁与经济绩效》，刘守英译，生活·读书·新知三联书店1994年版，第131页。

形同虚设，或者本身存在缺陷、错误，或摇摆不定，都会造成严重的"制度浪费"和行政成本浪费。①

二、制度性成本调控：问题分析

制度性成本畸高问题得到重视，降低制度性成本已经成为共识。各省政府的制度性成本调控工作取得了一定的降成本措施成效，同时也显现出诸多问题和误区。如果问题得不到有效避免，就易陷入"降成本陷阱"，影响成本调控效果，进而制约经济社会的进一步发展。

1. 对制度性成本的认知误区

在交易成本研究初期，美国经济学家欧文·菲舍尔（Irving Fisher）批判地说："如果任何结果都能用交易成本理论来解释，那么这种做法实际上就是逐渐给交易成本安上了'一个不折不扣的坏名头'。"② 耶鲁大学的一位教授也曾揶揄，"猴子为什么要上树？当然是交易成本嘛"！③ 如今对制度性成本认识出现了类似的误区——人们"向来不惮以最坏的恶意"来看待制度性成本，普遍将其简单化地视为一切成本问题的根源。不少企业甚至有些地方政府将政府降制度性成本理解为所有的制度性成本都要降，而且越低越好，陷入"成本普降"的认识误区。诚然，制度性成本过高，意味着社会遭受较大的制度障碍，社会总收益减损；但是在一定范围内，制度性成本的增加，社会总收益也以某一比例提高，两者之间的关系可

---

① 如中国建筑科学研究院 2014 年发布的《建筑拆除管理政策研究》报告数据显示，我国"十一五"期间，共有 46 亿平方米建筑被拆除，其中 20 亿平方米建筑平均寿命短于 40 年。而此后，由决策错误造成的建筑短命现象更为普遍，这种浪费最终由社会买单。
② ［美］奥利弗·E.威廉姆森：《资本主义经济制度》，段毅才、王伟译，商务印书馆 2004 年版，第 11—12 页。
③ 汤敏、茅于轼：《现代经济学前沿专题》，商务印书馆 2002 年版，第 67 页。

以大致用拉弗曲线的形式来呈现,如图 8-1 所示。

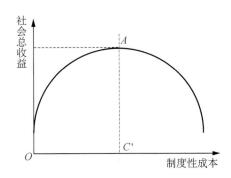

图 8-1　一定时期制度性成本与社会总收益关系

　　图中反映的是抽象和简化的结果。但远不能涵盖制度性成本和社会收益复杂关系的全部。总体看,两者的关系并非简单的正相关关系或直线关系,主要的影响因素就是制度性成本中转化为维持政府部门正常运作所需资金的部分,比如税费和行政审批程序所涉及的费用等。著名公法学家史蒂芬·霍尔姆斯(Stephen Holmes)和凯斯·R·桑斯坦(Cass R. Sunstein)就曾提出"权利的保护需要成本""必须付给守夜人的报酬"[1]"获取关于犯罪率、警察保护以及稳定的体制的信息都必须向买者收索成本"等观点。只要政府完成它的社会功用,而所收索的费用不超过为使政府机构得以顺利运作所需要的数额,这些费用就是些必要的成本而有报偿[2],此时制度性成本的产生是"善的"、合理的,尽管一定程度上减损了"消费者剩余""社会剩余",但收益大于减损量,不会干扰市场运作,还能促进国家经济生活的发展。特别的是,2018 年起征的环境保护税等政府用来解决外部性问题而产生的成本,更加不能降低。随着人类社会越发展,社会越复杂,制度形成、执行、监督、变革等过程中所

---

[1]　[美]史蒂芬·霍尔姆斯、凯斯·R·桑斯坦:《权利的成本——为什么自由依赖于税》,毕竟悦译,北京大学出版社 2004 年版,第 77 页。
[2]　[奥]路德维希·冯·米塞斯:《人的行为》(上),夏道平译,远流出版事业股份有限公司 1997 年版,第 907 页。

支付的成本就越高，制度性成本的上升也是合理的。但随着制度性成本越来越高，减损量越来越大，社会发展的速度逐渐变缓。如果超过了某一限度（C'点），制度性成本与当地居民的收入水平、生活水平及商务水平不相匹配，它带来的"积极效应"难以对冲其对整个城市的侵蚀作用，社会活动变得复杂和困难，也意味着制度环境不断恶化，那么这一状态下的制度性成本，是必须采取措施进行遏制的"恶性的高成本"。

判断制度性成本"善恶"的关键，在于该制度性成本合理有效，能带来增值。不管是企业、居民还是政府，都应该有这样清醒而理性的认知：不能漠视制度性成本忧虑，但也不能将其"妖魔化"；制度性成本不可以也不可能全盘降低或清除，也并非越低越好。必须下决心进行调控的是由于制度的不合理、存在漏洞而增加或滋生的非必要成本以及背离其合理区间的成本。

2. 成本治理实践中的局限性

对制度性成本认识上的偏颇，很大程度上导致了在制度性成本调控的选择不当和效果的不尽如人意。一个较为普遍的现象是就"成本"而降成本，目前较多举措指向"显性的"制度性成本，比如税收、房价调控等，对于制度性交易成本、遵从成本等隐形成本，关注度不够，调控力较弱。一些地方政府认为，降成本只是"做减法"。降低制度性成本是要围绕各项成本来进行，但并不意味着所有政策措施都是对狭义的"成本"来展开，有些看似不是降成本的政策，本质上也与降成本有关。此外，一些政策行为事实上提高了交易费用——如限制性的规则、监管过滥的行政行为、频繁的检查、产权的不明晰等。再如换个角度看，政府部门提供社会公正、社会保安和社会福利等方面的保障，能增加企业和居民享受更多优质公共产品和服务的机会，这也是另一种降低成本的方式[①]，而这

---

① 秦德君:《突出制度供给，让市场的活力更澎湃》，《文汇报》2018年2月5日。

部分都还没有被充分纳入降低制度性成本的整体考虑。概括来说，降低制度性成本，不能陷入片面的"单线思维"的治理误区，而应打出治理"组合拳"。

而治理过程中更大的问题，是用行政方式"运动式"地降成本，而制度性成本的导源制度并没有被触及。2016年，国务院《降低实体经济企业成本工作方案》开创性地把"制度性成本"的性质问题转化为了数量问题，使降成本工作目标更为明确，具有一定的可操作性。但在实践中，这些目标常常被简单地量化为在某些领域和给定的时间节点内降低多少税率、压缩多少行政审批前置中介服务事项等。学术界和实际工作部门都有将制度性成本拆分为各个单项成本后，分给不同的部门进行调控的倾向和做法，还是典型的计划经济思维，走"技术处理"的老路。比如在减税减负方面，政府数据显示税负降低，但是公众表示"税感"深重，这一偏离出现的最大原因或许是，减税减负措施停留在纯粹技术理性的层面——政策上的额度调整，但公众更期待的，是税收制度层面上的稳定的、实质性的改革。再如房价调控，土地财政问题不解决，而依靠高密度的"限购"应急措施，结果就是房价一直居高不下。同样的，面对由于腐败等滋生的关系成本，如果不触及财政权产权制度，那么降成本也只会是隔靴搔痒。

制度性成本畸高，其背后有诸多社会性原因，如政府职能缺位，相关制度体系不健全等，所以不可能像降低要素成本一样，依靠价格压制，或微观个体通过改进管理方式、改进生产技术或改变生活方式等主观努力或调节市场供求来解决，所以如果治理目光只盯着价格的涨落、成本"绝对值"的高低，通过下指标、定任务，用计划经济的手段去降低成本，而不从制度安排、公共服务供给、市场机制运作等体制机制层面来考虑，尽管可能在短时间内取得数字上的直观成效，但从宏观层面和长期来看，难以取得稳定实效，制度性成本调控工作也难免沦为政绩工程，降成本工作表面化、形式化，为降成本而降成本。

三、治理制度性成本持续攀升的思路

从新增长理论看，推动经济增长的因素包括资本、劳动力、自然资源和制度、技术体系，其中制度变革是最重要的"发动机"。上海下一步的发展速度和发展质量，一定意义上都取决于制度创新的强度和制度供给的质量。破解制度性成本畸高困局，需要有通盘考虑，从体制和制度层面，宏观地、整体地看待问题，通过短期政策措施的出台和长期体制机制的优化，为社会生产生活的有效运行营造良好的环境，以实现社会成本的合理化和最优化，提高整个经济社会的运行效率。

1. 抑制推高成本的制度安排

降低制度性成本，要回归到"制度"二字，其实质是探寻各种有效的合约形式或制度安排，使制度本身的功能得到有效的发挥，并且尽可能调整使交易成本提高的制度制约，减少给社会造成的负面影响。财政制度和产权制度，是尤为关键的两项制度。良好的制度供给能力不仅能提升经济运行和技术进步的效率，更为城市文明拾级而上创造新条件。城市的发展和竞争力，归根结底是制度创新和制度供给的能力，正如新制度经济学认为的，制度因素才是经济增长的关键，一种能够提供有效激励的制度是保证经济增长的决定性因素。

（1）完善财政制度。当务之急，不是争辩"税负到底重不重"，而是以一种超越于技术的财政视野，建立"轻税"机制和结构。[①] 就目前的情况看，不管是学术界还是实务界，仍普遍认为几乎所有的问题都可以由税收来调节与制导，治理结果最终都落实到了税费的增加上。税收是国家调控经济的重要杠杆，但其调节作用

---

① 李炜光:《企业税费负担过重拖累经济增长》，《中国储运》2016年第12期。

是有限的，将税收这一长期的制度安排作为房价飙升、交通拥堵以及环境污染等相对短期的、不确定性问题的宏观调控工具，本身就不合理。宏观经济调控需要的优先级远远低于私人产权保护的优先级。

因此要减轻税负，一是要改掉"税收偏好"，减去赋予税收的超职能的使命担当，避免重蹈"税收万能论"的覆辙。二是减税必须建立在财政支出结构的优化和公共财政的完全实现上。政府要继续削减不必要的开支，取消不合理甚至不合法的支出和收费，让公民财产免遭不合理的减损和财政压力的转嫁。市政府工作报告中提出的"节用裕民"，本身也是降成本的辩证关系的体现。三是切实从"税收立法行政化"模式回到税收法定的轨道。从法理上看，政府得到人大授权，获得征税权，但是税制设置很大程度上已演变成政府的自定章程，减税看起来是政府的一种恩赐和仁政，这严重影响了税收的正当性和严肃性。2015年《中华人民共和国立法法》修改，明确了税率法定原则，但欣喜于税收立法权收归人大之余，预算上如何限制政府征税权，使"行政官不得滥有所征索"，还亟待专门的探讨。

（2）完善产权制度。产权和产权制度、人性和人的行为、行为效率和制度效率，是制度分析的三个核心问题。三者之间的逻辑关系是：产权制度决定人的行为特征；人的行为决定制度效率；制度效率决定制度变迁；制度变迁又改变人的行为。客观环境的变化，使社会不断提出新的制度供给命题。当制度不能满足客观社会需求时，就应积极推动新的制度变迁。人与人之间的关系或交易的制度化就是界定人与人之间的责、权、利，可以说所有的制度都是关于产权的制度。① 因此，制度性成本调控工作注定不可以也不可能绕过产权问题而停留在外围，而要"健全归属清晰、权责明确、保护

---

① 黄少安：《制度经济学实质上都是关于产权的经济学》，《经济纵横》2010年第9期。

严格、流转顺畅的现代产权制度"①,进一步实现产权制度化。以下两方面工作不容懈怠。

一是完善产权安排。政府行为主要表现为界定产权,而政府在界定产权的过程中往往存在"模糊产权的倾向",存在与民争利的现象,导致公共领域产权模糊、产权弱化或产权残缺,迫使所有者不得不为其本应有的权力不断地进行斗争或讨价还价,从而滋生大量的制度性交易成本。因此,产权最初界定给谁就变得非常重要,得到明确界定的产权对于增加交易的可预期性、稳定性,减少由于资源争夺而造成的浪费起着至关重要的作用。因此,政府本身成为最需要改革的对象,需要通过进一步完善权力清单制度来约束政府产权,以制度的形式约束政府产权的边界。近几年尽管本届政府力推简政放权、商事制度改革以及重点清理乱收费等,也取得了一定成效,但是目前一些领域的审批事项仍然较多,"权力套娃"现象此消彼长,有些审批事项的缩减只是名目的改换,没能最大限度把权力压减到位并规范起来。下一步应从政府规模"量"的改变,转变为对政府行为"质"的制约,同时不要让变相的行政审批增加了社会的成本。

二是完善产权保护制度。华盛顿大学经济学教授巴泽尔(Yoram Barzel)对其产权保护思想进行了如下凝练:"人们对资产的权利(包括他们自己的和他人的)不是永久不变的,它们是他们自己直接努力加以保护、他人企图夺取和政府予以保护程度的函数。"② 可以说,即使产权归属已明确,如果对产权的保护低效或无效,也一样会产生外部性和不必要的制度性交易成本。因此强化保护力度,降低维权难度就相当于为企业和个人降低了成本,特别是创新创业的广大中小型民营企业。一直以来,我国非公有产权保护弱于国有产权保护,对于强征强拆问题,应给予被征收、征用者公平合理补

---

① 十六届三中全会提出要"建立归属清晰、权责明确、保护严格、流转顺畅的现代产权制度"。
② [美] 约拉姆·巴泽尔:《产权的经济分析》,费方域、段毅才译,上海三联书店和上海人民出版社 1997 年版,第 2 页。

偿；对于侵犯知识产权成本过低问题，要提高侵权法定赔偿上限。接下来还要进一步建立健全产权保护的法律体系。2021年1月1日，我国《民法典》正式生效，它进一步完善了《物权法》《公司法》《专利法》以及《企业法》等相关法律法规。

2. 提高政府公共服务能力和水平

"我们不能靠一些拘限的策略来建立一个经济行为的体系，能够带来财产和福利的，是生产不是拘限。"① 从政府角度来说，减少对社会生产生活不必要的限制，提供更好的公共产品和服务以抵消难以避免的制度性成本，将政策所导致的负面的影响降至最低，也是降制度性成本的根本措施。

一是转变拘限的政府思维，减少不合理、不必要的"政策门槛"。前文提到的制度性成本中，有两项支出是会直接影响在一个城市生活的成本的：安居成本和土地成本。这两项成本都与城市的人口政策及住房政策密切相关。而这两项政策共同的思路是：用有限的配套的资源去适应人口数量，这必然从体制上造成城市福利领域的"隐性拥堵"，增加成本。近几年，各大城市相继划出人口红线，并采取各种行政手段抬高城市准入门槛。这样的逻辑无疑是混乱的：由政府来决定谁是人才，谁可以落户，其标准不可避免地会倾向于可以衡量的高标准，而忽视城市作为一个自发秩序的扩展需要各种各样的人②——正如上海陆家嘴金融区既需要金融和法律人才，也需要卖大饼油条和打扫马路的劳务人员，后者同样是劳动力市场重要的组成部分，是城市共同体的一部分。另外以限购为主导的房价调控措施往往伴生"成本扭曲"。因行政控制而抬高的房子附加值，甚至使得人们将自己的婚姻作为博弈工具，其间每一项付出

---

① ［奥］路德维希·冯·米塞斯：《人的行为》（上），夏道平译，远流出版事业股份有限公司1991年版，第920—921页。
② 李华芳：《城市的限度》（2013年12月31日），网易，https://money.163.com/13/1231/07/9HDJ4PIB00253BOH.html，最后浏览日期：2021年3月3日。

无不是落实到成本的增加。还有限行措施，居民不得不为随之而来的额外交通开支，为其他代步工具添置费埋单，还要面临车辆使用权贬值等问题，结果还是成本的抬高。

"也许作为人，我们已经变得如此的慵懒以至不再在乎事情是如何运转的，而仅仅是关注它们能够给予我们什么样的快速简单的外部印象。"① 美国城市社会学家简·雅各布斯（Jacobs，Jane）的话发人深思。在城市治理中遇到问题，就寄望于经济杠杆去调控，用价格手段来打压成本，这种工具理性的膨胀，导致对目标的片面追求取代了对社会的整体把握，还折腾了社会导致居民利益受损，制度性成本没有下降或被消除，而是被暂时地掩盖或是转换成另一种形态的成本。如是"政策风格"必须改变，选择政策工具时应该思考所使用的工具本身的合理性、适应性和有效性。每一项公共政策，特别是关于每一限制措施的决定，必须仔细权衡得失利弊。除此之外，应当建立决策的成本效益评估机制，在做决策之前，要充分考虑决策的经济效益和成本问题，避免造成决策浪费。② 再者，还应该完善公共政策损益补偿机制，无论是限购、限行还是拆迁政策，都需要思考如何弥补利益受损主体成本的损失，将工具理性和价值理性之间的冲突最小化。

二是提升政府公共服务供给水平。在《城市：它的发展、衰败与未来》这本有关城市规划设计理论的经典著作中，美国建筑理论家沙里宁（Eero Saarinen）多次引用这样一句古老而浅显的格言——城市的主要目的是为了给居民提供生活上和工作上的良好设施。政府应当以"人"为中心来协调物质上的安排，提供低价、优质的公共服务和"硬件"，也就是基础设施和公共服务，并确保供应的公平性，使之能服务更多的人口。这对于企业和居民来说，享受到更好的公共服务，一定程度上能够补偿因承受制度性成本压力而遭受的

---

① ［加］简·雅各布斯：《美国大城市的死与生》，金衡山译，译林出版社2005年版，第6页。
② 应松年：《从六个方面重点建设法治政府》，《求是》2014年第22期。

损害。但目前包括保障房、医疗、教育在内的公共资源的供给远远不足，使得这些原本相对"便宜"的东西，在大城市往往要花费很大的力气才能获得，一些城市中的民众对政府民生政策的期望还没能得到满意的兑现。因此应让城市基础设施按人口发展趋势去规划和安排①，而不是让城市人口去"适应"基础设施的承载量，削足适履。要特别说明的是，尽管政府目前也在根据城市实际人口来调整公共服务的供给，但是调整的速度远远跟不上人口增长速度，所以才会出现诸多城市问题。此外，政府提供更多的信息服务，从而降低企业和个人搜集信息的成本，这点同样重要。正如日本的经济企划厅，它充分发挥政府自身的力量来搜集信息、研究新的市场机遇，包括技术的机遇，然后免费提供给所在地区的所有企业。

城市的改善和进一步发展，必须从解决住宅及其居住环境的问题入手②，要适当放宽土地限制，建立合理的住房体系，提供更多"可承受性住房"，在当今欧洲"创业之都"德国柏林，自 2011 年起每年约有 4.3 万人迁入，其居住成本却不高，年轻人约花费工资五分之一就可以租到满意的房子，这要归功于政府出资建造的大量供低收入者使用的"社会住房"（social housing）。

3. 提升社会信任度

早在两千多年前，古希腊哲学家扬布里柯（Iamblichus）就提出了对信任与政府之间关系的见解：信任所带来的成果是使财产具有公共利益的性质，即使是少量的财产也足够了，因为财产可以流通。在没有"信任"的社会里，即使有再多的财产也不够。③ 现代社会，信用已经突破了单纯的道德伦理范畴，成为一种经济、社会变量，"一种简化复杂性的机制"④，来实现社会的正常、有序、高

---

① 秦德君：《大城市人口管控需要转变三种思维》，《决策》2017 年第 9 期。
② ［美］伊利尔·沙里宁：《城市：它的发展衰败与未来》，顾启源译，中国建筑工业出版社 1986 年版，第 216 页。
③ ［美］罗素·哈丁：《对政府的信任》，张旭译，《国外理论动态》2012 年第 9 期。
④ ［德］尼克拉斯·卢曼：《信任：一个社会复杂性的简化机制》，瞿铁鹏、李强译，上海人民出版社 2005 年版，第 32 页。

第8章 城市运行的制度性成本：膨胀动因与治理

效运转。近年来，我国社会信用体系建设取得诸多成效，出台了关于红黑名单的意见，开展了金融等重点领域失信问题专项治理等。但是当下电信诈骗、经济纠纷等社会负面现象频现，也说明了社会体系建设存在诸多漏洞①，亟待修补。贫富差距、司法不公、权力腐败与滥用、经济欺诈、各种造假、食品药品安全、社会冷漠、见死不救等现象的存在，都说明人与人、人与社会、公民与政府以及社会各阶层之间的"诚信预期"和"交往互信"等方面存在较多问题，使得公共空间社会交易成本持续增大，进而提升社会公共管理成本，比如为防止公职人员以权谋私、弄虚作假、徇私舞弊行为，国家就必须制定更多的管制法规，增设更多的机构和人员进行反腐败投入；为防止社区居民的欺诈和失信行为，就需增设更多监管或物业人员，增大监管投入。② 更严重的是对制度的不信任——如果政府部门诚信缺失，制定政策不透明、不公正、不连续，就会人为增加投资创业过程中的不确定因素，增大投资风险，导致投资预期的下降和投资创业的机会成本大幅度上升，尽管政府出台了一系列"优惠措施"，但招商引资仍存在困难，造成制度的极大浪费，甚至陷入所谓的"塔西陀陷阱"。

英国著名思想家卡尔·波普尔（Karl Popper）在《开放社会及其敌人》一书中认为，一个社会由封闭走向开放的过渡，就是人际关系从具体到抽象的过程，其抽象性建立在交换或合作之中。开放性的效率，就是人际信用关系的成本。提高社会信任是降低制度性成本、降低社会交易成本、优化人际关系、增大社会合作的保证，对社会的经济繁荣与和谐发展具有重要意义。在建立社会信任这一点上，政府要值得信赖，信力是取得社会信任的重要支柱。政府要成为公正的化身，首先要使自己被公众所信任。政府要制定和完善法律，也要严加约束自己的官员。政府要当好市场的"守夜人"，强化

---

① 李海兵：《从制度入手加强社会诚信体系建设》，《学习时报》2017年10月23日。
② 秦德君：《失信的社会，陡增的交易成本》，《中国社会导刊》2006年第24期。

市场监管责任，为市场机制的有效运行创造良好可靠的环境和条件，维护市场秩序，保障公平竞争，保护消费者权益。同时利用好全国信用信息共享平台及企业信用信息公示系统，加强信用信息归集、共享、公开和使用。在现代社会的运行中，一个政府能够使其公民之间相互信任，这一点对公民的生活至关重要，是实实在在为公众谋利益，也是见证监管者责任与使命的节点。

第 9 章
城市资本、规制与营商环境

在人类城市史上，资本与城市构成了紧密关系。城市是资本的集散地，城市引导资本流量；资本构成了现代城市的基础，对城市进行筛选和重整，城市因资本而强大壮美。中国改革开放近40年来大量外国资本进入国内市场，加速了中国经济的崛起。外资作为中国改革开放的参与者和见证者，为推动中国经济高增长作出了重要贡献。

一、改革开放与城市资本

2018年4月《第一财经》新一线城市研究所依据最新170个品牌商业数据、19家互联网公司的用户行为数据及数据机构的城市大数据，对中国338个地级以上城市进行排名。最新城市商业魅力排行榜沿用了商业资源集聚度、城市枢纽性、城市人活跃度、生活方式多样性和未来可塑性五大指标和原有算法框架：一级指数的权重以新一线城市研究所专家委员会打分的方式计入，二级指数以下的数据则采用主成分分析法。综合计算得到结果是：一线城市梯次"北上广深"变为"上北深广"。15个"新一线"依次为成都、杭州、重庆、武汉、苏州、西安、天津、南京、郑州、长沙、沈阳、青岛、宁波、东莞和无锡。①

2017年11月18日基于大数据基的"2017中国城市资本竞争力排行榜"揭晓，北京、上海、深圳、杭州、苏州、广州、南京、无锡、成都、宁波以聚集A股上市公司的数量排序，成为最受资本关注十大城市。北京、上海、深圳、广州、成都、杭州、重庆、南京、天津、苏州拥有最多金融本外币存款，成为最受资金关注十大城市。② 由《价值线》、中国经济网等联合发布的"2017中国城市资

---

① 新一线城市研究所：《以后请不要再说"北上广深"：2018中国最新1—5线城市排名出炉！》，《第一财经周刊》2018年4月26日。
② 《2017中国城市资本竞争力排行揭晓》（2017年11月18日），中国经济网，http://finance.ce.cn/rolling/201711/18/t20171118_26910955.shtml，最后浏览日期：2021年3月3日。

本竞争力暨最佳上市公司最佳投行排行榜"显示,至 2017 年 10 月 31 日中国 A 股市场共 3 408 家上市公司,分布在全国 274 座城市(北京 303 家、上海 270 家、深圳 267 家)。2017 年榜单最引人注目的,是深圳上市公司数量即将追过上海,杭州、苏州超越广州。①

2017 年 2 月联合国贸易和发展会议报告显示,2016 年在全球特别是亚洲地区外国直接投资(FDI)流入量大幅下滑情况下,中国吸引外资达 1 390 亿美元,比 2015 年增加 2.3%,位居全球第三位。② 2012—2016 年五年间我国中西部地区吸引外资 986.7 亿美元,对推动地方产业升级、促进区域经济增长发挥了极大作用。

《2017 年上海市国民经济和社会发展统计公报》显示,上海 2017 年实现金融业增加值 5 330.54 亿元(比 2016 年增长 11.8%)。全市各类金融单位达 1 491 家(其中货币金融服务单位 623 家;资本市场服务单位 403 家;保险业单位 389 家)。上海全市各类金融单位中,在沪经营性外资金融单位达到 251 家。③ 2017 年上海金融市场交易总额达 1 428.44 万亿元(比 2016 年增长 5.3%)。上海证券交易所总成交金额为 306.39 万亿元,增长 7.9%。④

20 世纪 80 年代改革开放以来大量外资进入中国市场,可谓"盛极一时",但近年"撤资现象"凸显,成为社会经济可持续发展的隐

---

① "2017 中国城市资本竞争力排行榜"第 4 至第 10 名城市 A 股上市公司家数是:杭州(126 家)、苏州(102 家)、广州(94 家)、南京(74 家)、无锡(70 家)、成都(69 家)、宁波(68 家)。
② 《联合国报告:中国吸引外资去年逆势增长、结构优化》(2017 年 2 月 2 日),新华网,http://www.xinhuanet.com/fortune/2017-02/02/c_1120400153.htm,最后浏览时间:2021 年 2 月 24 日。
③ 中外资金融机构本外币各项存款余额为 112 461.74 亿元;贷款余额为 67 182.01 亿元。
④ 其中债券成交额为 247.34 万亿元,增长 10.1%;股票成交金额为 51.12 万亿元,增长 1.9%。全年通过上海证券市场股票筹资 7 578.06 亿元,比 2016 年减少 5.9%;发行公司债 14 937.99 亿元,减少 41.5%。2017 年年末上海证券市场上市证券 12 219 只,比上年末增加 2 572 只。其中,股票 1 440 只,增加 214 只。全年上海期货交易所总成交金额为 89.93 万亿元,增长 5.8%。中国金融期货交易所总成交金额为 24.59 万亿元,增长 35.0%。银行间市场总成交金额为 997.77 万亿元,增长 3.9%。上海黄金交易所总成交金额为 9.76 万亿元,增长 11.9%(《2017 年上海市国民经济和社会发展统计公报》)。

忧。在全球化加剧态势下这一现象值得重视和研究。据国家商务部外资司统计，2017年1月实际使用外资金额为801亿元人民币（折120亿美元），同比下降9.2%。2017年全球最大硬盘制造商希捷关闭苏州工厂，迁移到泰国。2016年德国黛安芬从中国撤出，转移到印度尼西亚。① 2015年中国改革开放重要参与者和见证者——日本松下关闭北京锂离子电池工厂，这是继2012年关闭上海等离子电视工厂、2015年关闭山东松下后的第三次撤离。2015年三星电子将80%的中国产能转移到越南，无印良品已开始实施三年内把在中国企业从229家减少到86家的计划。2014年微软公司关闭北京和东莞的诺基亚手机工厂，转移到越南河内。② 2013年高盛退出工行、美银退出建行。其中亚洲首富李嘉诚的撤资，最为引人注目，成为近年撤资现象的标志性事件。③

从数据看，上海2017年新设外商直接投资项目3 950项，比2016年下降23.4%；合同金额为401.94亿美元，下降21.2%。2017年外商直接投资实际到位金额达170.08亿美元，下降8.1%。2017年第三产业外商直接投资实际到位金额达161.53亿美元，下降1.1%（占全市实际利用外资的比重为95.0%）。全年备案和核准对外直接投资项目608项，比上年下降57.3%；对外直接投资中方投资额达110.8亿美元，下降70.3%。签订对外承包工程合同金额为108.5亿美元，下降8.4%；实际完成营业额达99.3亿美元，增长49.2%；派

---

① 据中国海关统计，2016年1—4月外商投资企业加工贸易进出口总值为2 650亿美元，同比下降18.1%，降幅高于同期全国平均水平1.5个百分点。其中加工贸易出口额为1 723亿美元，同比下降17.1%。这一数据证实将有更多外资撤离。

② 统计数据显示，2015年上半年在中国进出口大幅下滑情况下欧盟从印度、孟加拉国、巴基斯坦、越南和印度尼西亚进口增幅在29.6%—53.4%之间。美国从越南、印度尼西亚、孟加拉国、柬埔寨进口增速在18%—29%之间。日本从越南、印尼、泰国进口增幅在23%—49%之间。

③ 2015年9月12日《瞭望智库》的《别让李嘉诚跑了》一文引爆海内外舆论。社会舆论对李嘉诚大陆撤资事件的评价，第一种是"谴责"式。代表性的是《瞭望智库》罗天昊的《别让李嘉诚跑了》一文，认为李嘉诚从大陆撤资"失守道义"，是"过桥抽板"之举。第二种是"目送"式。代表性的是《人民日报》上李克济的《对李嘉诚，与其挽留不如目送》一文，认为资本具有来去自由的性质，看待此事不能停留于感性。第三种是"问底"式。认为"如果投资环境好了，资本家自然会回来"。

出人员 13 902 人次，增长 114.0%。对外劳务合作派出人员 18 935 人次，增长 23.8%。①

"多米诺骨牌"式的撤资引发关注。随着国际经济环境变化和国内经济结构调整，我国吸引外资正面临新的机遇和挑战，利用外资出现新的战略调整需求。2016 年 9 月在杭州 G20 峰会上，20 国集团成员就促进国际国内投资政策协调达成 9 项"非约束性原则"，成为相关国投资政策的新的指导。如何基于全球综合竞争的战略新格局和我国经济发展的新常态，加快调整完善经济政策，完善法治化、国际化、便利化营商环境，构建与国际贸易投资规则相适应的规制体系，对我国未来实现各项可持续发展目标关系重大。

二、外资政策规制界面分析

外资是推动中国经济快速发展的引擎之一。1979 年 7 月 8 日全国人大常委会委员长令第七号公布《中华人民共和国中外合资经营企业法》，这是改革开放后第一部涉外法律，也是中国历史上第一部外商投资法，开启了外商投资立法大幕。这部法律于 1990 年、2001 年、2016 年作过三次修订。1986 年 4 月 12 日中华人民共和国主席令第三十九号发布的《中华人民共和国外资企业法》，为扩大对外经济技术合作对保护外资合法权益作出相关规定，并先后作过四次修订。1988 年 4 月 13 日七届人大一次会议通过《中华人民共和国中外合作经营企业法》，此法为促进中外企业在中国境内合作办企业而制定，2000 年、2016 年分别作过修订。1990 年 8 月 19 日国务院发布《国务院关于鼓励华侨和香港、澳门同胞投资的规定》，1994 年 3 月 5 日八届人大第六次会议通过《中华人民共和国台湾同胞投资保护法》，两部法律就保护港澳台同胞在大陆的投资权益作出规定。

---

① 上海市统计局：《2017 年上海市国民经济和社会发展统计公报》，2018 年 3 月 8 日。

1995年国家计划委员会同有关部门编制出台《外商投资产业指导目录》和《外商投资企业进口管理实施细则》，《外商投资产业指导目录》分别于 2007 年、2011 年、2015 年作了修订。2013 年 5 月 9 日国家发改委和商务部发布《中西部地区外商投资优势产业目录》（同时废止 2008 年版目录）。为进一步明确外资政策导向，2017 年 1 月 17 日国务院颁发《关于扩大对外开放积极利用外资若干措施的通知》，提出 20 项措施。2017 年 2 月 17 日国家发改委、商务部发布《中西部地区外商投资优势产业目录》（2013 年版《中西部目录》废止），进一步明确了外商投资项目的相关优惠政策。

纵观改革开放以来我国对外商投资的立法历程，有两个突出特点：一是公司法和外商投资企业法构成了我国对外商投资立法的基本内容。虽立法重点、立法背景不同，但公司法与外商投资企业法之间存在相关内容既重复又矛盾的现象，一定程度上削弱了统一性。二是我国实行"针对性立法"的原则，针对外商投资活动中出现的新现象、新情况出台相关法律，增强了针对性，但存在内容既分散又交叉重复乃至矛盾冲突的情况，同一法律界面的法律条文分散在一系列不同的法律规章中，如《中华人民共和国企业法》与"三资企业法"《中外合资经营企业法》《中外合作经营企业法》《外资企业法》)就存在这种情况。

立法的价值确立和技术效果都会成为外资的变量。2013 年李嘉诚先生接受南方报业集团采访时谈道："在政策不公平、营商环境不佳、政府选择性行使权力之下，投资意欲一定相对下降。"他表示"铤而走险不是自己的风格，须以股东利益为大前提"。[1] 如果顺着李嘉诚先生的话进一步审视完善我国外商投资法律环境建构，可以看到，法律政策不仅是一种管理手段，更是一种投资安全心理的源泉。规制的社会学含义是"一个表明在某些情境中什么行为是必须的，什么行为是可以选择的，或什么行为是禁止的这样一种可遵循

---

[1] 薛竣升、郑嘉：《李嘉诚撤资》，《新经济》2015 第 30 期。

的规定"。① 立法的价值要更聚焦于维系包括外商投资在内的经济领域的公平、公正和投资主体的合法权益。正如马克思说过的："'思想'一旦离开'利益',就一定会使自己出丑。"② 如何通过规制建构实现经济增长与外商利益的双赢,是我国经济新常态下经贸规制"废立改"的主题。

此外随着全球化的推进,我国当下出现了许多利用外商投资的新形式,如 BOT(Build-Operate-Transfer,即建设-经营-转让)方式、跨国并购、外商投资股份制、外商设立研发中心、外资公司和金融机构在华设立分支机构等。我国立法相对滞后,存在无法可依和无从适用的情况,亟须通过完善法律更好地适应国家"一带一路"倡议和经济发展新常态,对外商投资领域出现的新形态及时进行法律回应,在发展传统"三资企业"的同时进一步规范新的经贸方式,进一步扩大对各种外资的吸引。

三、自贸区先行先试界面分析

从优化外商投资环境的视角看,自贸区的最大价值在于探索在中国制度环境下,如何按照国际通行法则来建构"经济新形态"。2013年9月29日中国(上海)自由贸易试验区挂牌。2015年3月24日中央通过广东、天津、福建三个自由贸易试验区总体方案。2017年3月31日国务院新闻办发布,在辽宁、浙江、河南、湖北、重庆、四川、陕西7省(市)设立第三批自由贸易试验区。至此我国形成"1+3+7"自贸试验区雁阵格局,自贸区进入了"3.0时代",标志了改革从沿海向内陆纵深推进的战略新态势。

目前国际贸易和投资协定谈判中有两种模式:一是"正面清单"模式,以世界贸易组织(WTO)的《服务贸易总协定》为代表;二是

---

① [美]斯蒂文·小约翰:《传播理论》,陈德民、叶晓辉、廖文艳译,中国社会科学出版社 1999 年版,第 331 页。
② 《马克思恩格斯全集》(第二卷),人民出版社 2006 年版,第 103 页。

"负面清单"模式,以北美自由贸易协定为代表,创设了"准入前国民待遇+否定清单"的投资规则。2013年前我国实行"准入后国民待遇+正面清单"模式,通过审批和《外商投资产业指导目录》进行产业引导和管理。2013年7月3日国务院常务会议通过《中国(上海)自由贸易试验区总体方案》,开始推行"准入前国民待遇+负面清单"模式,开启了经贸营运新时代。

2015年国务院统一颁布第三版"负面清单",适用范围扩展到福建、广东、天津和扩区后的上海四地自贸区。相较前两版,此版负面清单减至122条,有些行业如建筑业、交通运输、仓储和邮政及房地产业等的限制得以全部解除。但与发达国家负面清单相比,仍存在较多差距。与亚洲国家如日本、菲律宾等相比亦显冗长和繁杂,限制种类过多。另对金融和文化娱乐业的限制有所增加。据《南方周末》统计,2015年版负面清单中"禁止""不得"出现54次,覆盖13个行业,其中出现最多的行业是文化体育娱乐(18次),其次是交通运输(6次)、租赁和商务服务、金融、教育(各5次)。

2017年3月31日国务院印发《全面深化中国(上海)自由贸易试验区改革开放方案》,体现出更为自由、规则更加开放透明、监管更加公平高效、营商更为便利的态势。如前述,自贸区的价值在于为我国经贸国际化、高度流通无障碍化试水探路,提供可复制可推广的经验。这就要按照《中共中央关于全面深化改革若干重大问题的决定》提出的"改革市场准入、海关监管、检验检疫等管理体制……形成面向全球的高标准自由贸易区网络"① 的要求,进一步突破各种阻碍,特别是观念上的束缚,进一步放大政策创新的集成效应,为资本自由流动、保护投资贸易权益创造更好条件。

---

① 《中共中央关于全面深化改革若干重大问题的决定》,《人民日报》2013年11月16日。

四、简化行政审批界面分析

行政审批是现代国家管理经济事务的前控手段。① 行政审批的繁简严宽反映了一个国家经济社会管理的水准和社会进步状况。可以说，改革开放以来我国经济发展取得的每一个进步，都是以减少审批、简化管制为前提、为条件的。

进入 21 世纪后十几年来，我国大幅度推进行政审批制度改革，取消、调整、下放、合并行政审批项目、行政许可事项 2 700 多项。2013 年以来，国务院分 9 批取消和下放的所属部门行政审批事项共 618 项（其中取消国家发改委行政审批项目 22 项，下放发改委审批事项 12 项）。② 各级地方政府在削减行政审批事项上也迈出了大的步伐。当然尽管在"量"上，我国行政审批改革取得了令人瞩目的突破，但从"质"的角度考察，却不全部如此。存在的主要问题，一为"压缩"。即把内容相仿但审批方式迥然的审批事项，归为一项统计。如把"设立""注销"等不同审批行为认定为同一类，把工商企业、外商投资企业等各类企业的设立或注销活动合为一个审批事项。由于实际操作过程中对于不同主体的申报要求仍是不同的，需递交的申请材料依旧不一样，因此这种变革，实际上并未真正减轻相对人的申请负担。二为"改面"。有些部门将审批的名目稍作修改，但实际操作依旧沿袭原有方式。如某部门有两个科室，一号科

---

① 行政审批是行政机关根据自然人、法人或其他组织提出的申请，经依法审查，以批准、同意、年检、发放证照等方式准予从事特定活动、认可其资格资质、确认特定民事关系或特定民事权利能力和行为能力的行为，主要功能是配置资源、控制风险、维护秩序、证明信誉等。

② 2012 年 10 月 10 日《国务院关于第六批取消和调整行政审批项目的决定》公布，实施第六批取消和调整 314 项行政审批项目。2014 年 2 月 15 日《国务院关于取消和下放一批行政审批项目的决定》印发，取消和下放 64 项行政审批事项和 18 个子项。2014 年 11 月 24 日国务院决定取消和下放 58 项行政审批项目，取消 67 项职业资格许可和认定事项，取消 19 项评比达标表彰项目。2016 年 2 月国务院印发《关于第二批取消 152 项中央指定地方实施行政审批事项的决定》，再取消一批中央指定地方实施行政审批事项。

室把审批改为"备案",二号科室以此"备案"作为前置程序条件,未取得"备案"前置条件的不予受理。此类"备案"改革,事实上与审批性质并无实质上的差别。

由于计划经济根深蒂固的权力意志和"审批惯性",行政审批改革每突破一步都举步维艰;又由于行政审批有自由裁量权,行政审批机制一旦形成,要"裁剪"就相当不易。在行政实践中,人们之所以总是倾向选择"模糊行政",是为了在公共事务(特别是公共预算)过程中拥有"更多裁量权"或为了更有利于利己性的操作。① 我国行政审批领域自由裁量权过大、过于模糊以及"不当审批",一直是个突出的问题。

2014年2月海南省人大代表邢诒川在海南"两会"上,晒出他调研制作的"行政审批长征图",5页A3纸,详细记录了一个投资项目从获得土地到办完手续的过程。需经历30多项审批、盖上百个章,全程至少需272个审批日。他说"行政审批流程太复杂了,一天一夜都讲不完",问题是行政审批"长征",还不光指这"272个工作日",实际花的时间远远会超过272个工作日,"少则1年,多则3年"。②

在外资审批方面,由于外资准入的审批机制中事实上存在灰色地带,由于自由裁量权扩大了寻租空间,导致市场主体增大了许多交易成本,大量外资企业不堪重负,于是选择去交易成本更低的国家和地区成为必然的"理性选择"。

我国关于外资的法律法规、政策,对外资领域的许多重要事项和信息过去一直较多以非公开的方式,如内部文件、行政指示、内部通知、批文等形式来体现,信息为一些机构垄断,可靠信息匮乏,执法依据和过程亦过于复杂,外商难以适应和把握。由此我国

---

① 侯一麟、孔卫拿:《预算透明:趋势、制度与挑战——美国经验的检视》,《公共行政评论》2012年第6期。
② 江桦:《行政审批流程太复杂,审批流程瘦身还须严厉追责》,《河南商报》2014年2月17日。

曾被视为是管制机制"不透明"的国家。正如 2017 年 3 月 15 日李克强总理在回答中外记者提问时指出的:"改革的过程中发现这里面的名堂多了,不仅是审批权,还有名目繁多的行政许可、资格认证、各种奇葩证明,让企业不堪重负的收费等等","政府仍管了很多不该管的事,该放的权有些还没有放"。① 在当下推进"四个全面"的战略布局中进一步优化外商投资环境的核心,是要加快推进简政放权,加大精简行政审批的力度,把自由裁量权减少到最低限度。

五、优化营商环境政策选择

1. 营商环境与开放度、市场化

所谓营商环境,是指一个国家、地区经贸制度体系的法治化、国际化、便利化的程度。其实质,是行政监管和制度体系的开放度和对于经贸活动的便利影响。营商环境不仅对实际经济运行产生巨大影响,更在本质上反映出一个国家、地区和城市的市场化、现代化乃至文明进步的程度。可以说,没有优质的营商环境,就没有面向全球、面向未来的真正的综合竞争力。

营商环境是一个国家和地区的核心竞争力。世界银行把营商环境界定为开办企业、获得建筑许可、获得电力、注册产权、获得信贷、保护小投资者、纳税、国际贸易、合同执行和破产清算十个方面,每个方面又包括多个指标。在全球范围内,改善营商环境是一种世界性大势,各国都在不断优化营商环境以提升综合竞争力。如以 20 天内开办一家新企业为标准,2005 年全球只有 41 个国家可以做到,而到 2016 年 130 个国家实现了这一目标。世界银行 2019 年发布的《2018 年营商环境报告:改革以创造就业机会》统计显示,2017 年有 119 个经济体进行了 264 项优化营商环境的改革。中国"开

---

① 《国务院总理李克强答中外记者问实录》(2017 年 3 月 15 日),人民网,http://npc.people.com.cn/n1/2017/0315/c14576-29147139.html,最后浏览日期:2020 年 10 月 28 日。

办企业便利度"排名从 2016 年的第 127 位上升到 2017 年的第 93 位。

上海除了要建成具有全球资源配置能力的国际经济、金融、贸易、航运四个中心外，还要形成全球科创中心基本框架，并在 2035 年建成"卓越的全球城市"，这是全新的历史性转型。上海必须对标国际最高标准、最好水平，打造世界一流的营商环境新高地。所谓的新高地，就是要加快形成法治化、国际化、便利化的营商环境，成为贸易投资最便利、行政效率最高、服务管理最规范、法治体系最完善的城市之一。

2. 上海优化营商环境的空间

近年上海简政放权、投资贸易便利化推进力度加大。特别通过上海自贸试验区建设，在政府简政放权、探索建立符合法治化、国际化、便利化要求的营商环境制度体系方面取得突破，但总体上离贸易投资最便利、行政效率最高、服务管理最规范、法治体系最完善的城市，存在较大距离。

世界银行每年发布《营商环境报告》(Doing Business)对全球近 189 个经济体作评估，2015 年起上海被纳入评估之列。2016 年上海 10 项评估指标平均得分为 63.38 分（满分 100 分），低于东亚城市平均水平。正如李强书记指出的：按照面向全球的开放性、透明性要求来推进经贸营运战略新布局，进一步完善营商投资的法治政策体系，建立稳定规范、可预见、透明度高的法规体系，是上海"改革再出发"的重要方面。

上海对标国际最高标准、最好水平，率先形成法治化、国际化、便利化营商环境，打造国际一流的营商环境新高地，存在的主要问题，一是市场体系不够完善，市场竞争不充分。市场活力不足，成为制约深化发展的主要障碍。二是对微观经济活动干预过多，在企业资源成本、税费成本、融资成本、制度性交易成本中，制度性交易成本最高。三是行政审批中仍存在不少问题。已取消、下放的审批事项"含金量"不高，存在重数量、轻质量现象。一些审批事项名义上取消，但改头换面地出现在其他变相方式中，或以"备案"行审批之实。办理同一商事事项存在各区审核口径不统一，公开资料未要求实际上却另有要求，使申请人反复"跑腿"。四是政府职能转变存在较大距离。政府部门仍管着许多管不好、效率低、本应交由市场的事务。五是政府部门管控能力强于服务能力。尤其是服务市场、服务企业和制度供给能力较弱。

3. 优化营商环境五个着力点

营商环境本质上是一种制度环境。制度环境是一系列用来建立生产、交换与分配基础的政治、社会和法律规则，它决定、影响其他制度安排。要按照习近平总书记对上海工作提出的要求，把制度创新作为主攻方向，推出切实举措，打造优质的国际化、法治化、便利化营商高地。

（1）进一步健全营商投资规制体系，提升法治化水平

营商环境涉及城市结构、法治体制机制、城市国际化水准等诸多领域和诸多问题。按照面向全球的开放性、透明性要求来推进经贸营运新布局，建立稳定规范、可预见、透明度高的法规体系，是提升营商环境法治层级的重要方面。

外资是推动中国经济快速发展的引擎之一，对中国经济和开放作出了重要贡献。1952年经济学家马克维茨（Markowitz）提出的"投资组合理论"和"马克维茨模型"，认为降低风险就意味着收益，而降低政策规制的不透明、不确定性，是降低投资者对"风险"主观认定的主要手段。要立足于综合分析市场需求潜力、劳动力资源和价格、企业税负及运营成本、市场期望及地缘政治等因素，全面清理各种短板，按照习近平总书记关于"要清理涉及外资的法律、法规、规章和政策文件，凡是同国家对外开放大方向和大原则不符的法律法规或条款，要限期废止或修订"的要求，加快健全立法，构建与世界打通的营商管理规制体系。除少数准入特别管理的领域外，外资企业设立及变更等应由审批制改为"备案制"；同时要为投

资者提供更透明、详备的信息服务支持体系，并聚焦于向新兴产业、业态提供优质法治新规范，实施革命性流程再造。

(2) 完善"负面清单"模式，推行"自贸区逻辑"普遍化

2013 年我国首个自贸区——上海自由贸易区的设立，根本目的在于为建立法治化、国际化、便利化营商环境进行探索和示范。经国务院三轮批复，目前已形成"1＋3＋7"的雁阵格局，覆盖全国1 400 平方千米，构成了新时代对外开放的新动力。上海自由贸易区作为我国首个设立的自由贸易区，要加快与全球技术革命、产业革命对接，提升参与全球资源配置的位置，为新时代加快创新发展提供示范。

一是要以"改革开放再出发"的勇气减缩"负面清单"，使其更合乎世界通行惯例。上海负面清单制度、国际贸易"单一窗口"已在全国推广，行政管理模式创新等也在全国形成了示范效应。要围绕开放水平"最高"这一目标，推进服务贸易开放，为全国提供更多可复制可推广的制度模块。二是要扩大敏感行业的开放，如鼓励跨境金融开放、跨境电商开放等。目前在服务贸易规则对接方面缺乏统一性，透明度有待提升。三是更重要的，要在更大区域范围推行"自贸区逻辑"的普遍化，放大自贸区模式效应，在全市推动经贸方式的革命性变革，把产业链、价值链、创新链有机结合起来，为国家顶层战略提供包括"一带一路"战略目标金融连接端制度平台、亚太自贸区营运试验区制度平台等制度支撑。

(3) 加大简政放权力度，推进行政审批制度改革

简政放权是个历史性命题。1941 年陕甘宁边区政府副主席李鼎铭等提出"精兵简政"议案，引起毛泽东重视。1942 年 9 月 7 日《解放日报》发表毛泽东起草的《一个极其重要的政策》，要求解决"庞大机构与战争情况的矛盾"。新中国成立后"简政放权"贯穿于国家治理各个阶段，更成为十九大后行政体制改革的主线。

行政力量覆盖一切的经营模式已不可持续，只有市场解决不了或解决不好的问题才是政府的事。牵住推进行政审批制度改革这一

"牛鼻子",加大简政放权,才能有效提升制度软实力。要推动网上全程办理事务的落地,健全网上审批流程,强化数据共享和协同应用。消除羁绊,让数据多跑路、百姓少跑腿,让审批相对人得到切实的便利和实惠,降低制度性交易成本。

(4)加快推进"放管服"改革,加快转变政府职能

优化营商环境关键要在"放管服"改革上下更大功夫。"放"要更彻底、更到位,凡市场能自行调节的就放给市场;凡是社会组织能自律管理的就放给社会;凡是基层管理更为方便有效的就放给基层。"管"要更科学、更高效。以事中事后监管为原则,事前审批为特例,探索"互联网+监管"模式。对市场、企业、社会的"服务"要更精准、更贴心。对新产业、新业态、新模式有更为包容的服务态度。用公务员的"辛苦指数"换取群众的"幸福指数"和企业的"发展指数"。同时要改革政府考核评价机制,让市场主体作评判,提升企业的实际获得感和满意度。

(5)进一步强化创新驱动,提升制度供给的能力

营商环境本质上是一种制度环境。制度是一种公共产品,政府是制度供给的主体,也是驱动创新的主体。要更好地聚焦制度领域、聚焦加快推动制度和体制的革故鼎新。推动经济增长的因素,包括资本、劳动力、自然资源和制度、技术,其中制度变革是最重要的"发动机",正如新制度经济学认为的,制度因素是经济增长的关键,一种能够提供有效激励的制度是保证经济增长的决定性因素。上海的发展质量,取决于制度创新的强度和制度供给的质量。由此要更好地提升制度创新和制度供给的能力,通过新一轮改革建立更为开放的制度框架,以制度供给、创新驱动创造体制机制新优势,实现转型发展。①

在全球转向高质量发展时代,上海只有构筑新的战略优势,才能赢得新的发展。而最重要的基础和突破口,是对标国际最高标

---

① 秦德君:《上海怎样打造一流营商环境》,《解放日报》2018年2月6日。

准、最好水平，打造国际一流的优质营商高地。既要"像绣花一样精细"的精耕细作，注重凸现中国特色，又要遵循全球城市、"全球科创中心"发展的一般规律，吸纳人类城市文明的成果，拓展以打造国际一流营商环境为核心的超大型城市治理的新境界。

第 10 章
城市文化创新的界面、廊道与维度

城市作为一种人类文明形态，本身就是创新之果。历史上大面积的城市和城市群落形成后，带来了人们生活方式的巨大变迁。正如马克思所论述的，城市本身表明了人口、生产、工具、资本、享乐和需求的集中，城市又成为人类各方面创新的中心地带。

十九大提出"激发全民族文化创新创造活力，建设社会主义文化强国"[①]，"文化强国"须以"文化强市"为基础。城市文化创新是城市发展的灵魂，中国一线城市应成为文化创新的先锋。但中国城市发展呈现的普遍问题是"有技术，少文化"，"有形态，缺灵魂"，传统都市文化萎缩，成为影响城市长远发展和迈入"全球城市"的结构性短板。普遍性的问题是，追求经济的高增长使城市模式变得刚性，甚至成为"经济动物型"城市。长期"超越型"、GDP至上的营运方式导致城市行为表面化，刚性的经济逻辑覆盖了文化逻辑。城市热热闹闹的"文化建设"和形形色色的"文化标签"中，文化变得没有"文化味"。技术理性至上，城市步履匆匆，没有"牧童遥指杏花村"的诗情，却有"路上行人欲断魂"的逼仄。如何切实推进文化创新，成为当下中国城市治理面临的共性问题。

一、城市文化界面：错落的三重奏

"界面"是用以分析事物的结构分界。在城市文化系统中"界面"是城市文化的不同面颊。事实上城市文化有着相当复杂的构成，其架构、成分、表现方式繁复错综，呈现不同的文化品相。文化界面的"间界关系"则构成了文化相界。真正意义上的城市文化创新是个复杂的命题，不是搞涂涂抹抹的表面文章，它是文化质地上的扬厉、蓄养和革新。城市文化创新首先应在不同的界面中展开。

---

① 习近平：《决胜全面建成小康社会 夺取新时代中国特色社会主义伟大胜利——在中国共产党第十九次全国代表大会上的报告》（2017年10月18日），第七部分"坚定文化自信，推动社会主义文化繁荣兴盛"。

1. 人文界面

这是城市文化创新的第一界面,它是城市的"知识世界"。语言、艺术作品(比如北京京剧、上海沪剧、陕西秦腔)、宗教、科学、技术以及习俗、生活习性等都构成了这一斑驳的文化界面。人类作为一定环境中总生命网的一部分,与物种群的生成体构成一个生物层的亚社会层,通常被称作群落。人类在旧石器时代晚期在非物质文化方面已有长足的发展。① 美国文化人类学家 A.L.克罗伯(Alfred Louis Kroeber)和 K.科拉克洪(Clyde kluckhom)在《文化:一个概念定义的考评》(1952 年)中认为:文化存在于各种内隐的和外显的模式之中,借助符号的运用得以学习与传播。② 人文界面构成了城市文化的基本内容,是城市文化的灵魂。

2. 物理界面

这是城市文化创新的第二界面,它是城市内外的"自然界"。山川风物、季风气候、物化遗存、城市形貌等构成了其表现形态。正如法国地理学家菲利普·潘什梅尔(Philippe Pinchemel)指出的:城市既是一个景观,一片经济空间,一种人口密度;也是一个生活中心或劳动中心。人类在旧石器时代晚期,器物文化已构成了人类文化最早的物理界面。南京明孝陵、中山陵、十里秦淮河、总统府等遗存蕴含了南京这座城市独有的沧桑和厚重;西安兵马俑、古城墙、秦始皇陵则熔铸了西安这座古城的古朴和深厚。北京故宫、天坛、长城标识了北京城现代化亦难消融的深厚历史感;上海外滩、南京路旧建筑群、古老石库门则约定了上海的城市特质和风韵;而一个美丽西湖就成为杭州古今的符号,熔铸了它的明丽、柔美和婉约。

---

① 比如,这时的群体生活比从前更有规律和具有更高程度的组织性。旧时代晚期的共同体中已有专业的艺人和熟练的匠人。参见[美]爱德华·麦克诺尔·伯恩斯、菲利普·李·拉尔夫《世界文明史》(第一卷),罗经国、陈筠、莫润先等译,商务印书馆 1987 年版,第 14—15 页。

② 《中国大百科全书·社会学》,中国大百科全书出版社 1991 年版,第 409 页。

3. 相交界面

这是城市文化创新的第三界面。它是城市文化系统中人文界面与物理界面的交互地带。这一相交界面包括人文界面和物理界面的相关内容，组成了城市文化集丛（cultural complex）。作为一种文化界面，城市文化集丛以某些文化特质为核心存在于城市时空中。其中不同文化特质围绕中心特质对整体发挥功用。城市文化相交界面反映了城市文化内容的相互渗透和交互。

二、城市文化廊道：故事、传奇、城市性格

城市文化创新和发展有其特定的存在形态或者说廊道。一个城市之所以"有文化"，乃是因其有特定的形态和廊道。推进城市文化创新凭借的廊道主要有如下几个方面。

1. 城市故事

城市是"许多故事的交叉点"。[①]"故事"是城市文化最动人最显性的表达方式，也是城市文化特定载体。故事构成了一个城市历史和现代的感性地带，融汇了城市的经历和变迁。一个没有"故事"的城市是枯燥乏味的。正如历史学家芒福德（Mumford）说的，城市早已经成为一个充满惊喜的场所，那里就是一个剧院，人们既可以在舞台上展现自己，也能被别人所欣赏。"故事"包含了大大小小的事件，这些事件是这个城市所独有的。"城市不仅培育了艺术，其本身也是艺术，不仅创造了剧院，它自己就是剧院。"[②] 旧时上海十里洋场、近代上海风起云涌，"故事"不应被湮没而应被发掘。

城市故事的价值在于铭记历史，记录变迁，形成人们口耳相传

---

① ［英］彼得·布鲁克：《现代性和大都市：写作、电影和城市的文艺社群》，杨春丽译，江苏凤凰教育出版社2015年版，第1页。

② 许纪霖主编《帝国、都市与现代性》，江苏人民出版社2006年版，第192页、第194页。

的文化记忆。城市故事是城市社会美学的浪漫云气。如洛阳不仅有牡丹花的国色天香,有逾 5 000 年的灿烂文明史、4 000 多年建城史和 1 500 多年的建都史,重要的是,作为华夏文明的发祥地,洛阳充满了故事,道学始于此,儒学源于此,佛学起于此,经学兴于此,玄学传于此,理学兴于此。周公在这里制礼,老子在这里著书,孔子在这里问礼,班固在这里写了第一部断代史史书《汉书》,司马光在这里完成了《资治通鉴》,左思的《三都赋》使"洛阳纸贵",曹植的《洛神赋》则使洛河充满了离绪惆怅的古典美丽。① 至于"建安七子""竹林七贤""金谷二十四友",还有程氏兄弟、邵雍、赵普、欧阳修以及 100 多名君王也曾在此指点江山……因此洛阳是中华文化最有历史感的丰富曲折的读本之一。洛河两岸,分布着夏都二里头遗址、偃师商城、东周王城、汉魏故城、隋唐洛阳城等历史遗址。重要的是,城市故事通过对城市经历的叙述,展示了某种范围的独特文化形态。因其每一个故事都是城市对自身历程的存档和阐发,积淀着城市历史厚度,引导着城市观念和城市风格的定型与养成。

2. 城市传奇

"传奇"有时也是故事,但比故事更具有色彩性、新奇性和易传播性。② 作为城市文化的又一种载体,传奇是一个城市所经历的或壮丽,或悲壮,或奇幻的不平凡事件。世界上任何一座著名城市都有其动人心魄的传奇。一座没有传奇的城市是平淡无奇的。西湖断桥唐已建成,宋称保佑桥,元称段家桥,后在 1941 年又改建。一座平平常常的桥因有缠绵爱情传奇"白蛇传"发生于此,就成为杭州城的文化符号,"断桥残雪"也因此更有了看头。传奇作为一种城

---

① 《洛神赋》悲怆迷离的故事景象有着永久文化魅力。历朝历代,题咏的诗词歌赋不胜枚举。晋代书法家王献之、画家顾恺之把《洛神赋》形诸笔墨。南宋和元明时期,一些剧作家将《洛神赋》搬上舞台,如汪道昆的《陈思王悲生洛水》。

② 把城市传奇与城市故事进行区分,是基于城市传奇比城市故事具有更强烈的传播特性。

市文化记录方式，反映的是带有寓意的事件和市井坊间趣事逸闻，它对研究一个城市的历史文化具有重要作用。传奇也包括一个城市某些方面的事迹功绩。比如1992年邓小平视察南方并发表谈话——邓小平在深圳期间的所言所行，最后由《深圳特区报》以"东方风来满眼春"进行报道扩散，由此引发中国20世纪90年代改革开放"第二春"，极具传奇性。而深圳由一个小渔村发展成为今天中国改革开放的先锋城市，本身也是一个传奇。对于一座城市来说，传奇是不可多得的。

3. 城市性格

城市性格作为一种"城市方式"构成一个城市的文化内核。它是一个城市之所以为一个城市的相对稳定的社会心理特征。作为一种城市文化廊道，城市性格最能反映一个城市的差异化个性。"确定的性格"而不是游离的性格是任何一座城市的魅力所在。

城市个性作为复杂的文化结构系统，其符号之一是城市形体。一座城市的物理形体（包括规模、经纬度、地区方位等）对城市社群有很大影响。古希腊亚里士多德曾说：城市规模对公民性格产生影响。一个城市规模应适中，太大太小都不好，太小人们不易有进取心；太大则容易养成野心。有什么样的城市空间，就形塑出什么样的城市人。说上海人"精明不聪明"，为什么？因为上海的城市物理形体是一种精细形态，同时亦有强烈的工商结构。它和北京的大大咧咧不一样。"精明"两字，是在精精当当的街市和弄堂门户里炼制出来的。①

符号之二为历史特性。所谓"各行成习，积习成性"，一个城市在一定历史阶段上经历的风云际会对形塑城市个性影响甚大，投射下隐现不定的性格光谱。美国《时代》周刊曾评价成都为"China's China"，成都的"慢"性格与其山川地理和历史文化有关。《战国

---

① 秦德君：《城市文化创新的界面、廊道与维度》，《学术界》2016年第5期。

策·秦策一》说:"沃野千里,蓄积饶多,地势形便,此所谓天府,天下之雄国也。"古来天府之国,由于外部社会环境造成的影响甚小,满大街的茶馆咖座,袅袅茶香可以飘拂千百年。

符号之三是精神品质。它构成城市的知性差异,给人以开放型、凝重型、婉约型、浪漫型,抑或"知性""商性""山性""水性""柔性""刚性"等直觉认知;还有城市温度梯阶,诸如给人以暖色、温色、中色、冷色等的不同感受。苏州温婉古典之"范型",不仅来源于它古色隽秀的古典园林,"不出城郭而获山水之怡,身居闹市而有灵泉之致",更来源于其历史深处的人文气质——尽管今日苏州同样经历着"现代化"刚性逻辑的折损。

城市性格既是城市文化的孕育之果,又是对城市文化的诠释。其带来的精神品质,造成一座城市迥异的风格。比如"深圳速度""深圳观念"等,就是构成"深圳性格"并作为创新先锋城市的要素之一。过去上海的城市风貌曾经有过"风情万种"。无论旗袍的曲线,石库门的古朴,还是南京路的时尚,骨子里都透着"风情"两字。今天上海发展极快,可商性、刚性、"经济动物型"却无法体现出"风情"两字。当今全球化浪潮席卷各地,但世界各地城市对全球化反应是多种多样的:在一些城市,人们热情拥抱全球化;在另一些城市,全球化则被节制。① 在"齐一化"的强劲趋势中如何凸现城市性格,这是一个严峻的文化命题。有一种说法,认为中国"最大气"的城市是北京,"最伤感"的城市是南京,"最粗放"的城市是沈阳,"最女性"的城市是杭州,这是一种粗放说法,缺乏精确的文化特质揭示,很难成为认知一座城市的确定符号。每一个城市都应当有其在独特经历基础上形成的性格,脱离文化基因传承的城市必定是缺乏魅力的。

---

① [英]彼德·纽曼、安迪·索恩利:《规划世界城市:全球化与城市政治》,刘晔、汪洋俊、杜晓馨译,上海人民出版社2012年版,第1页。

三、城市文化创新：五个维度

城市文化的构成逻辑是：城市文化特质构成文化集丛，城市文化集丛构成一定形态的文化模式（cultural pattern）。需要进一步研究的是如何立足于中国城市实际，从哪些方位上推进文化创新。[①] 进一步的问题是：今天很多打着"文化"名号的文化建设是不是合乎文化创新的内在要求？推进城市文化创新，不能不作为，也不能乱作为。总体上，文化创新的实施和推进应依据以下五个维度展开。

1. 体制结构维度

《中共中央关于制定国民经济与社会发展第十三个五年规划的建议》在谈到"创新"时强调："必须把发展基点放在创新上，形成促进创新体制架构。""形成促进创新体制架构"是城市文化创新的第一要义。没有好的体制架构，任何社会创新都不可能真正实现。如果一个城市文化创新不佳，首先要检视的，是其体制架构是否合乎文化创新的要求？对于一个社会，体制架构营建了某种结构，从而影响整体社会系统。有利于创新发展的体制架构，有其质的规定性。

（1）它是开放性的而不是封闭性的。能容纳和吸收不同地域、不同民族、不同历史时期好的东西为我所用，虚怀若谷，上善若水。只有通过这种开放性结构，城市文化各构成要素才能形成系统整体，实现城市文化创新的系统性效能。

（2）它是文化的而不是文盲的。城市文化创新，最有文化品质的态度，不是"打造"的工匠思维，而是养成尊重文化习性的"酿

[①] 十八届五中全会提出发展"城市群"的构想有两个层级：第一个层级是"优化发展京津冀、长三角、珠三角三大城市群"；第二个层级是"形成东北地区、中原地区、长江中下游、成渝地区、关中平原地区等城市群"（见《中共中央关于制定国民经济与社会发展第十三个五年发展规划的建议》第三部分）。十八届五中全会提出"绿色城市、智慧城市、森林城市"的目标，其中城市文化创新是其灵魂。

造"习惯。构成人类文化的东西都不是刻意炮制之果，而是由创新作为内生动力促发的一步步拾级而上。以"文盲"行为刻意打造文化，本质上是反文化的。

（3）它是服务性的而不是管制性的。任何繁杂不已的管制"利维坦"一定是文化创新的大敌，不利于文化的创新和发展。正如丹尼尔·贝尔（Daniel Bell）指出的："文化有自己刚性的逻辑，不会臣服于人的意志和操纵。"文化创新犹如一棵树，只有在宽松的阳光雨露中才能蓬勃生长。管制是"管"不出文化的，只有良好的服务才能促进城市文化发展，不仅能激发民间的创新冲动，构筑起让人们"放手创新发明"的政策法治环境，还能让人们在创新冲动成本与创新收益之间，实现正向的比率。

2. 政治哲学维度

促进包括城市文化创新在内的任何创新，需要基于一种政治哲学和思想方法，即以何种思维方式来认知文化和文化创新？从文化生态学观点看，应从人、自然、社会的各种变量交互中研究和把握城市文化创新，特别是把握科学技术、经济体制、社会组织及社会价值观念对城市文化创新的影响。

"文化建设"成为当下中国使用频率最高的语汇之一，可是为什么林林总总投入巨大的"文化建设"收益甚少，为什么形形色色的"文化建设"本身缺乏文化？急功近利的"文化大跃进"，形形色色的文化理性主义、功利主义，政绩取向的文化"短平快"的打造工程，正大面积破坏当下中国的城市文化。而今天中国城市的大拆大建对城市文化根脉、城市文化内核破坏得太厉害了，使得中国现代化面临了多重困惑：一是中国城市还剩下多少文化？二是为什么以"文化"之名的假文化、逆文化、反文化行为层出不穷，以至于人们已见怪不怪？三是什么才是一个城市文化建设的合理形态？

城市文化创新不能搞伤筋动骨的宏大叙事，不能搞地动山摇的

"重新安排河山"。企图依靠领导和政府部门炮制出一个"文化城市",只是一个不大不小的现代乌托邦。文化因子是延承的,文化的创新和变革需要很长的历史时间才能完成。无论哪个民族,文化都是一座既定的高山。我们要建立"治大国若烹小鲜"的审慎态度和"无为而治"的政治哲学,"道常无为,而无不为",以"无为"之道临治天下,以无为达有为,无为而无不为,才能实现民众的文化福祉。

3. 民间主体维度

从创新的内生逻辑看,一个国家和民族的创新,无论经济、科技、文化、制度,真正的动力都发轫于民间。"人民,只有人民,才是创造世界历史的动力","群众是真正的英雄,而我们自己则往往是幼稚可笑的"(毛泽东语)。这两句话,在文化领域尤其具有重大现实的指导价值。人民,只有人民,才是文化创新的动力。群众是真正的创新主体,而我们自己则往往是幼稚可笑的。必须回归到马克思主义历史唯物主义的立场上。

人类在漫长的前文字时代已有了文化①,由工具、武器、化石、器皿、雕刻、图画以及饰物和纹饰等组成,它们是劳动和生活的创造。文化的本质属性和土壤是草根,"民间"才是城市文化创新的辽阔疆场。真正的文化创新主体是民间、公众、社群。政府部门在文化创新上的职责是放松管制,营建宽松的创新公共空间,提供促进创新竞争的政策规制,鼓励人们在文化领域内进行各种探索、试错、发明、创造;而不是包揽一切,以行政行为代替文化创造和创新。只有真正把民间、民众确立为创新主体并鼓励人们进行多元文化创造,城市文化创新才可能回归它的正确轨道。

---

① 在人类漫长历史中,前文字时代至少占了迄今人类历史的 95%,约在公元前 5000 年才结束。

4. 文化个性维度

当下中国城市最大的文化问题是缺乏文化个性，千城一面，百城同风，这是中国城市文化灾难性的一个趋向。今天无论走到哪里，都有一种"似曾相识"的感觉，都是那样一种格局，很少看到有个性、由当地历史文化 DNA 生成的东西。城市每个角落都那样理性，那样人化，那样缺少耦合性，那样缺少历史的风雨感。

一个没有个性的城市是谈不上文化的，更遑论文化创新了。梁漱溟先生指出："文化之形成，既非一元的，非机械的，因此所有各处文化便各有其个性。"他还指出："任何一处文化，都自具个性，惟个性之强度则不等耳。"[①] 城市文化个性是在岁月风雨中打磨出来的。正如古希腊亚里士多德说的："一切城邦既然都是这一生长过程的完成，也该是自然的产物。"这种"自然的产物"是各种历史元素、各种社会元素耦合，天人合一博弈的结果。无视城市文化历史积淀的一面、风雨雕塑的一面，就必然是拔苗助长。如果没有独特性、历史熔铸的个性，所谓城市就成了没有灵魂的砖瓦石木的物质堆积。

文化特质（cultural trait）是组成文化的最小单位，城市文化是由个性元素来衡量的。因此城市文化创新的一个重要维度是尊重和发现城市文化个性，不搞大一统。必须恪守尊重城市文化个性的法则，倡导城市生态的自然哲学，依循城市内在的生命律动，审慎地锦上添花。说到底，城市演绎的是"天道"而非"人道"。

应当明确的是，作为文明积淀之物和人的物理空间的城市，本质上应是"自然秩序"作用的结果，是历史风雨雕塑的结果。人的智慧不过是起了"画龙点睛"和"添加"作用而已，它不可能操纵城市生命的运行。文化生态学认为，文化不是经济活动的直接产物，它们之间存在着各种复杂的变量。受山脉、河流、海洋等自然条件的影响，不同民族的居住地、环境、先前的社会观念、现实生活流

---

① 梁漱溟：《中国文化要义》，上海人民出版社 2005 年版，第 35 页。

行的观念以及社会、社区的特殊格局和发展态势等,都给文化的产生和发展提供了特殊的、独一无二的场合和情境。因此,文化采借(cultural borrowing)是对外来文化元素和文化集丛的必要的创造性借鉴,当然它绝非是简单地对包括如欧美城市在内的其他城市文化形态的模仿和照抄照搬。

5. 审美趣味维度

一座有文化的城市不是光怪陆离,不是华彩遍地。"文化的外衣"是素朴的,所谓"至味不慊,至言不文,至乐不笑,至音不叫"《淮南子·卷十七说林》)。审美趣味的普遍低俗化,城市成为"经济动物型"城市,人成为"经济动物型"人,缺乏灵动、趣味,是当下中国城市文化创新面临的又一个需要认真治理的大问题。

城市文化创新首先须合乎"正义"原则。如果一个城市的"漂亮",是建立在对强势者的谄媚和对弱势者的剥夺上,这种漂亮就来路不正。进一步的问题在于:怎样才是一个城市的"漂亮"?是千篇一律的街市吗?是高耸的玻璃幕墙楼宇吗?是现代化的钢筋水泥丛林却见不到人的灵魂的高级商务区吗?是充满人工意志痕迹的各种"文化工程"吗?

这样的"漂亮"不是漂亮,而是一座城市的平庸、乏味和无奈。花里胡哨、红红绿绿的东西可以娱乐,却很难成为文化。至于各大城市作为"文化建设"标签的似曾相识的音乐喷泉、市民广场、城市高架、时尚广告牌、标准化连锁店、符号化的商业模式、千篇一律的城市绿地、风格雷同的步行街以及各种"标志性建筑",实际上都反映了当下中国城市文化上的贫乏、枯燥和困顿。

1933年伯克霍夫(Birkhoff)在《美学标准》一书中提出一个美学公式:

$$M = O/C$$

式中，M 为平衡和统一的美学量度，以数值 1 表示；O 为规则；C 为复杂性，M 等于 O 与 C 之比。客体的 O/C 越接近 1，则审美越和谐。一个城市美感的深度，实际上反映了城市社群的艺术观念。荣格（Jung）曾提出审美和艺术创造取决于人类的集体无意识，来自人类心灵深处的某些陌生的东西。在欧洲一些地方，哪怕是一个极小的集镇，也充满了浓郁的文化意趣。你能感到的是静静的历史之河、人文之脉的流淌，几缕炊烟，数堆干草，还有飘荡在风中的晚祷钟声。鲜亮的是头顶的蓝天和窗外的芳草，而不是本该质朴的城市砖瓦。

正如梁任公先生说的："趣味的反面，是干瘪，是萧索。"城市文化创新应注重城市文化内质的提升，把社群的审美趣味、精神操守的优化作为一条主线，避免城市文化建设上的功利、势利、趋利倾向。审美作为人类理解世界的一种特殊形式，审美愉悦来源于对人的本质力量的肯定。当我们以低俗、世俗甚至恶俗的东西和趣味来推广时，各种短视、偏好、浮浅和"美丽的愚蠢"就不可避免地、物型化地出现在城市形体上。它不仅会充斥今天人们的生活，还会以物型存在的方式，干预和影响今后人们的生活。这是城市文化创新的大忌，是城市文化创新所应规避的。

第 11 章
超大型城市治理的"共相"问题

"上帝创造了乡村，人类创造了城市"，一定意义上城市是自然的一个"异数"，它本身是违背热力学熵定律的，是人为行为之果，需要大量能量来维系。城市文明不仅包括建筑、器物等物性文明，更包括知识、价值、心理等智性文明，还包括管理、治理及相应的制度体系、理念哲学和新的"城市方式"，而后者，才是城市竞争力的实质所在。超大型城市作为人类的一种"巨型存在"，带来了许多革命性变革，呈现出诸多治理上的"共相"（universal）[①]。对超大型城市问题进行抽象，可以看到至少有六个突出的方面，构成了当下中国超大型城市治理的轴心。

一、城市"规模"治理

城市规划就是试图组织一种能量作用于城市的发展，使城市能有序发展。工业文明产生以前，城市基本上是无"规划"的，城市是"自然"成长的。它得益于人们有限利用自然资源。工业革命后人力开始大规模改造自然系统，城市膨胀，开始由量的增加到质的变化，导致原有的城市结构不能适应新的规模，产生大量"城市病"。超大型城市产生后，"城市规模"更成为一个新的问题，也成为城市治理的一个基本方位。

城市规模治理就是如何把一个地缘城市规模控制在一个合理的阶位上，它既包括了对城市物理体量的治理，也包括了解决好城市扩张引发的文化、人性、心灵等问题，还包括了城市间的平衡问题。如中国新生中小城市与发达国家有巨大差距，美国有 800 多个 10 万人口以下的小城市，德国 70% 的人生活在 10 万人口以下的小城市中。欧洲只有英国有 800 万人口的城市，而百万人口以上的城市，德国只有 3 个，法国只有 9 个。在东亚国家中，日本大小城市数量配比也很均衡，可与欧美国家相媲美。在过去 10 年里中国小

---

① 哲学上，"共相"用来指普遍和一般。

城市没有增长，还下降了 100 多个。原因在于小城市发展成为大城市，但新的小城市没有再生。

城市规模体量持续扩大有它内在原因，我们不能简单把已进入后工业化社会的北欧国家的花园式小城，作为我国城市发展的"憧憬模式"。但中国的"城市病"很大程度上与高速"城市化"与高速"大城市化"密切相关。中国许多城市不是"生长"的，而是打造的，缺乏先天性的内在精神文化气质。超大型城市规模加剧是个既定的事实，我国北京、上海、广州、深圳四个一线城市和重庆、天津两个直辖市共六座城市构成中国超大型城市。但随着城市发展，将有更多的城市迈入超大型城市的行列。由此超级发展成为一个新的治理问题。

有学者认为，大城市不存在规模太大的问题。一个国家最大城市的人口与这个国家的总人口有关，国家总人口与首位人口高度正相关。[1] 相较于其他国家，上海人口密度并不高。这种分析有一定道理，但这只是一种技术考量。中国城市大与不大，远非是统计上的问题，也不是简单用谁的"参照系"跟谁比的问题，它更是一个"文明与人性"的问题。一座城市的物理形体（包括规模、经纬度、地区方位等）对城市社群构成极大影响。

事实上中国高速度的"城市化"、高速度的"大城市化"，都引发了错综复杂中国城市问题。《红楼梦》说"大有大的难处"，唐时顾况说的"居大不易"[2]（包括管理），是所有超大型城市的共性。但是城市规模治理，一不是简单地限制人口规模。一个城市人口规模、社群密度是由市场来决定的。二不是驱离所谓"低端人口"。美国大城市引入 1 名高科技人员，会创造 5 个劳动力需求，一名医生、一名律师，三名服务业从业人员，所谓"高端"与"低端"

---

[1] 陆铭:《大国大城：当代中国的统一、发展与平衡》，上海人民出版社 2016 年版，第 186、188 页。

[2] 唐代诗人白居易年轻时拿着诗作去长安拜谒当时的文坛领袖顾况。顾况调侃说:"长安米贵，居大不易。"乃披卷，首篇曰:"离离原上草，一岁一枯荣。野火烧不尽，春风吹又生。"却嗟赏曰:"得道个语，居亦易矣。"因为之延誉，名声大振。

的比例为2∶3。此外其中的伦理问题是，城市是谁的，为谁而存在？城市规模治理，是要研究如何把城市"文明体量"调控在合适的点上。

二、城市"伦理"治理

城市伦理治理，是考量和解决人的生存质量与城市发展之间的实际落差。城市问题林林总总，本质上每一项都事关城市大局和大众民生。有什么样的伦理，就有什么样的城市，就有什么样的市民幸福感。

城市伦理问题的实质，是城市增长与城市市民生活质量和"幸福感""获得感"之间的比率。一定意义上，城市伦理问题可以表述为：当人们的生活质量提升与城市发展平衡、"幸福感""获得感"随着城市发展同步增强，这种发展是正义的。如果城市发展并没带来人们生活质量的提升，甚至"幸福感""获得感"下降，那么这种发展是非正义的。

1967年法国哲学家和城市社会学家亨利·列斐伏尔在"城市权利"的分析中提出了"谁拥有城市"的问题，这里不是指个人直接拥有一份物业意义上的拥有，而是指每一个群体"是否能够获得就业和文化，居住在一个合适的住宅里，拥有适当的生活环境，获得满意的教育，获得个人的社会保险，参与城市管理"。20世纪60年代，巴黎的工人阶级和移民发现自己被逐渐排挤到巴黎的城市边缘，甚至再也不能接近城市。尽管"城市权利"起源和发展于巴黎特殊的社背景下，但是"城市权利"与当时其他希望建立公正空间的社会呼声相一致。

"城市权利"概念的基础是，社会公正一定与城市空间的权利有关。在城市领域，亨利·列斐伏尔的"城市权利"观念之所以重要，是因为它是关于城市市民的权利，不仅涉及城市获得城市的形体空间，同时也涉及获得城市生活和参与城市生活更为广泛的权利,涉及平等使用和塑造城市的权利,居住和生活在城市的权利。①

中国是全球最大的发展中国家,也是全球第二大经济体。但是"按人均GDP,我们是在世界80位以后","如果按照世界银行的标准,中国还有近2亿贫困人口,中国是实实在在的发展中国家"。② 中国有近四成人口居住在农村,目前城市化率约58%,大概到2020年可达60%。根据国际经验,城市化率达到70%以上,一个国家的城市化进程才会逐渐平稳减慢。重要的是,我们人均GDP还很低,更在于GDP的增长和城市的发展,如何与人们的实际生活相关联。经济增长和城市发展只有反映到人的生活质量提升、人的全面发展的实现、人成为"最大赢家",才有意义。正如中共十九大报告在论及发展时强调的:"必须坚持以人民为中心的发展思想,不断促进人的全面发展、全体人民共同富裕。"③

城市的价值在于为人的生活提升方便和效率。亚里士多德说过,人们为了生活,聚集于城市;为了生活得更好,留居于城市。马克思论述:城市本身表明了人口、生产、工具、资本、享乐和需求的集中。"生活得更好""享乐和需求"是城市的价值所在,上海2010年世博会主题"Better City,Better Life"反映了城市的这一初始命题。城市伦理治理,就是要检验城市的这一命题,检验和回答城市权利、谁的城市、谁是城市的主体、人在城市发展中位置、是否

---

① [美]戴维·哈维:《叛逆的城市:从城市权利到城市革命》,叶齐茂、倪晓晖译,商务印书馆2014年版,前言"亨利·列斐伏尔的展望"注释。
② 《李克强:中国是实实在在的发展中国家》(2015年3月15日),中国政府网,http://www.gov.cn/guowuyuan/2015-03/15/content_2834250.htm,最后浏览日期:2021年2月24日。
③ 中共十九大报告在论及发展社会主义民主政治时指出:"人民当家作主是社会主义民主政治的本质特征","发展社会主义民主政治,就是要体现人民意志、保障人民权益、激发人民创造活力,用制度体系保证人民当家作主"。在论及社会治理时指出:"为什么人的问题,是检验一个政党、一个政权性质的试金石",强调改革发展成果要更多公平惠及全体人民,"使人民获得感、幸福感、安全感更加充实、更有保障、更可持续"。在论及建设美丽中国时指出:"既要创造更多物质财富和精神财富以满足人民日益增长的美好生活需要,也要提供更多优质生态产品以满足人民日益增长的优美生态环境需要。"

实现城市共享、城市建设发展是否真正体现"以人民为中心"这些问题。

三、城市"文化"治理

与上述相关的，是城市有怎样的文化形态。城市文化治理问题的诱因在于，城市越大，文化越易趋同，越易平庸，越容易丧失个性。这已成为发展中国家大城市发展的"常态现象"。千城一面，百城同风，城市每个角落都那样理性，那样缺少耦合性，那样缺少历史风雨感，是中国城市文化灾难性的一个趋向。

文化治理与超大型城市的另一个关系是，城市文化可以在发展得较好的小城小镇"活"得很好，在大型城市中，则充满了砂砾。

除了超大型城市本身具有的趋同性外，急功近利的"文化大跃进"，形形色色的文化理性主义、功利主义，政绩取向的文化"短平快"打造工程，正大面积破坏当下中国的城市文化。而到处尘土飞扬的大拆大建对城市文化根脉、城市文化内核的破坏太严重了。

"文化建设"是当下中国城市使用频率最高的语汇之一。可是林林总总投入巨大的"文化建设"收益甚少，形式色色的"文化建设"本身缺乏文化。客观地说，中国城市文化治理其实面临了多重困惑：一是我们红红绿绿的"城市文化"有多少真正的文化？二是为何以"文化"之名的各种文化活动，"逆文化"层出不穷？三是什么才是城市文化治理的健全思维？

文化生态学认为，文化不是经济活动的直接产物，它们之间存在着各种复杂的变量。受山脉、河流、海洋等自然条件的影响，不同民族的居住地、环境、先前的社会观念、现实生活流行的观念以及社会、社区的特殊格局和发展态势等，都给文化的产生和发展提供了特殊的、独一无二的场合和情境。

需要研究的是如何立足于超大型城市的实际,从哪些方位上推进文化治理?进一步的问题是:今天很多打着"文化"名号的文化建设如何更好地合乎文化创新的内在要求?

从文化生态学观点看,应从人、自然、社会的各种变量交互中研究和把握城市文化创新和治理,特别是把握科学技术、经济体制、社会组织及社会价值观念对城市文化创新的影响。

四、城市"短板"治理

城市短板治理是一种"问题性治理""减法治理"。本质上是一种"医疗性"治理,即解决城市中存在的突出的结构性问题,把"城市病痛"减至最低最少,这是一种"寻找焦点"的能力。从"抓亮点"到"补短板",是中国城市治理必须的转型。

"补短板"源于经济学"木桶理论",指一块短板成为木桶存量的决定因素。任何事物都有短板,只是有些短板影响到全局,就是必须要解决的对象了。城市结构性短板,是制约城市发展的关键点,是影响发展全局的"枢纽性"问题。它可能是个别问题,可能是"问题群"。这些问题不只是技术性处理就能解决,必须通过规模化举措才能解决。

中国的城市化进程,不是简单的人口居住地点的转移和集中,而是城市扩张和综合服务完善、提高的一个过程。人口的增加,自然就会增加对医疗、教育、养老等综合配套服务的需求。很多城市在城市化进程中,以政府卖地建房为主要城市发展目标,虽然扩张了城市面积,却没有扩张城市的综合实力,于是出现了很多人烟稀少的新开发区、新居住区、新商业区、新楼盘等。除了基本交通路网之外,其他基础设施配套不完善,造成因房价低而使城市化人口集中,却难以获得"人民满意"的认可。目前中国城市宜居指数整体不高,受到安全、健康和交通这些突出短板的制约。

我们以不足 30 年的时间,走过了西方发达国家近 100 年的城市化路程，存在突出短板是必然的。我国处于城市化率加速期，每年有超过1 000万农村人口进入城市，造成配套设施和服务短板非常突出，人民日益增长的美好生活需要与不平衡不充分的发展之间构成新的主要矛盾。除了治理难题和乱象之外，城市建设还存在深层次的体制机制问题，例如多元参与机制的缺失问题、长效机制的低效问题等，都是城市面临的深层次治理短板。

五、城市"精细化"治理

"精细化"城市治理模式的兴起，表明了当下中国城市治理的新路向。现代人类城市是一个高密度的物理体，人流物流事流被压缩在一个有限的空间里，关联度加深，牵一发而动全身，于是"精细化"治理应运而生。作为一种治理方式，精细化的价值取向，首先在于把可能的城市风险降低到最低程度；其次在于尽最大可能，提升城市运行的质量和公共效率。

城市精细化治理压力来源于城市快速发展的需求。城市越大，系统性要求越高，对城市突发性、应急性功能约束越大。大城市牵一发而动全身，"精细"而不是"粗放"，才能应对众多的城市问题。城市越大，精细化治理的压力越大。但应看到，精细化治理虽有利于提升城市运行安全系数，但也可能导致城市生活的僵硬和技术理性的刚性，扼制城市活力。如何对"精细化"治理有比较健全的认知而不陷于一二表层，是当下中国城市治理普遍面临的问题。

近年城市精细化管理引起热议，缘由习近平总书记在2017年先后两次明确提出城市精细化管理问题。2017年2月23日至24日习近平在北京考察中提出："北京要探索构建超大城市治理体系，这也是国家治理体系和治理能力现代化对北京提出的要求。""城市管理要像绣花一样精细。越是超大城市，管理越要精细。"2017年3月5日习近平参加全国两会上海代表团审议时，谈到城市管理问题："走出一条符合超大城市特点和规律的社会治理新路子,是关系上海发展的大问题。城市管理应该像绣花一样精细。城市精细化管理,必须适应城市发展。要持续用力、不断深化,提升社会治理能力,增强社会发展活力。"

总书记讲话对于中国城市管理进入精细化时代是个极大推动。城市治理价值链的质量和核心如果缺乏精细化管理为支撑,再好的发展目标,也难有好的治理绩效。全球城市体系则正经历转型,城市管理的精细化、智能化、科技化成为全球性趋势。进入新时代的中国城市治理,特别是特大型、超大型城市治理,推行精细化管理理念和模式,已势在必行。从粗放型管理形态向精细化管理模式跨越,是中国城市普遍面临的命题。

城市精细化治理的本质,是城市资源配置的最优化、以"人"为中心的城市运行的合理化,它是一种有灵魂、有温度的"最优"管理。也就是说,精细化不只是技术网络、人工智能这些东西,而是一种更高层面上统筹安排、科学调度、绿色节能的"城市人性治理"。

但是各地推行精细化治理的共性倾向是,比较容易把精细化治理等同于"大数据治理""网络化管理""监控式管理"。城市精细化管理的灵魂,不是技术理性,而是对人的生命价值的关怀,是使城市成为更优越的生命场所。除了要重视在技术界面上推动互联网、大数据、人工智能与城市实践的深度融合,提升标准化、智能化、网格化这些之外,更重要的是要在人文界面上完善城市结构,如优化新型理念和规则体系的供给,提升城市事务中的人性指数,凸现人的价值和尊严。

城市精细化治理存在这样三个界面。

一是物理界面。城市各系统实现精细化的分类管理,即实现信息化统筹、网格化监管、精量化定则、精准化操作。实现管理的标准化(流程、目标、绩效考核标准化)、管理的网格化(信息和大数据并网联网运用)、管理的智能化(基础设施、道路交通、市容环卫、市场监管、街面治安、危机处置、社区管理实现信息技术覆盖)、管理的专业化(从城市规划到城市营运,实行低碳、绿色的专业化管理)。

二是技术界面。即形成精细化的治理手段和技术体系。主要包含两方面内容:一是如何提升城市管理中的运筹学能力和协调性功能。如北宋科学家沈括《梦溪笔谈》中"一举而三役济"的记载,就体现了技术界面的精细化管理。宋朝祥符年间一次大火,烧坏了宫殿,有个叫丁谓的大臣主持修复工程。当时"患取远土"是个很大的麻烦,丁谓就让人在大街上就地取土,街面很快挖出很大沟渠,然后"乃决汴水入堑",引汴水入渠变成航道,再用竹筏船只将建材物什运进来。宫殿修毕,把废弃的砖瓦、碎屑、灰土回填沟渠,又恢复成原先的街道。一举多得,省下大量工程费用,且环保节能。二是如何提升城市规制体系的精细化,即在城市结构、组织体制方面兴利除弊,实现城市结构上的精进。

三是人文界面。即把人的价值置于城市治理的中心点上,一切考量从"人"出发而不是从"物"出发。立足城市历史和传统、社会心理等各种基础因素进行科学配置,优化合乎人性的都市多元空间结构,提升"城市人性指数"。比如在构筑越来越多的公交专用道、机动车快车道时,同样要构筑"慢行空间"供人活动;比如在构筑越来越多的"标志性建筑"、大型公共时尚场所的同时,要注重人的居住本位,把更多资金用在居民的"人本空间"上;比如在构筑越来越多的"中心商务区"时,要更多保护"住文化",防止中心城区人居荒漠化、异质化。而在更高哲学层面上,还要注重城市的弹性地带、模糊空间、精神草地对于城市活力的涵养功能。

上述三个界面中,"物"的界面是基础性的,主要是要解决好如何实现从粗放型治理向精细化治理转型,推动互联网、大数据、人工智能与城市管理深度融合的基础性建设。

"技"的界面是中观性的,主要是要解决城市资源配置的合理化、技术手段的科学化和城市营运的效能化,即实现城市各系统的数字化、全覆盖、无缝隙、低缺陷的技术手段现代化。城市治理价值链的质量如果缺乏精细化支撑，再好的治理目标也难以实现。①

"道"界面才是最高层级，其本质是要建立一种城市哲学，赢得城市治理的灵魂。当下中国城市的"精细化"治理须超越技术理性，立足于"人性"的擘画而不止于"物理"的安排，使城市更富有人性和温度。此外"精细化"并不是管得越多越细越好。把市场、社会的作用发挥到最大最优，方为精细化城市治理的高境界。要通过精细化管理推进城市升级，营建中国城市品牌的强大阵容，抢占全球城市文明的制高点。

六、城市"品牌"治理

城市品牌治理本质上是城市"角色治理"和"营销治理"，就是把城市确定在城市阵容中怎样的位置上，或者说在城市体系中担纲怎样的角色。在城市快速扩张中，特别是在"超越型"的城市发展和"赶潮式"的城市模仿中，绝大多数城市都很容易迷失自我，找不到自己的精确定位。中国大部分城市是缺乏个性品性和"品牌"效应的。缺乏品牌意识和品牌营建能力，是当下中国城市特别是超大型城市的另一个共性问题。

城市品牌是一座城市在文明街市中的"门牌号"，是立于世界城市之林的个性标识。城市品牌的本质，是城市个性和城市文化特色，是城市独特的风格风情。世界上有品级的城市，都是"品牌城市"(brand city)，而有影响力的品牌城市群(brand city group)是一个国家综合竞争力的重要组成部分。它背后是城市质量、城市信誉、城市法治与政策、公共教育、城市历史与文化的综合体现。

2016年6月20日国务院办公厅印发《关于发挥品牌引领作用推动供需结构升级的意见》(国办发〔2016〕44号)，提出"品牌基础建

---

① 秦德君:《城市精细化的灵魂》,《深圳特区报》2019年5月14日。

设工程"等任务。2016年11月26日"2016中国城市大会"提出"建设品质城市"。① 2017年5月9日国家发展改革委、中宣部、工业和信息化部、农业部、商务部、工商总局、质检总局、国资委、食品药品监管总局9部门联合召开"中国品牌日"通气会,并发布首个"品牌日"主题"深化供给侧结构性改革,全面开启自主品牌发展新时代"。2017年4月24日国务院批准《国家发展改革委关于设立"中国品牌日"的请示》,确定自2017年起每年5月10日为"中国品牌日",随后举办了首个"中国品牌日"活动。②"品牌日"活动有利于提升品牌意识,培育发展城市品牌。它代表着中国供给结构和需求结构的升级方向,代表着"中国速度"向"中国质量"的深刻转变。上海正在以全新的姿态实施品牌战略,响应国家"发挥品牌引领作用"的要求。在全力打响上海服务、上海制造、上海购物、上海文化"四大品牌"的大行动中,上海的自主品牌正在成为主力军和先行者。

2016年8月29日上海市政府办公厅印发《本市贯彻〈国务院办公厅关于发挥品牌引领作用推动供需结构升级的意见〉的实施办法》的通知(沪府办发〔2016〕38号),提出"做大做强产品(企业)品牌""深化国资国企品牌建设""推进行业(区域)品牌发展""加强上海城市品牌建设",在城市品牌上,提出开展"品牌上海"形象塑造、探索"上海品质"区域品牌建设。

2018年4月13日上海市委常委会专题研究打响上海"四大品牌"

---

① 由中国城市报社、中国国土经济学会联合主办(贾渊培:《2016中国城市品牌建设研讨会召开》,《中国城市报》2016年12月9日)。

② 2014年5月10日习近平总书记提出"推动中国产品向中国品牌转变";2017年3月5日李克强总理在《政府工作报告》中提出"打造更多享誉全球的中国品牌"。2015年年底国家发展改革委联合质检总局,组织品牌发展研究机构、专家学者和企业代表等就品牌发展问题进行研究。在此基础上结合供给侧结构性改革要求研究起草并向国务院上报《关于发挥品牌引领作用推动供需结构升级的意见》。2016年6月国务院办公厅印发这一《意见》。2016年11月国家发展改革委、质检总局会同有关部门向国务院上报《国家发展改革委关于设立"中国品牌日"的请示》,对"中国品牌日"日期选择、活动内容和组织工作等提出建议。2017年4月24日国务院批准该请示,确定自2017年起每年5月10日为"中国品牌日"。

问题。2018年4月24日上海市委市政府召开全力打响"四大品牌"推进大会,同时印发《关于全力打响上海"四大品牌"率先推动高质量发展的若干意见》以及全力打响"上海服务""上海制造""上海购物""上海文化"品牌四个"三年行动计划"①,在全面服务国家战略中加快构筑新时代上海发展战略优势。

从品牌存在问题看,我国城市建设存在的普遍问题,一是重打造、轻发展。城市发展有着强烈的行政意志印记,赶超式的"改天换地",带来了物理面貌上的"日新月异",但隐藏着大量内在质量上的隐患,更造成大量先天性人文品质的缺失,城市历史文化特性和城市个性隐约不见。二是重形态、轻型质。习惯于以"中心广场""会展商务""城市绿地""星级宾馆""景点开发"这样一些司空见惯的路数,构建城市的主体形态。商务经济、会展经济、工程经济、旅游经济和市政建设,构成了城市改造更新的主线。三是模仿多,创意少。二三线城市抄袭模仿一线城市,一线城市则以发达国家城市为模拟。而当一些城市在某方面创新出了一些花样,雷同、模仿、抄袭之风便席卷而来,形成遍地开花之势。近年"绿色城市""智慧城市""数字城市""环保城市"等成为新的标签,一些地方又演绎成一场场尘土飞扬的大兴土木。2016年下半年开始实施"特色城市"和"特色小城市镇"建设,很多地方又落入这一套路。这种浅表化做法,使中国城市一直徘徊于粗放模式。如何从"平庸形态"迈入"品牌形态",实现城市"质"的提升,成为要解决好的深层次城市治理问题。

---

① "上海服务"品牌:到2020年服务经济占全市生产总值比重保持在70%左右,建设形成10个左右服务经济创新发展示范区,服务领域涌现出一批具有国际影响力的品牌企业。"上海制造"品牌:到2020年战略性新兴产业增加值占全市生产总值比重达20%以上,战略性新兴产业和制造业产值占全市制造业总产值比重达到1/3左右,打造2个、培育4个世界级产业集群,上海制造品牌美誉度明显提升。"上海购物"品牌:到2020年消费对经济增长年均贡献率保持在60%以上,打造2条世界级商街、10个国内一流商圈、20个特色商业街区,打响50个具有鲜明上海特色的新品牌、50个老字号。"上海文化"品牌:到2020年文化创意产业增加值占全市生产总值比重达13%以上,打造2个以上平台级新媒体、2家以上国内领先的新型主流媒体集团。

第 12 章
城市领导力：变革的方位

城市是实现"人的现代化"的历史场所。我国超大型城市治理已迈过技术理性的历史阶段，进入理念、思想、哲学为衡量标准的新城市时代。城市治理不仅要形塑城市，更要形塑"人"，促进人的全面发展。围绕建设人人都有人生出彩机会的城市、人人都能有序参与治理的城市、人人都能享有品质生活的城市、人人都能切实感受温度的城市、人人都能拥有归属认同的城市，城市领导力面临着如何担当好促进"人的全面发展"的历史重任，提供更多促进人全面发展的平台和公共空间，满足多样化、品质化、个性化需求，让城市有更多"人民性"品质，成为促进"人的全面发展"的实现之地。

一、城市领导力新议程

城市领导力决定了一座城市的"文明样式"。特大型城市治理是个"世界级难题"。面向新时代的超大型城市治理，既要注重凸现中国特色、中国精神和城市传统，又要注重遵循"全球城市"、全球科创中心建设发展的一般规律和一般法则，拓展超大型城市治理的新境界。

（1）城市治理第三次历史性转型。按照中国现代化的总体布局，上海要建成"五个中心"，实现"四个率先"并在 2020 年形成"全球科创中心"的基本框架，进而在 2035 年建成"卓越的全球城市"和文化大都市，这涉及诸多结构性、体制性问题，核心问题是如何按照"全球城市"的逻辑，提升全球资源配置功能，这是一项社会结构性的深刻变革。

社会结构（social structure）是社会体系各组成部分或诸要素之间持久、稳定的相互联系模式。社会结构的变革，是一个社会最为深刻的变革。新中国成立以来，上海已经历过两次社会结构性的深刻转型。第一次转型，是 20 世纪 50 年代。上海建立起了计划经济体制，从一个"旧上海"转型为一个"新上海"。上海成为中国计划经济体制的重镇，成为中国最重要的工业基地，担当起了社会主义建设的繁重任务。第二次转型是20世纪90年代，浦东开发开放和"先行先试"波澜壮阔，引发了中国改革开放"第二春"。上海从中国计划经济的重镇、"共和国长子"转型成为中国改革开放的"龙头"。现阶段建设"全球科创中心"和"卓越的世界城市"是上海新的结构性变革，是更为深刻的第三次历史性转型。

"全球科创中心"和"全球城市"分别有一套公认的通行标准，不仅包含了人类可持续发展的基本要素，更反映了人类城市发展的方向。从世界范围"科创中心"城市和"全球城市"的共性特征看：①其GDP总量在所在国家、地区有着相当高的比重，是一个国家和地区经济增长的引擎。②服务业在GDP所占比重都在70%以上，并且通常有非常发达的国际会展业。"全球城市"每年至少要举办150次以上有超过80个国家和地区参加的国际会议(如巴黎每年举办的国际会议300多个)。③"全球科创中心"城市和"全球城市"是名副其实的"组织之都"。如瑞士的日内瓦面积虽小，却有几百个国际组织"落户"。巴黎、布鲁塞尔、伦敦、纽约、华盛顿、斯德哥尔摩、维也纳、哥本哈根等城市都是众多国际组织的总部所在地。目前全球各类国际组织约4万多个，但总部设在中国的很少，上海"目前尚未成为企业机构总部、运输或通讯方面的国际中心"。[①]④具有高级劳动力的国际流动模式。如作为"民族大熔炉"的纽约，有近800万人口是来自世界各地100多个民族(犹太人约200万，非洲裔黑人约200万，华人约60多万)。⑤"全球科创中心"城市和"全球城市"是真正意义上的"创新之都"。如伦敦至少聚集了英国1/4的教育科研机构，年教育经费超7亿英镑，吸引着英国40%的风险投资，60%的人从事与科技研发、教育相关的行业，科技创新成果稳居世界各大城市的前列。

---

① ［英］彼得·纽曼、安迪·索恩利：《规划世界城市：全球化与城市政治》，刘晔、汪洋俊、杜晓馨译，上海人民出版社2012年版，第277页。

(2) 超大型城市治理战略方位。中国一线城市最有条件率先建设全球科创中心和"全球城市"。① 2008年《国务院关于进一步推进长江三角洲地区改革开放和经济社会发展的指导意见》首次对上海明确提出建设"世界城市"的要求。② 2016年5月22日《国务院关于长江三角洲城市群发展规划的批复》又明确提出上海要发挥引领建设"世界级城市群"的要求。2017年《上海市城市总体规划(2017—2035)》提出到2035年，上海要建成"卓越的全球城市，国际经济、金融、贸易、航运、科技创新中心和文化大都市"，并建成"令人向往的创新之城、人文之城、生态之城"。上海要真正承担起"全球科创中心"和"世界城市"建设的引领之路，就要按照这一发展方向重新熔铸城市生命节律和发展形态，加快更新城市类型的战略定位，即依据"全球科创中心"和"世界城市"的城市特性、文化逻辑，对城市功能选择、经济运行方式、产业构造变革、城市资本价值等方面作出新的谋篇布局，城市的物理空间、社群的精神偏好、政府的决策模式等都应有大幅度的深层次变革。

"世界城市假说的一个基本特征，是将城市的重要性按照功能而不是简单的大小来区分"，"是城市在全球网络中的功能，而不是城市的大小决定的城市的地位"。③ 很明显，基于"全球科创中心"和"卓越的全球城市"取向的上海城市战略定位，应当进一步更新为：①世界级城市而非"区域型"城市；②市场型城市而非"行政型"城市；③服务优质型城市而非"监管型"城市；④城乡一体型

---

① 《北京市城市总体规划(2004—2020)》率先提出北京建设"世界城市"的目标。国务院在批复北京城市总体规划时对北京提出了"以建设世界城市为努力目标，不断提高北京在世界城市体系中的地位和作用"的要求。《面向2030：北京建设世界城市的战略思考》提出："首都北京应全面承担起提升中国国际影响力的责任，代表中国占据全球化的战略制高点，成为中国乃至世界的领跑城市——中国特色世界城市。"

② 具体要求是："继续发挥上海的龙头作用，加快建成国际经济、金融、贸易和航运中心，进一步增强创新能力和高端服务功能，率先形成以服务业为主的经济结构，成为具有国际影响力和竞争力的世界城市。"

③ [英]彼得·纽曼、安迪·索恩利：《规划世界城市：全球化与城市政治》，刘晔、汪洋俊、杜晓馨译，上海人民出版社2012年版，第28页。

城市而非"城乡分割型"城市；⑤低碳型城市而非"高耗能型"城市；⑥宜居型城市而非"生存艰难型"城市；⑦创新型城市而非"跟进型"城市；⑧文化内质型城市而非"工商型"城市。

一般认为，"中国城市易受制于两个方向相关联的重大变化，即与全球市场联系的开放和中国内部的政府改革"①，正如城市专家们指出的：上海"所需要的政策包括，与香港一样更加的开放，市场机制的加强，持续完善社会和物质基础设施建设，以吸引外国直接投资，以及改善居住条件和提高劳动力素质"。②

北上广深等一线城市的发展状况，是中国城市现代化进程的重要变量。从上海科技发展的实际基础、积累程度和中央对上海的战略要求看，上海应当有能力实现上述新的城市战略定位，率先成为中国城市新型治理的高地。目前上海正处于由本土创新扩散向国际创新中心升级阶段，面临着更为深刻的创新驱动、转型发展的动力和压力，即通过新一轮创新扩散，率先成为中国现代化的城市创新样本。

二、"五政治理模式"分析

正如世界上没有两片完全相同的树叶，世界上也找不出两个完全相同体制的国家。从国家治理体系的视角看，中国体制的特点在于它是一种"五政治理"模式，即中国共产党执政、人大代政、政府行政、政协议政、各民主党派参政，这样一种国家治理结构。

（1）党委"执政"。执政是现代政党经过宪法和法律的程序或其他政治方式，"进入"国家体制，执掌国家政权。执政具有理法上的程序合法性；领导则涉及民意、意识形态和社会认同，体现

---

① ［英］彼得·纽曼、安迪·索恩利：《规划世界城市：全球化与城市政治》，刘晔、汪洋俊、杜晓馨译，上海人民出版社2012年版，第276页。
② 同上书，第292页。

民意上的实质合法性。世界上大部分执政党都不是领导党,中国共产党既是执政党,又是领导党。地方党委担当了地方执政者的角色。其领导,是一种政治性、方向性、战略性的领导。20世纪90年代后,上海在改革开放中形成了市委"总揽全局、协调各方"的领导体制。

"五政"治理模式为构建中国特色城市治理体系奠定了基础。在最大限度发挥市场对资源配置的决定性作用的同时,优化政府组织结构,切实提升宏观调控、公共服务、市场监管、生态保护的治理能力,无疑更是提升城市治理能力和治理效率的重中之重。

(2)人大"代政"。地方人民代表大会是地方国家政权机关。人大代政之"代"在于三个方面:一是代议制之"代"。邓小平曾指出:人大制度也是代议制。人大制度除了具有现代国家代议制的一般特征外,还有党的领导、一切权力属于人民、民主集中制、民族平等与民族团结等基本原则。二是全国人民代表大会之"代"。1982年宪法明确规定"全国人民代表大会是最高国家权力机关",同时规定"全国人民代表大会和全国人民代表大会常务委员会行使国家立法权"。三是代表、代理之"代"。地方人大履行立法、监督、国家公职人员任免等职能,代表人民行使地方政权权力,代理人民执掌地方国家公共权力。

(3)政府"行政"。地方政府依据国家宪法规定的政府事权,担当了公共管理繁重事务,履行公共行政职能。地方政府与地方人大的关系,是地方国家权力(立法)机关与地方行政机关的关系,亦即"议—行"关系。一定时期在一些地方存在的所谓"强政府""弱人大"态势,是我国作为后发现代化国家建设发展过程中的一种暂时的现象。随着经济社会的发展和改革的全面深化,这种现象正发生变化。

(4)政协"议政"。地方政协作为爱国统一战线组织和多党合作与政治协商机构,履行政治协商、民主监督、参政议政的职能。民主议政、协商政治、议论民生、汇集民意,是政协的基本特点。政协不立法,但可立言;不作"审议",而是"众议",对关系城市民生的重大问题和全局性问题提出建言批评,提供决策参考。政协34个界别的构成方式,为"众意"的反映和收集进而上升为"公意"提供了体制基础。"民意"汇集、界派意愿反映,构成了地方协商民主的基础。

(5)民主党派"参政"。民主党派的地方组织担当了参与城市治理、参与重大决策听证、建言等责任。中国各民主党派是与执政党"长期共存、互相监督、肝胆相照、荣辱与共"的参政党,参政渠道一是与执政党的党际关系渠道,二是通过政治协商平台参与政事。

城市"五政"治理模式中,党委是"总揽全局、协调各方"的领导核心。地方人民代表大会是国家政权机关,代表人民行使权力。地方政府履行行政和管理职能。地方政协融会民意民智,洞开新见。民主党派地方机构共商国是,参与城市治理。这种模式体制目前是既定形式,有其自身特点。

"五政治理模式"为构建中国特色治理体系奠定了基础。"治理体系与治理能力现代化"的提出,无论国家和地方层面均面临诸多革故鼎新的任务,特别是如何深化行政体制改革,切实转变政府职能、加快法治政府和服务型政府的建设步伐更显紧迫。在最大限度发挥市场对资源配置的决定性作用的同时,优化政府组织结构,切实提升宏观调控、公共服务、市场监管、生态保护的治理能力,是"五政"治理模式的改革优化的方向。

三、城市领导力革新向度

面向全球、参与全球竞争的超大型城市治理,尽快提升治理层级,提升全球资源配置能力是作为国家治理能力现代化的重要构成,超大型治理能力现代化,至少有五方面的发展向度。

(1)从"管理"到"治理"。超大型城市要尽快从比较习惯的管制、管控、管理，迈向真正意义上的治理。管控、管制、管理是单向性、自上而下、强制性的，即政府作为管理主体，自上而下输出管理，社会和公众作为客体被动"接受"管控、管制和管理。治理是开放性、参与型、多元化的，它由社会、公众、政府多维力量构成，正如习近平总书记指出的："治理和管理一字之差，体现的是系统治理、依法治理、源头治理、综合施策。"从管理向治理的转型，是推进和提升治理能力的起点。从管理到治理不仅是认识上的提升，更是国家治理技术层面的完善。

（2）从"管治"到"共治"。人类传统社会都是一元的"他治社会"，整个社会生活是行政力量主导的"他治"——这种治政方式，有其历史合理性，但行政力量包打天下的时代已一去不返，城市中"强政府模式"已难以为继。且"他治"模式成本高昂、绩效低下，公众参与低迷，公共情绪冷漠。社会各方参与的"共治"模式，是现代城市尤其是超大型城市治理的根本之道。推进共建、共治、共享，是克服城市行政化的重要手段。

（3）从"人治"到"法治"。中国经历了漫长的"吏治—人治"社会，近现代以来则常以"法治"之名行"法制"之实。人类早期由于社会规模相对狭小和其时社会物质文化条件，人治尚可实行，随着"现代性"的发展，现代城市体量扩大，人治的"文明窘迫"日显其境。中国超大型城市应迈入法治城市，并成为法治的模范城市。都市是人类法治的发祥地，中国的法治模式应从中心城市向四周推开延伸，城市现代化的特质之一就是法治。只有法治，才具有共性抽象、整体治理、规则治事的功能和效率。没有法治便没有城市治理现代化。

（4）从"传统治理"到"现代治理"。以农耕社会为背景的治理理念、治理方式、治理制度与结构经先秦两汉、唐宋元明清，其间虽有变革，但主体结构变易并不大。宗法文化、吏治文化、血缘文化、专制文化至今影响仍盛。传统城市治理与现代城市治理的最大区别在于，传统的城市治理建立在人与自然关系基础上，现代城市治理则是建立在"人—自然—社会"三元基础之上。城市治理能力现代化就是要在城市治理理念、城市治理方式、城市治理制度与城市结构上革故鼎新,按照治理现代化的内在要求,用现代理念和先进科学的方式来治理城市、优化城市、发展城市。

(5)从"工具理性"到"价值理性"。工具理性的核心是对效率的追求,即通过对现实环境的精确计算和技术崇拜实现人本质力量的物化,实现事功最大化。价值理性则关注治理行为是否合乎城市正义、社群公平,并追求公共行为的合目的性。它不排斥功利和效率,但不以功利和效率为最高目的。工具理性解决城市"如何治理",价值理性则解决城市"治理什么"和"何以治理"。在中国城市当下发展中,"形而下"的工具理性勃发,"形而上"的价值体系孱弱。工具理性因其功利追求所驱使,治理行为多从效用最大化考量,成为各种社会问题之根源。城市治理从工具理性向价值理性(体系)转型,是提升城市治理能力现代化的迫切要求。

提升治理能力、实现国家治理能力现代化,既是全面深化改革的总目标,更是国家现代化的题中应有之义。没有城市治理能力的现代化就没有国家现代化。提升城市治理能力现代化要把握好以下几个关系。

首先是处理好政府、市场、社会的关系。《中共中央关于全面深化改革若干重大问题的决定》提出,经济体制改革是全面深化改革的重点,核心问题是处理好政府和市场的关系,使市场在资源配置中起决定性作用和更好发挥政府作用。我国 40 多年改革的核心,实际上就是在解决一个如何发挥市场在资源配置中基础性、决定性作用的问题。市场不仅是决定性资源配置手段,更是一种治理力量。一个市场不完善、市场功能不显著的大都市,治理绩效是低下的。政府部门要克制"管事偏好",减少对资源的直接配置,减少对微观经济活动的干预,把市场机制能发挥作用的地方交给市场。"看得见的手"不能成为"闲不住的手",要通过切实转变政府职能,形成市场功能和政府作用的相互协调、相互促进的治理格局。

政府与社会的关系，本质上是国家与社会的关系。社会先于国家、国家来源于社会，这是历史唯物主义的基本观点。政府作为社会的产物，在与社会的关系上其主要职能是掌舵而不是划桨，是提供公共服务，促进社会公平正义和社会稳定，促进共同富裕。政府包揽一切、包打天下，是一种高能耗、低绩效的治理陷阱。按照治理能力现代化的要求，重构城市中的政府-社会的新型关系，加快推进培育功能型社会组织的步伐，才能建立起多元化、参与型、开放式城市治理模式，推进城市现代化进程。

其次是处理好政党、国家、政府的关系。从城市治理体系视角看，城市治理体制实际上是一种"五政治理"模式，即中国共产党执政、人大代政（代议制之"代"，人民代表大会之"代"，代表、代理之"代"）、政府行政、政协议政、各民主党派参政这样一种国家治理结构。这一运行模式中，党的领导是关键。党的领导是战略性、方向性、政治性领导，即把握发展大方向和大政方针。这种"领导"是一种政治掌舵。人民代表大会是国家政权机关，代表人民行使权力；各级政府履行行政和管理职能；政协融汇民意民智，洞开新见；民主党派共商国是，参与治理国家。随着城市治理现代化的推进，如何更好地深化行政体制改革，切实转变政府职能、加快法治政府和服务型政府的建设步伐，成为提升治理能力、实现城市治理现代化的重要方面。

然后是处理好制度体系、组织体系、执行体系的关系。制度体系是一个城市的治理规范，组织体系是一个城市的科层结构，执行体系是一个城市的营运效力。三者关系中，制度体系和组织体系居核心地位。规制是一个社会结构的灵魂。制度好，城市治理就好；制度差，城市治理就差。对于超大型城市治理来说，"在重要领域和关键环节改革上取得决定性成果"并"形成系统完备、科学规范、运行有效的制度体系"是使自身获得可持续发展的渊源所在。执行体系是一个城市的"动手能力"，没有好的执行和运作能力，再好的发展愿景，也会形同虚设。

最后是要处理好顶层设计与"摸着石头过河"的关系。顶层设计与摸着石头过河是城市治理的两种思想方法。"顶层设计"是一种战略筹划、宏观调控能力，表现为战略大局上运筹帷幄、谋篇布局，擘画大政方针，"摸着石头过河"是一种循序渐进、"尊重现实"的治理能力。从根本上说，城市治理的动力和需求来自现实生活的变迁发展和全球治理的冲击，"摸着石头过河"是对现实需求的诊断、把握和遴选。这种治理方式表现为善于从现实发展中提炼治理命题、引入治理动力、确定治理任务，同时将成熟可行的治理探索上升为法规制度，及时将成熟可靠的改革创新上升为规制或面向全局的公共政策。把握好两者关系，促其相辅相成，既是提升城市治理能力的条件，也是提升城市治理能力的具体表现。

四、城市领导职能新特点分析

地方党委、人大、政府、政协以及其他相关体制，客观上构成了一座城市的治理体系。这个领导体系如何实现领导方式的深刻变革，并共同构建起多维、协同，与城市进步相适应的新型领导力，对于提升超大型城市治理效率和质量，非常重要。

（1）地方党委"总揽全局"新含义。在上海2020年形成全球科创中心基本框架、2040年建成卓越的全球城市这一任务中，地方党委担当的领导责任是如何更好地总揽全局、协调各方，动员和组织起各方力量参与其中。"总揽全局"涉及的主要问题，是如何从宏观、大局、战略的界面，确立和把握全球科创中心建设和全球城市建设的发展方向、发展进程，把控社会经济发展的全局性问题和重大政策性问题。具体来说：一是中央"四个全面"发展布局、"五大发展理念"以及中国现代化总体战略和大政方针在地方实践的贯彻率、实现率及其成本、功能与绩效；二是政治思想领导的科学化如何全面体现，如何高质量地领跑地方现代化进程；三是在全球科创中心和世界城市建设中如何创新政治运行模式、公共治理方式和促发社会政策上的"创制能力"。

围绕城市治理新的战略目标，地方党委应总体把握：①地方党委的领导是一种政治性、统筹性、战略性、把控性的领导，应体现执政党的执政地位、执政方略和执政水平。领导缺位或"事必躬亲"乃至"越俎代庖"都是不恰当的；②领导过程涉及民意、意识形态和社会认同等重要内容。"人们越来越意识到城市的成功也取决于维护社会凝聚力以及环境的可持续性。"① ③领导行为应以法定程序和组织体制来实现，通过营建审慎稳健的领导风格和提升"执经通权""奇正相生"的能力，提升领导能力。

中国有"邦州之治"的丰厚传统，地方治理有所作为的空间很大。地方党委的领导既有制度、规则方面的东西，又有政治艺术方面的东西。上海在建设"全球科创中心"和"全球城市"过程中，能否既按照国家战略布局和公共治理的统一性行事，按照"世界城市"公认的通行标准行事，又能形成自己的逻辑系统——形成地方化的相对定型、富有特色的治理构架和政治-行政"编码程序"，是考量能真正统摄地方全局和具有高效能的领导力的重要评估标准。

（2）地方人大立法和监督新要求。地方人大作为地方国家政权机构，在建设全球科创中心和全球城市过程中的主要职责是在党委领导下根据实际需要，及时供给法律规制并履行好大工程、大项目、大举措、大事项上的审议、监督职能，把控重大事项的程序性正义。

比如，如何根据城市治理的实际情况，及时供给高质量的法律规制，确保重大事项进入立法程序，使更多的事情有法可依——这当中，一方面要防止法律缺位，另一方面又要防止"滥法现象"。再比如，地方人大常委会建设如何突出"治理型"取向，即如何更加注重从立法和监督层面参与和推进城市的转型与治理，发挥地方政

---

① ［英］彼得·纽曼、安迪·索恩利:《规划世界城市：全球化与城市政治》，刘晔、汪洋俊、杜晓馨译，上海人民出版社2012年版，第53页。

权机构对于城市治理变革创新的推动作用和支撑作用。

这里还有一个应当直面的新问题,即地方人大制度创新问题。很多人大制度和结构性程序在新的历史境遇中,事实上面临着改革、完善和与时俱进的客观需求。地方人大要积极探索,为人大制度的改革、创新、完善迈出新步,上海尤其应在这方面作出贡献。

(3)地方政府公共行政新特点。"政府的任务是为所有公民提供生存、稳定以及经济的和社会的福利(这并不意味着政府直接运营或监督经济或社会)。这是现代世界中绝大多数国家的最高目标。"[①] 正如世界银行发展报告指出的,"每一个政府的核心使命"包括五项最基本责任:①确定法律基础;②保持一个未被破坏的政策环境,包括保持宏观经济的稳定;③投资于基本的社会服务和社会基础设施;④保护弱势群体;⑤保护环境。对于城市新型治理,地方政府既有战略性的政策导向,又有实际性的操作营运,除了如何更好地凸现城市新型治理的技术特征,既重视政策、法律、制度层面的社会正义,又关注治理战略、治理方法的效率和创新强度;如何体现与国际接轨的公共行政通行法则和理念,推进城市治理,特别要在三个方面跨出新步伐。

一是要在理顺政府与市场的关系上跨出新步伐。只有市场解决不了或解决不好的问题,才是政府的事。要进一步还权于市场,放手让市场在资源配置中起决定作用,尤其要减少对企业和微观经济的干预。凡属市场能解决的,就是"看得见的手"应恪守的底线。二是要在理顺政府与社会的关系上跨出新步伐。行政力量覆盖一切的管理模式已不可持续,政府要管好涉及老百姓切身利益的重大事务如食品安全、社会信用、弱势群体保护以及维护社会公平正义、保障社会秩序、实现民主法治,其他事情都应尽可能通过社会自主管理(包括发挥习俗、传统、信仰的功能)来解决。三是要在理顺政

---

① [美]迈克尔·罗斯金、罗伯特·科德、詹姆斯·梅代罗斯等:《政治科学》,林震、王锋、范贤睿等译,华夏出版社 2001 年版,第 39 页。

府部门关系上跨出新步伐。坚决遏制政府部门职能交叉、政出多门、权责脱节、争权诿责、不作为、乱作为现象以及朝令夕改、政出多门、政策打架之类的乱象。

（4）地方政协协商建言新取向。地方政协作为爱国统一战线组织和共产党领导的多党合作与政治协商的地方参政议政机构，在新的城市治理中应找到自己的角色定位。城市治理是以政府为核心的公共部门整合社会力量，运用政治、经济、法律等手段强化治理能力，提升公共绩效和公共服务品质，实现公共福利与公共利益最大化的过程。政协不可"立法"，却可"立言"；不作"审议"，但可"众议"，即重在新的城市治理重大问题中进行民主协商，提出切实建言和相应监督，并提供翔实的决策参考。

城市治理主体是多元的，政协各界别可以发挥重要作用。尤其应聚焦"民意性"问题，汇集民智民意，提升地方重大决策的公共性、民意性程度，构成更为广泛的社会参与，建构充满活力的"市民参与阵容"。

总之，地方党委是总揽全局、协调各方的"执政"；地方人大是履行立法和监督职能的"律政"；地方政府是履行公共管理职能的"行政"；地方政协是践行民主协商和监督的"议政"；工青妇等是体现广泛社会参与的"参政"。它们构成了新的城市治理和城市转型的"集体"治理架构。

五、规划力、决策力、执行力

规划力、决策力、执行力是一种国家能力，也构成了城市治理的现实能力。战略规划力决定了一座城市中长远发展的眼量、方位和高度。通过完善的战略规划，厘定发展思路，强化对城市经济、政治和社会发展的统筹指导，是推动发展、赢得未来发展先机的普遍采用的做法。提升战略规划能力是推进超大型城市治理现代化的必然要求。

1. 战略规划为什么重要

战略规划预设了一个国家的长远发展框架。通过科学审慎的战略设计，可以对中长远发展的"扇面度"作出选择和调整，也凝聚起集体行动的前行力量。同时，人类发展带着许多不确定性，正如许多思想认为的，我们正"处于一个混沌的世界之中"，尤其是当进入繁杂社会和风险社会之后，全球发展的未来格局更趋错综复杂，各种挑战不断加剧，战略规划成为"把秩序加给这个混沌世界"的手段，成为推进国家治理、迈向兴盛的必需之举。

战略规划本质上是基于对社会不确定性、社会发展不完善性的洞察和救济，也是基于社会生活可以通过审慎规划以臻完善，以优化人的生存这样一种预期。

人类文明大量堆积后，社会发展形成既定秩序后，一个国家一个民族更为深远的发展并不能靠被动性的适应来获得，而要靠"自觉的筹划"来赢得，善于对社会发展目标、走向和结构体系作"与时迁徙，与世偃仰"的修正（revising）、重组（recombination）和再排（reordering）。一个缺乏良好战略规划能力的国家，是缺乏长远竞争力和后发能力的。近现代历史的政治发展表明：正在实现现代化之中的当今世界，谁能组织政治，谁就能掌握未来。

战略规划体系可分为战略、大战略、总体战略。"战略"一般用来指较为长远的行动规划。1979年美国《军事及有关名词辞典》对战略作了比较简洁的界定，认为战略是在平时和战时发展和应用政治、经济、心理、军事权力以达到国家目标的艺术和科学。它强调的是战略的"艺术"与"科学"这一双重特征。第二次世界大战时期美国几乎所有的战略思想都源自英国，战争结束时美国新创了"国家战略"概念并付诸实践。"国家战略"自那时起成为战略思想中的新产品。

"大战略"是战略结构中更为宏大的构想和布局，比"战略"更具广幅性、长远性。早在1830年德国军事理论家和历史学家克劳塞维茨（Clausewitz）就提出过"大战略"的理念。而被称为"20世纪的克劳塞维茨"的古典战略家李德·哈特（Liddell Hart）强调，大战略是"较高级的战略"(higher strategy),它比战略的层级更高,正如战术是战略在较低层面的应用一样,战略是大战略在较低层面应用。大战略的任务是为协调和指导一切国家资源(或若干国家的资源)"以达到战争的政治目的"。20世纪另一名战略大师富勒(Fuller)指出,"大战略"有两大核心任务:一是为评估其国家的经济和财政地位,并发现其优劣之所在。从大战略的观点来看,素质与数量,人力与物力,都同样重要;二是了解其国民的精神特征,其历史、社会,以及政府制度。

第二次世界大战时曾任盟军中国战区参谋长的魏德迈(Wedemeyer),被认为有着高超的战略判断能力。他曾在1947年作出过"两年内中共军队将取得最终胜利"的著名判断。他认为大战略是使用一切国家资源,以达到国家政策所界定的目标的艺术和科学。无论过去、今天还是未来,构筑大战略不仅需要科学精神,更需要高超的政治前瞻能力以及历史意识。这正如富勒说的,"大战略家必须是饱学的史学家、远见的哲学家、敏锐的战略家"。

"总体战略"则是具有多位性、关联性结构的战略类系。总体战略用来解决整体性、互为变量性的国家重大问题。法国思想家、战略大师博弗尔(Beaufre)最早提出了"总体战略"(total strategy)这一概念。我国经济—政治—社会—文化—生态"五大建设",坚持全面小康、坚持深化改革、坚持依法治国、坚持从严治党"四大战略"布局以及创新、协调、绿色、开放、共享"五大发展理念",具有明显的"总体战略"特征,也更需要运用总体战略的思维方法予以实施和协调推进。

一个不争的事实是,今天人类已进入了"战略政治"的时代。我们不仅需要构筑战略的能力,更需要擘画大战略和总体战略的远见卓识。21世纪"知识创新"在社会政治领域的最大表现,是如何在国家治理和长远可持续发展上谋篇布局,作出凸现生存价值、合乎历史逻辑、赢得未来发展的战略筹划和选择。

战略设计的灵魂是整理事项,排列优先,选择"最佳"的行动路线。战略规划和设计本质上属于政治规划学的范畴，总体上它涉及三方面内容：一是确立阶段性核心目标和布局；二是找出目标与实现目标之间"最短的直线"，即行动路径、实施方法和保证条件；三是界定在更大战略体系中的相对位置以及对于整体的变量系数。

战略设计的第一境界是"理想境界"，即基于"合目的性"的取向，依据"意志偏好"，追寻完美的战略构图。这一境界模式的突出特征是理想化，急躁冒进乃至"乌托邦倾向"。古今中外，这种战略规划模式曾经非常普遍。我国历史上也曾多次出现脱离实际片面追求不切实际的"高大上"目标这种状况。

战略设计的第二境界是"科学境界"。"科学理性"至上，求真为其首则。所谓"没有硬要事实迁就观点，而是让观点以事实为依据"，战略行为立足于对现实和历史环境的适应。但在科学理念下，线性思维、工程方式、理性主义尤为突出，习惯于以科学领域的实验和逻辑方式来解释和谋划国家—社会事务，以科学实验逻辑强加于并不简单等同于科学实验领域的国家—社会治理，并习惯以"工程方式"来营运。

战略设计的第三境界是"艺术境界"。治国理政是一门科学，更是一门艺术。这一模式注重"从经验本身中吸取其灵感"，从过去—现在—未来的历史逻辑中寻择国家治理的方位和行动线路，超越"1+1=2"的线性思维而寻求更为灵活适应的良性发展。其秉承的理念、战略取向乃是一种"可能的艺术"(the art of the possible)，只有立足于现实与历史的实际，可能性才会成为现实性。

战略设计的第四境界是"哲学境界"。战略行为从"合目的性"与"合规律性"的相统一上，从工具理性与价值理性、主体性价值判断(人的尺度)与客观事实和真理(物的尺度)的相融合上，来构造中长远发展图式。所谓"盛衰之理虽曰天命，岂非人事也哉？"把积极事功作为有意识地去赢得未来发展和解决集体生活种种难题的一种尝试，能臻达自然观、社会历史观和认识论相一致的哲学高度。在这一模式中，应了博弗尔的那句话："人类命运的决定一方面要看所选择的是何种哲学，另一方面又要看他选择的战略以使其哲学理想得以实现。"

都说"细节决定成败"，其实，人类的城市经验是"战略决定成败"。世界格局正日趋分化而变得复杂。通过科学审慎的战略规划确定中长远发展目标，推动社会发展，提升综合竞争力，成为越来越多国家愈益重视的做法。我国推进国家治理体系与治理能力现代化的现实要求，"十三五"各项重大目标的实施以及本世纪中叶全面实现现代化的愿景，不仅决定了战略规划的重要性，更决定了提升战略规划的水准、质量和境界的紧迫性。

2. 决策力是城市治理的核心能力

治理就是决策。我国全面深化改革、推进国家治理现代化，根本上依赖于有高质量的公共决策。十八届三中全会《关于全面深化改革若干重大问题的决定》提出"构建决策科学、执行坚决、监督有力的权力运行体系"，就是要全面提升决策、执行、监督的质量，加快国家的现代化步伐，这当中决策是关键。没有正确、科学的决策，执行力和监督力都谈不上。

国家治理的本质是决策。但决策不是"决定"，决策是一个由多要素构成的复杂过程，是在多种备选方案中遴选出或组合成"最佳"的决策方案付诸实践并进行评估、反馈和调整优化的技术流程。西蒙(Simon)说过，"管理就是决策"。公共决策之所以重要，因为现代公共事务和集体目标大部分是通过决策来解决的。

决策能力关乎一个国家、一个社会、一个组织的盛衰成败。亨廷顿(Huntington)认为："一种政治体制首先必须能够创制政策，即由国家采取行动来促进社会和经济改革，才能成功地处理现代化面临的问题。"[①] 统计表明，百年以来世界范围内倒闭的大企业大公

---

① ［美］塞缪尔·P.亨廷顿:《变化社会中的政治秩序》，王冠华、刘为等译，生活·读书·新知三联书店 1989 年版，第 127 页。

司 85% 是由决策失误导致的。比起企业决策，公共决策更具有社会性和广延性。企业决策面对的是市场，公共决策面对的是整个社会。高质量的公共决策造福社会，劣质的公共决策则是一个社会的灾难。

国家是由人们需要它提供服务而存在的。一个社会之所以需要公共决策，是需要它来解决私人无法解决的公共问题。人类决策领域的漫长经历，特别是我国改革开放以来的实践表明，一种称得上是"优质的"决策能力，至少包含了三方面的内容。

（1）"寻找焦点"的能力。即是否善于确定决策焦点，在纷繁复杂的现象丛林中遴选出最关键、最紧要、最"四两拨千斤"的问题，并甄别其层级列入决策流程。而在更大范围上，确定焦点是为政治发展的选择方位、提供政治变迁的动力。在问题群落中找出关节点，并善于聚焦"第一层级"和"枢纽性"问题，是一种非常重要的能力。

（2）"敢于决断"的能力。大部分公共问题是错综复杂的。最关键的问题往往决策难度越大，风险越巨。良好的决策能力不仅在于有高超的敏感力，善于抓住焦点，还在于敢于作为、敢于决断。我国改革步入了攻坚期和深水区，在决策领域更需要有敢于攻坚克难、敢于担当决策的品质，尤其对于体制性、结构性、存量性问题敢于面对、勇于解决。敢于决断的胆识和勇气是"决策力"的灵魂。

（3）"选择路径"的能力。一项决策不仅包括了要解决的问题，还包括了解决问题的路径和方式。不仅要求确定解决的"问题选择"是合理的，而且要求解决问题的"路径选择"也是合理的。善于选择那些最简捷、社会交易成本最低、产出效能最大的路径和方式来谋篇布局、实施推进，才能确保决策的高效能和高收益。

3. 切实提升城市治理的执行力

没有好的执行力，就谈不上好的国家治理效能。由于国家治理战略、国家治理的重大决策最后都归结于行动层面，因此比起战略能力、决策能力，执行力是一种更为现实的治理能力，深刻影响公共治理效能和局面。

简单说，执行力是根据战略规划和业已确定的目标予以实施、推进的能力和效率。现代国家行政系统中，执行力作为国家治理和地方治理的行动力，本质上是个实践性命题。执行力不仅在当今治理实践中备受关注，同时也成为政治学、行政学和管理学研究的热点。

现代国家治理都是特定国家结构下的治理。我国是"单一制"国家，公共治理具有统一性、垂直性。地方政府的权限由中央政府授予，地方政府行政过程的"执行"性质非常突出。这一国家结构，使执行力的功能、效率和质量更加凸现。由于我国幅员辽阔，自然和社会条件差异性大，东中西部发展极不平衡，社会经济发展的落差很大。要在"单一制"制度结构和幅员辽阔地理结构这两个特定条件下更好地推进国家治理现代化，强化执行力就成为相当重要的问题，它甚至决定了一个地方的发展面貌。

执行力在"单一制"结构中有着特别重要的变量意义。但是执行力的问题不仅存在于地方治理层面，也存在于国家治理的各个结构和层面。提升执行力，应作为我国推进国家治理能力现代化、强化政府行政效能的一项基本建设。

从我国全面深化改革和城市治理的实践看，城市治理中执行力存在的问题呈现三种形态。

（1）"执行不力"。即应付性完成"规定动作"，缺乏实质性的贯彻主动性，执行行为习惯于做"减法"。如前述我国是"单一制"国家，法理上地方权限由中央政府授予，客观上很容易形成等待和依赖上面"指令"的局面。一些地方甚至"指令"下来也不作为、应付作为、消极作为。我国正面临自20世纪80年代改革开放以来新一轮改革的压力和机遇，特别需要"敢吃螃蟹"、敢于担当。但是由于"敢作为"比起"不作为"来，客观上面临的风险可能更大，因此明哲保身、"守摊子过日子"在一些地方成为一种"理性选择"。我国当下治理实践中出现的执行力疲软，此种类型居多。

（2）"执行乏力"。习惯于做"抄表工"，缺乏强有力的执行营运能力。由于实际治理能力的孱弱，所谓"心有余而力不足"，"机械性行政"成为常态。这一类型在地方治理层面特别是基层治理层面较多存在。无论是深化新一轮改革，还是有效提升治理层级；无论"十三五"目标的展开，还是整个现代化战略进程的推进，都需要不期修古，唯变所出，摒弃旧观念、开拓新境界，具有过硬的治理能力。但不少政府部门习惯于旧思维、老套路，表现为典型的"本领恐慌、能力不济"，以日常事务处理替代公共治理。这在很大程度上抑制了我国治理现代化整体水准的提升。

（3）"执行偏力"。不能精准地遵循中央大政方针和治理思路，而是随心所欲或"偏移式"执行。其行政过程的着力点，不是聚焦于重大公共问题和人民群众最直接、最关心、最实际的问题，而是我行我素，天马行空，甚至"游戏式"行政。具体表现：一是不求甚解，歪嘴和尚把经念歪；二是站在本地区本部门立场，以"结合本地实际""创新"等名义将各种重大治理举措、重大决策进行选择性、偏好性的实施；三是好大喜功，热衷表面文章，搞形式主义和形象工程。这种"偏锋式"的执行力，是现阶段影响我国公共治理绩效的第三种典型类型。

规划力、决策力、执行力事实上构成了超大型城市治理能力的逻辑链条。规划力框定战略方向，决策力抉择治理主线，执行力决定实际营运。国家治理效能很大程度上取决于这三方面。执行力不仅是一种"按图施工"的作业能力，更是一种结合本地实际推进工作的"再创造"能力。在执行力上可以比较清晰地检视出包括政府部门、社会团体、企事业组织等在内的各种行政结构的性能、素质和综合能力。

任何应付性、机械性、照本宣科性、能力不济性行为，都不可能构成好的执行力。至于我行我素、任意偏好的乱作为，更构成对执行力的消解。要整体性提升我国公共治理的执行力，就要对"执行力"本身进行必要的治理，矫治执行不力、执行乏力、执行偏力，构建优质高效的新型执行力。

首先要建构"规范的执行力"。行政过程不仅要程序合法、职权合法，更要合乎"实质正义"。要达到这一目标，就要通过明确行政责任、强化行政处分和行政处罚来规范行政行为，对不当行政行为进行强有力的监督和处罚。其次要建构"融通的执行力"。即注重在全面准确理解贯彻中央大政方针的基础上融会贯通，不遗漏、不变形、不随心所欲，同时不机械、不僵化。最后要建构"创新的执行力"。执行力的生命不在于表面的亦步亦趋，而重在得其神，师其意，实现真正意义上的执行力创新。

这里有一个需思考和把握的问题，即如何界定执行力的自由裁量权？由于执行力具有现场性、操作性和应变性，任何执行力存在一定裁量空间。这种裁量空间也是与我国的国家结构和地域辽阔的特点相适应的。我国重大决策具有总体性和高覆盖性，但在幅员辽阔条件下，行政效率的空间递减是个客观问题。从政治学观点看，现代政治体系，不管其本质如何，都要有强健的地方行政管理，只有建构自由裁量、运用恰当合理的地方执行力，使之成为治理加力站，并形成一种"再创造"，才能有效遏制效率递减这一问题。

毫无疑问，自由裁量空间对于执行力十分必要，本土化、创新性对于执行力不可或缺。但"裁量"不能任意，更不能成为权力设租、寻租的空间。要按照《中共中央关于全面推进依法治国若干重大问题的决定》提出的要求，"建立健全行政裁量权基准制度，细化、量化行政裁量标准，规范裁量范围、种类、幅度"，使裁量空间成为执行力的"能量加载"过程。

六、"结构性治理"与"问题性治理"

城市治理能力现代化，破解"世界级难题"，关键在于对公共决策的治理界面有切实把握。现代国家治理有两大重要界面。

1. 结构性治理

即注重解决结构性、体制性问题。改革进入深水区，国家治理和地方治理都进入诸多体制、机制、制度层面，诸多的改革任务都必须敢于、善于"啃硬骨头"，这就要求必须注重结构性治理，推进制度创新，让社会主义中国焕发更强劲的生命力。这是公共决策的治本之道。

我国确立了实现"各方面制度更加成熟、更加定型"的目标。党的十八大以来出台了一系列推进国家治理体系与治理能力现代化的重要文件，如《中共中央关于全面深化改革若干重大问题的决定》《中共中央关于全面推进依法治国若干重大问题的决定》《中共中央关于制定国民经济与社会发展第十三个五年规划的建议》等。这些纲领性文件从不同角度提出了一系列治国理政重大任务，都是"结构性治理"的任务。

2. 问题性治理

即注重回应解决人民群众"最关心、最直接、最现实"的问题，诸如就业问题、交通出行问题、食品安全问题、环境污染问题，它们与人们实际利益息息相关。十八届三中全会的《中共中央关于全面深化改革若干重大问题的决定》提出60项改革事项，都是影响我国发展全局的重大问题和与人民群众利益相关的"三最"问题。

但一个时期以来人们普遍感受到一些地方的城市治理表面化、空泛化。缺乏对改革、开放、发展有实质性的推进，在治理体系与治理能力现代化上缺乏实质性突破，大量人民群众"最关心、最直接、最现实"的问题未能有效解决。一方面是公共部门的日常忙碌，另一方面是公共问题的日积月累。这种现象，一是造成公共资源空耗，大量人力物力时间精力消耗在治理"主渠道"之外。二是丧失机遇，延宕改革大势。很多显而易见的改革命题一再延宕，蹉跎岁月，丧失改革大好时机。三是只"说"不练，丧失公信力。各种现实突出问题不能有效解决，丧失的不仅是公共资源和大好时机,更是公信力、凝聚力、向心力的流失。公共决策要聚焦并注重结构性治理和问题性治理,才合乎决策科学化和公平正义的要求,也才能开创出改革开放的新局面。

七、确保理性决策的几个支点

按照治理体系与治理能力现代化要求,构建城市新型执行力,破解"世界级难题",应当秉承创新,融会贯通,实现理念、能力、效率的有机统一。确保理性的公共决策有几个重要支点。

(1)"胆怯原则"。科学、理性的决策要敢于、善于决断和担当,但它以"安全"为底线。"胆大"易于妄为,"胆怯"方能审慎。正如达尔(Robert Alan Dahl)指出的:"一些重要的决策,常常都是采取一种渐进的方式,而不是盲目的冒进……往往能够避免重大的灾难。"一项公共决策的社会投资(包括信誉投资)是巨大的,其政治、文化、历史、技术方面的影响也相当深远。一旦决策失误,再要回头,代价非常高昂。因此决不能任性和挥斥方遒,要以"战战兢兢,如履薄冰"的态度审慎进行公共决策。

(2)"反诘原则"。良好的决策必须"经得起"所谓反诘。一项决策特别是重大决策必须经受社会正义、道德伦理、公秩良序以及民意的、专业的、证伪的多维考量。反诘包括了论证、听证、公示等环节,但论证、听证、公示等不能代替反诘。反诘是确保公共决策质量、规避决策失误和重大失误的重要环节。反诘是公共决策出台的底线,未经"反诘"或经不起"反诘"的决策,是不具备出台条件的。

(3)"防偏好原则"。公共选择理论对于决策行为的假设是,决策过程存在大量偏好,决策行为受到个人利益或部门利益的影响。无论政府部门还是利益集团,公职人员还是社区公民都如此。孟德斯鸠曾指出:即使是国家法律制定也"总是要遇到立法者的感情和成见"。所谓"原则可能是永恒的,利益却总是处于变化之中",出于部门利益、群体利益、地方利益的各种偏好,事实上不断影响着决策的焦点和决策实施的实际效果。由此秉承"防偏好原则"是决策理性化须遵循的原则。决策过程应注重"察看公共精神在该过程里占多大优势",才能屏蔽和排除各种偏好,确保决策不偏离公共利益之道。

(4)"追责原则"。决策责任追究制和责任倒查制已是世界通行法则,它是确保"有权不可任性"、遏制乱作为、不作为的制约手段。

推进城市治理能力现代化,要更为广泛、严格地推行这一法则,按照《中共中央关于全面深化改革若干重大问题的决定》关于"建立重大决策终身责任追究制度及责任倒查机制,对决策严重失误或者依法应该及时作出决策但久拖不决造成重大损失、恶劣影响的,严格追究行政首长、负有责任的其他领导人员和相关责任人员的法律责任"的要求,厉行责任追究制,并以相应法律的、行政的、党纪政纪的处罚制度作配套,以遏制和减少决策领域的任性行为,有效提升我国公共决策的质量。

决策追责与"创新容错"应构成联动,它们是一枚硬币的两面。上海、深圳等通过立法先后推出鼓励创新的"免责条例",这是对"创新艰难性"的理解和尊重。凡立足于推进改革发展的探索创新且未造成特别重大损失的,其失败应免于追责。政策创新"容错原则"包括两方面:一是容许探索创新"结果"的失败;二是容许政策创新在投放社会后有一定时间的"延迟反应"和完善调整的空间。

(5)"放管服原则"。好的决策,一定是简约的,产生于简政放权、放管结合、优化服务的改革中。简政放权是全面深化行政改革的核心任务,而其核心,是转变政府职能。"冗兵繁政"是人类政治的惯象,在任何权力形态中都存在。简政放权是个历史性命题。简政放权的程度,是检验超大型城市治理"现代性"(modernity)的重要尺度。

改革开放后"简政放权"贯穿于国家治理各个阶段,更成为十八大以来行政体制改革的主线。城市体制改革要紧扣"放管服"这条主线，政府部门要管好涉及老百姓切身利益的重大事务如食品安全、社会信用、弱势群体保护以及维护社会公平正义、保障社会秩序、实现民主法治等，其他事情，都应尽可能通过市场配置和社会自主管理（包括发挥习俗、传统、信仰的功能）来解决，并在各个领域提供好公共服务。

八、"单一制"与城市治理创新

城市治理是特定结构下的治理。中国是"单一制"国家，公共治理具有统一性、垂直性。中国幅员辽阔，东中西部社会经济发展极不平衡，发展"极差"很大。在"单一制"结构下如何强化地方治理创新的问题，是个非常突出的体制问题。

幅员辽阔，行政效率的空间递减是必然的。地方领导力只有真正担当"治理中轴"，成为治理动力站，才能有效减少行政效率的递减问题。

要在"单一制"结构和幅员辽阔这两个特定条件下，推进地方治理创新，城市领导力要解决好三个方面的突出问题。

一是如何使地方政府更好地担当起行政法理主体角色，即成为一线治理创新的"发动机"。由于地方治理权限由中央政府授予，地方治理创新很容易形成依赖统一指令、习惯做"转发器"这一行政惯性。按照国家治理体系与治理能力现代化的要求，"单一制"结构条件下的地方政府，事实上有两方面最基本的任务：首先是如何贯彻落实好中央大政方针和各项工作要求；其次是如何从本地实际出发，形成富有特色的地方治理和"编码系统"。后者尤为重要，它是能否实现我国制度自信的重要变量。

我国重大决策具有总体性和高覆盖性。各地方政府既要有战略性、贯彻性的治理承接，也要有创造性的营运操作，在贯彻实施中形成一种"再创造"。在公共治理地方化方面形成合乎本地实际情况的治理逻辑和治理理念，在贯彻性行为与创制性行为的有机结合上，把握恰到好处的平衡与比率。各级基层政府也应更好地担当起治理创新任务，加强探索性和创造性，探索富有特色的基层治理创新模式。

二是如何进一步简政放权，大幅度下放行政权力，使地方治理创新有更多自主性和决策权。事实上，这已经成为检验我国治理体系与治理能力现代化实际进程的一个显性指标。

在整个改革开放过程中，历届中央政府都把"简政放权"作为行政体制改革的核心任务。正如李克强总理指出的：十八大以来，根植于对国情的清晰认识以及对人民和市场充分信任，中央多次强调和布置简政放权工作，以腾出手来考虑稳增长、控通胀、防风险，保持经济持续健康发展等重大问题。可以说，什么时候有真正的简政放权，什么时候就有真正的地方治理创新和活力。

三是如何更加从实际出发，根据不同地区社会经济发展的现状、条件，出台治理举措和公共政策。我国制度结构具有统一性，但公共治理应有更多的灵活性和针对性。由于我国地区差异大，社会经济发展极不平衡，同一治理举措和公共政策投放到不同地区，治理收益是不确定的。区域性"政策损耗"一直是我国公共管理领域存在的突出问题。

更好地处理好、把握好统一性与地方性的关系，尊重各地不同的地方特性和社会经济现状，是一种国家治理的"政治艺术"。它要求在筹划城市改革发展各项任务、制定公共政策、推出改革举措时，更多地区别对待，精准投放，分而治之，既有统一性，又保持灵活性。这不仅是有效遏制"政策失灵"的需要，更是破解"世界级难题"，提升城市治理效能，实现治理产出最大化的必然选择。

结 语
创造城市地平线的新奇迹

21世纪是人类名副其实的城市时代。牛津大学一项对全球750个最大城市发展趋势和市场机会的研究,测定到2030年这750个城市的GDP将占到世界的61%,其中中国上海2030年GDP总值将达到7 340亿美元,上升为全球第二名(第一名为纽约,GDP总值约8 740亿美元)。

上海是中国的"城市样本"。作为中国城市现代化的第一梯队,上海城市治理处于前沿,遇到和解决的问题具有先期性。在改革开放40年的节点上,立足超大型城市发展和治理的实际,发掘历史,聚焦问题,分析特性,厘清逻辑,对于新时代推进我国城市治理有特殊的意义。

重要的是,上海城市治理集中反映了当今中国超大型城市的治理特性和共性命题。超大型城市作为一个社会体,其体量规模与治理之间构成了深刻的变量关系。今天国家治理,是通过城市治理来体现的,国家与地区进步是通过城市进步来表达的。很多城市的治理命题,都产生于"超大"这一基点上。"规模的这种意义意味着,它本身也是政治的一种形式。"[1] 正如一个国家的幅员与政策效率之间构成了相关性一样,城市体量变化,城市之"大"之"超大",与城市集体行动和公共生活也构成了紧密的相关性,从而成为影响城市效率的新变量,带来了治理新命题。

从人类文明进程看,从原始聚居地到城市再到大城市,是城市文明第一个里程碑。"高密度的城市生活,不仅有利于保护自然生态,而且还能刺激创新","高密度都市中面对面的人际交流、多元文化的碰撞,自古以来就是人类进步的引擎"。[2]

如前述,超大型城市是人类城市文明的第二个里程碑。超过1 000万人口的超大型城市成为人类有史以来最巨大、最复杂的聚

---

[1] [美]卡洛琳·加拉尔、卡尔·T.达尔曼、艾莉森·芒茨等:《政治地理学核心概念》,王爱松译,江苏教育出版社2013年版,第159页。
[2] [美]爱德华·格莱泽:《城市的胜利:城市如何让我们变得更加富有、智慧、绿色、健康和幸福》,刘润泉译,上海社会科学院出版社2012年版,第2页。

落集群，构成一种新的"城市方式"，也成为城市文明的一种新"型"。城市之大，超出了人口体量概念而成为城市新的治理变量。比如：

城市愈大，治理的内在科学性要求越高，城市规整度压力越突出，国际化驱动力越强。

城市愈大，人口越多，城市集体行动愈复杂，人的行为特征可能愈原子化。

城市愈大，现代化设施更新愈快、系统性愈强。城市愈脆弱，城市变得愈不可预测。"倘若柏林所有的钟表突然因不同方式坏了哪怕一个小时，它的整个经济和商业生活就要受到一段时间的破坏。"①

城市愈大，能耗越大，实现低碳、节能、便利、绿色的压力愈大。上海能耗监测平台显示，2016年上海中心城区的公共建筑单位面积年平均用电量比非中心城区高出12.5%，公共建筑单位面积年平均耗电量增7%。2014年至2016年上海建筑总面积增幅54%，年耗电总量增幅57.1%。②

城市愈大，分工愈细，人愈单质化、客体化和边缘化。人"在庞大的雇佣和权力组织面前成了一粒小小的灰尘"，"一种理性的精于算计的心态取代了传统的人际交往形式"。③ 而"科技的发展产生了一种新的可能性的感觉或自我创造的感觉，无归属的感觉，一种恐惧、多疑、怀旧的城市心态"。④ 如何凸现人的生命价值，保持

---

① ［美］丹尼尔·约瑟夫·蒙蒂、迈克尔·伊恩·博雷尔、林恩·C.麦格雷戈：《城市的人和地方：城市、市郊和城镇的社会学》，杨春丽译，江苏凤凰教育出版社2017年版，第120页。

② 上海市住房和城乡建设管理委员会、上海市发展和改革委员会：《2016年上海市国家机关办公建筑和大型公共建筑能耗监测及分析报告》(2017年5月)，上海建设工程咨询网，http://www.scca.sh.cn/search-detail.html? id=508e2cd6-6d15-45b3-afba-8a10f18c5d02，最后浏览日期：2020年10月27日。

③ ［美］丹尼尔·约瑟夫·蒙蒂、迈克尔·伊恩·博雷尔、林恩·C.麦格雷戈：《城市的人和地方：城市、市郊和城镇的社会学》，杨春丽译，江苏凤凰教育出版社2017年版，第120页。

④ ［英］彼得·布鲁克：《现代性和大都市：写作、电影和城市的文艺社群》，杨春丽译，江苏凤凰教育出版社2015年版，第7页。

丰富人性特质，成为新的城市问题。

城市愈大，"居大不易"，越考验城市"初始命题"，即城市如何为人和交易提供福利和效率。超大型城市商务成本持续攀升，城市生活压力和创新难度与城市体量构成正相关关系。

城市愈大，创新和体制创新压力愈大。"多少世纪以来，创新总是来自集中在城市街道两侧的人际交流。"①

总之，城市规模体量扩张，正引发诸多"从量变到质变"新的治理命题，使超大型城市治理成为当下最具现代性的社会景观。我国超大型城市治理的核心问题是如何按照"全球城市"这一方向熔铸城市运行的生命节律和发展形态，更新城市治理类型的战略定位，依据"全球城市"和"全球科创中心"的城市特性、文化逻辑，对城市的国际形象、功能选择、运行方式、规制变革等，作出新的谋篇布局。城市的物理空间、社群的精神偏好、政府的决策模式都应有深层次的变革，从管理向治理转变，从社区向社会扩展，从行政性向社会化变革，从传统型向现代性推进，从单一性"他治"向多维性"共治"转型，实现城市社会结构性的深刻变革。

比如城市经济，深层次问题是如何从"政府型"经济，转型迈入真正的市场经济。构建经济增长的深层次驱动力，从市场博得内生活力，强健经济增长的原动力。政府要担当利益平衡者和市场激活者的角色，本质上是如何转变政府职能的问题。从城市治理现代化要求看，政府应成为"治理型政府"而不是"经济型政府"，要强化市场配置。比如不断攀升的城市商务成本，导致创业成本和创新风险升高，导致社会运营成本升高，还引发各方面成本翻新，加剧创业、创新的艰难性，成为可持续发展的制约因素。根据经济学人智库（The Economist Intelligence Unit，EIU）《2017年全球城市生活成本调查》，上海排名下降了五位，排在全球第16名，但仍是国内生

---

① ［美］爱德华·格莱泽：《城市的胜利：城市如何让我们变得更加富有、智慧、绿色、健康和幸福》，刘润泉译，上海社会科学院出版社2012年版，第7页。

活成本最高的城市。EIU 解释是由于消费者信心降低和人民币对美元汇率走低，中国城市生活成本有所下降。最新《2018 年全球城市生活成本调查》中，上海仍是国内生活成本最高的城市，排在全球第 21 位（深圳第 23 位、北京第 46 位、广州第 62 位）。根据上海易居研究院发布的报告，2017 年北京、深圳、上海、三亚 4 个城市房租占居民收入高于 45%。城市商务成本畸高，成为一个"城市合法性"问题。要把抑制商务成本作为政府职能主项之一。比如社会发展，"大城市，弱社会"形态基本没改观。上海万人社会组织拥有量远落后于发达国家水平，发达国家每万人拥有社会组织数 50 个，上海是每万人（户籍人口）9.3 个/（常住人口）5.5 个。这些组织中，参与型社会组织匮乏，社会组织能力不足。《上海社会组织发展"十三五"规划基本指标》提出 2020 年上海每万人拥有社会组织数预期目标：每万人（户籍人口）11 个/（常住人口）6.5 个，与发达国家距离仍相当大。再比如超大型城市形态上，通过"功能置换"，中心城区人居稀、商务化，越来越"人居荒漠"。人是城市的中心，"居住"是城市文化最本原、最有生命力的母体。有文化的都市一定是"居住型"的。要发展"住文化"，遏制中心城区"人居稀""商务化""高端上班区"的发展形态。

超大型城市治理必须有更开放的思维和更新的观念。如全国一线城市出于控制人口规模和提升城市层级的考虑，近年程度不同地清理所谓"低端人口"，成为一种"规模化行为"。清理掉的不仅仅是庞大的外来人口，更是包容多元的城市品质。

城市是一个自然生态系统，需要各行各业，"富裕人口和贫困人口涌入城市，使得城市地区充满了活力"。① "城市可能是非常不平等的地方"，"但贫困往往代表着一座城市正在良好的运行中"。② 城市通过市场交易聚集"各式人等"，是实现群体结构自然选择的历史

---

① ［美］爱德华·格莱泽：《城市的胜利：城市如何让我们变得更加富有、智慧、绿色、健康和幸福》，刘润泉译，上海社会科学院出版社 2012 年版，第 9 页。
② 同上书，第 237 页。

场所。城市作为一种社会公共空间，本身是经社会长期选择并经历长期进化过程的产物。一个城市"最合理"的群体规模，是通过自然选择实现的，不是"清理"、刚性"规划"出来的。

一座城市不能只有高科技、高学历、智能化的劳动力，还得有各层级的劳动力市场作为支撑，"阳春白雪""下里巴人"应各得其所。刚性管控使城市群体趋于"单质化"，阻碍人口更新，会大幅度提高老龄化，还会对城市的长远发展构成结构性制约。哈佛大学经济学教授爱德华·格莱泽(Edward Glaeser)指出硅谷的问题在于："利用价格杠杆将技能水平较低的人以及雇用他们的企业彻底地排除在外"，"硅谷的另一个重大缺陷在于它是一个产业单一的城市"，"产一单一的城市从长远来看是没有前途的"。①

更重要的是，还涉及城市的伦理精神。中国一线城市不能城市基础设施建设上去了，城市品质却掉下来。2016年6月3日国家发改委发布的《长江三角洲城市群发展规划》指出："城市包容性不足，外来人口市民化滞后。长三角城市群是我国外来人口最大的集聚地，也是外来人口落户门槛最高的区域之一。城市群内约有2 500万人未在常住城市落户，未能在教育、就业、医疗、养老、保障性住房等方面均等化享受城镇居民基本公共服务。"

是什么让一座城市伟大？是它的包容性。无论一座城市的物理形态多么先进，只要它缺乏包容性和开放精神，就与真正的世界级城市拉开了距离。"全球城市"的根本特征是它的多元性和包容性。要从"限量思维"转向"开放思维"，让基础设施"承载量"适应城市规模发展，而不是相反。

全球城市体系正经历深刻的转型，以产业链为特征的空间经济结构，正转变为以价值链为特征的空间经济结构。新一轮科技革命和产业变革正在重塑世界经济社会新秩序。城市治理价值链的质量

---

① [美]爱德华·格莱泽:《城市的胜利：城市如何让我们变得更加富有、智慧、绿色、健康和幸福》，刘润泉译，上海社会科学院出版社2012年版，第31页。

和核心如果缺乏精细化为支撑，再好的发展目标，也难有好的绩效。

像"绣花"一样治理城市，提升中国城市在全球经济体系中的能级，是必须的。从粗放型管理形态向精细化治理跨越，是中国城市普遍面临的命题。但上海精细化治理，要站到一个哲学高点上。

城市精细化治理的灵魂，不是技术理性，而是对人的生命价值的关怀，是使城市成为"更优越的生命场所"。精细化不只是"细致化"，而是一种科学调度、统筹安排、绿色节能的"智慧管理"。城市精细化技术管理也并非只是推行网络化、人工智能、大数据这些东西，而是城市资源配置最优化、以"人"为中心的城市运行合理化，它是一种有灵魂、有温度的"最优"管理。要通过精细化管理推进城市升级，营建中国城市品牌的强大阵容，抢占全球城市文明的制高点。

国际城市专家们认为，"中国城市易受制于两个方向相关联的重大变化，即与全球市场联系的开放和中国内部的政府改革"①，指出"全球化对城市政治和政策形成了挑战，并且这种挑战的影响正在扩大"。② 这种挑战突出表现之一，是行政力量覆盖一切的模式已不可持续。更好地适应"外部的"全球化，更好地推进"内部的"政府改革，即如何"推进政府层面的改革创新，提供有效制度供给"③，是超大型城市治理创新的灵魂。

而随着时间发展，将有越来越多的超大型城市出现在城市地平线上。超大型城市治理将成为一种具有新特征的城市方式。而超大型城市作为"城市群"的灵魂的引领，它的区域示范、引领功能将日益突出。长三角一体化是典型的以超大型城市为核心的"区域治理共建"模式。作为新时代区域发展和全局发展的新引擎，长三角

---

① ［英］彼德·纽曼、安迪·索恩利：《规划世界城市：全球化与城市政治》，刘晔、汪洋俊、杜晓馨译，上海人民出版社 2012 年版，第 276 页。
② 同上书，第 1 页。
③ 《李强：唯有拿出"改革开放再出发"的决心和勇气，才能赢得新优势掌握主动权》，《文汇报》2017 年 12 月 23 日。

一体化包含了诸多需把握的价值方位。

第一，长三角一体化不是行政架构和治理模式的一体化，它以保持区域多样性为前提。区域是人类一切活动的空间条件，不同区域环境形塑特色各异的社会经济方式。长三角一体化不是要抹平特色特点，而是要在建立统一开放的产品、技术、产权、人力资源等市场的基础上，实现产业结构的错位竞争，实现城市间"分工协作"和交融互补，这是"一体化"的内在动力。

第二，长三角一体化是 1+3>4，实现更大公共产出，是对现有社会经济营运方式的超越。须在充分尊重地方政府发展权能和各主体利益的前提下，提升协同层级。如江浙沪已形成的"1+7"都市圈空间协同规划和交通一体化等"八大行动"，上海与苏州、无锡、南通、嘉兴、宁波、舟山、湖州七城市实现"90分钟通勤及产业协同"等，就体现了整体产出的最大化。

第三，长三角一体化的基础是文化，应发挥好文化的熔铸功能。长三角的文化基础是江南文化，自东晋至晚清江南文化趋于规整并以南京、扬州、苏杭为核心辐射周边地区。江南文化的开放性、包容性以及商业精神的创新性，应成为长三角一体化的内在支撑和灵魂。

第四，长三角一体化是更强的市场导向，而不是管制的强化。全球范围内经济一体化的实质，是实现生产要素更强劲的自由流动。早在 2008 年国务院推进长三角改革开放和经济社会发展的指导意见中，就确立了长三角"实现生产要素合理流动和资源优化配置"的价值目标。要消除阻碍生产要素自由流动的一切障碍，促使资源配置最大市场化。

第五，长三角一体化发展，着眼点不仅在长三角，更在撬动整个长江经济带和华东地区、沿海地区发展。除了要形成区域联动集群外，更要在全球价值链、空间布局、产业协调、公共服务、研发合作、城市治理与文化融合等方面，实现区域性创新发散，构筑更多领先高地,更好地服务国家发展大局。①

根本上,新时代的超大型城市治理要围绕人展开,尤其要重视围绕"促进人的全面发展"进行制度创新,进一步强化城市的人本价值。深入研究和实施"人人都有人生出彩机会、人人都能有序参与、人人都能享有品质生活、人人都能切实感受温度、人人都能拥有归属认同"的制度安排和政策设计。

"伟大的城市不是静止不变的,它们不断地发生着变化,并且引导着整个世界。"② 新时代,中国要创造城市地平线上的新奇迹。

---

① 秦德君:《长三角一体化的价值方位》,《上海机关动态》2019年第5期。
② [美]爱德华·格莱泽:《城市的胜利:城市如何让我们变得更加富有、智慧、绿色、健康和幸福》,刘润泉译,上海社会科学院出版社2012年版,第152页。

主要参考文献

一、马克思恩格斯著作

《马克思恩格斯选集》(第一~第四卷),人民出版社 2012 年版

《马克思恩格斯全集》(第二卷),人民出版社 2006 年版

二、领导人著述

邓小平:《在武昌、深圳、珠海、上海等地的谈话要点》,《邓小平文选》(第三卷),人民出版社 1993 年版

邓小平:《视察上海时的谈话》,《邓小平文选》(第三卷),人民出版社 1993 年版

邓小平:《一靠理想二靠纪律才能团结起来》,《邓小平文选》(第三卷),人民出版社 1993 年版

江泽民:《全面建设小康社会,开创中国特色社会主义事业新局面》,《江泽民文选》(第三卷),人民出版社 2006 年版

胡锦涛:《高举中国特色社会主义伟大旗帜,为夺取全面建设小康社会新胜利而奋斗》,《胡锦涛文选》(第二卷),人民出版社 2016 年版

胡锦涛:《坚定不移沿着中国特色社会主义道路前进,为全面建成小康社会而奋斗》,《胡锦涛文选》(第三卷),人民出版社 2016 年版

习近平:《决胜全面建成小康社会,夺取新时代中国特色社会主义伟大胜利》,《习近平谈治国理政》(第三卷),外文出版社 2020 年版

习近平:《开放共创繁荣 创新引领未来——在博鳌亚洲论坛 2018 年年会开幕式上的主旨演讲》,《习近平谈治国理政》(第三卷),外文出版社 2020 年版

三、政策文献

《中共中央关于坚持和完善中国特色社会主义制度,推进国家治理体系和治理能力现代化若干重大问题的决定》(2019 年 10 月 31 日)

《中共中央关于全面深化改革若干重大问题的决定》(2013 年 11 月 12 日)

| 主要参考文献 |

《长江三角洲区域一体化发展规划纲要》(2019年12月1日)
《国务院关于进一步推进长江三角洲地区改革开放和经济社会发展的指导意见》(国发〔2008〕30号,2008年9月17日)
《国务院关于长江三角洲城市群发展规划的批复》(国函〔2016〕87号,2016年5月22日)
《中华人民共和国宪法修正案》(2018年3月11日)
《中华人民共和国城市居民委员会组织条例》(1954年12月31日)
《中华人民共和国城市居民委员会组织法》(1989年12月26日)
《中华人民共和国地方各级人民代表大会和地方各级人民委员会组织法》(1954年9月21日)
《国家中长期科学和技术发展规划纲要(2006—2020年)》
国务院:《关于第六批取消和调整行政审批项目的决定》(2012年10月10日)
国务院:《关于取消和下放一批行政审批项目的决定》(2014年2月15日)
国务院:《关于第二批取消152项中央指定地方实施行政审批事项的决定》(2016年2月)
国家发展改革委、住房城乡建设部:《关于印发长江三角洲城市群发展规划的通知》(发改规划〔2016〕1176号,2016年6月1日)
中华人民共和国科学技术部:《国家创新驱动发展战略纲要》(2017年1月17日)
中国社科院:《中国城市发展报告(2012)》(2012年8月14日)
《中共上海市委关于深入贯彻落实"人民城市人民建,人民城市为人民"重要理念,谱写新时代人民城市新篇章的意见》(2020年6月23日)
《中共上海市委关于制定上海市国民经济和社会发展第十四个五年规划和二〇三五年远景目标的建议》(2020年11月25日)
上海市人民政府:《上海市城市总体规划(2017—2035年)》(2018年1月4日)
中共上海市委、上海市人民政府:《关于进一步创新社会治理加强基层建设的意见》(2015年1月6日)
《中共上海市委关于制定上海市国民经济和社会发展第十三个五年规划的建议》(2015年12月16日)
《上海市政府工作报告》(2018年1月23日)
上海市人民政府:《上海市国民经济与社会发展第十三个五年规划纲要》(2016

327

年1月)

《上海社会治理"十三五"规划》(2017年4月)

《上海市制造业转型升级"十三五"规划》(2016年5月23日)

首都科技发展战略研究院:《中国城市科技创新发展报告2017》(2017年9月14日)

四、专著

梁漱溟:《中国文化要义》,上海人民出版社2005年版

杨小凯:《经济学原理》,中国社会科学出版社1998版

陆铭:《大国大城:当代中国的统一、发展与平衡》,上海人民出版社2016年版

汤敏、茅于轼:《现代经济学前沿专题》,商务印书馆2002年版

张工、卢映川、张远:《北京2030:世界城市战略研究》,社会科学文献出版社2011年版

陆军:《世界城市·研究:兼与北京比较》,中国社会科学出版社2011年版

五、主编作品

陆学艺主编《中国社会建设与社会管理:对话·争鸣》,社会科学文献出版社2011年版

马克垚主编《世界文明史》(上卷),北京大学出版社2004年版

周弘、[德]贝娅特·科勒-科赫主编《欧盟治理模式》,社会科学文献出版社2008年版

许纪霖主编《帝国、都市与现代性》,江苏人民出版社2006年版

六、工具书

《中国大百科全书·经济学》(第一卷),中国大百科全书出版社1988年版

《中国大百科全书·政治学》,中国大百科全书出版社1992年版

《中国大百科全书·社会学卷》,中国大百科全书出版社1991年版

七、报纸杂志

陈忠:《城市社会的"总体性"及其伦理营建》,《光明日报》2017年2月6日

秦德君:《打造"全球城市"文化内核》,《文汇报》2017年2月28日

秦德君:《让更多社会组织"强筋健骨"》,《文汇报》2017年6月14日

秦德君:《突出制度供给,让市场的活力更澎湃》,《文汇报》2018年2月5日

秦德君:《上海怎样打造一流营商环境》,《解放日报》2018年2月6日

李海兵:《从制度入手加强社会诚信体系建设》,《学习时报》2017年10月23日

新一线城市研究所：《以后请不要再说"北上广深"：2018中国最新1—5线城市排名出炉》，《第一财经周刊》2018年4月26日

《李强：唯有拿出"改革开放再出发"的决心和勇气，才能赢得新优势掌握主动权》，《文汇报》2017年12月23日

《解读市委一号课题成果＜关于进一步创新社会治理加强基层建设的意见＞》，《解放日报》2015年1月6日

《构建井然有序充满活力社会治理新格局》，《解放日报》2018年4月14日

八、期刊文章

李炜光：《企业税费负担过重拖累经济增长》，《中国储运》2016年第12期

黄少安：《制度经济学实质上都是关于产权的经济学》，《经济纵横》2010年第9期

应松年：《从六个方面重点建设法治政府》，《求是》2014年第22期

秦德君：《大城市人口管控需要转变三种思维》，《决策》2017年第9期

[美]罗素·哈丁：《对政府的信任》，张旭译，《国外理论动态》2012年第9期

九、译著

[美]拉里·劳丹：《进步及其问题——科学增长理论刍议》，方在庆译，上海译文出版社1991年版

[英]多琳·马西：《保卫空间》，王爱松译，江苏教育出版社2013年版

[美]卡洛琳·加拉尔、卡尔·T.达尔曼、艾莉森·芒茨等：《政治地理学核心概念》，王爱松译，江苏教育出版社2013年版

[古希腊]亚里士多德：《政治学》，吴寿彭译，商务印书馆1965年版

[美]戴维·哈维：《叛逆的城市：从城市权利到城市革命》，叶齐茂、倪晓晖译，商务印书馆2014年版

[美]丹尼尔·约瑟夫·蒙蒂、迈克尔·伊恩·博雷尔、林恩·C.麦格雷戈：《城市的人和地方：城市、市郊和城镇的社会学》，杨春丽译，江苏凤凰教育出版社2017年版

[美]爱德华·格莱泽：《城市的胜利：城市如何让我们变得更加富有、智慧、绿色、健康和幸福》，刘润泉译，上海社会科学院出版社2012年版

[澳]阿德里安·富兰克林：《城市生活》，何文郁译，江苏教育出版社2013年版

[美]爱德华·麦克诺尔·伯恩斯、菲利普·李·拉尔夫：《世界文明史》（第一卷），罗经国、陈筠、莫润先等译，商务印书馆1988年版

[英]伊恩·道格拉斯:《城市环境史》,孙民乐译,江苏凤凰教育出版社 2016 年版

[美]劳伦斯·迈耶、约翰·伯内特、苏珊·奥格登:《比较政治学——变化世界中的国家和理论》,罗飞、张丽梅、胡泳浩等译,华夏出版社 2001 年版

[英]尼格尔·多德:《社会理论与现代性》,陶传进译,社会科学文献出版社 2002 年版

[美]彼得·M.布劳:《社会生活中的交换与权力》,李国武译,华夏出版社 1988 年版

[美]道格拉斯·C.诺斯:《制度、制度变迁与经济绩效》,刘守英译,上海三联书店 1994 年版

[美]威廉姆森:《资本主义经济制度》,段毅才、王伟译,商务印书馆 2004 年版

[美]史蒂芬·霍尔姆斯、凯斯·R.桑斯坦:《权利的成本:为什么自由依赖于税》,毕竞悦译,北京大学出版社 2004 年版

[奥]路德维希·冯·米塞斯:《人的行为》(上),夏道平译,远流出版事业股份有限公司(台北)1997 年版

[美]约拉姆·巴泽尔:《产权的经济分析》,费方域、段毅才译,三联书店 1997 年版

[加]简·雅各布斯:《美国大城市的死与生》,金衡山译,译林出版社 2005 年版

[美]伊利尔·沙里宁:《城市:它的发展、衰败与未来》,顾启源译,中国建筑工业出版社 1986 年版

[德]尼克拉斯·卢曼:《信任:一个社会复杂性的简化机制》,瞿铁鹏、李强译,上海人民出版社 2005 年版

[美]斯蒂文·小约翰:《传播理论》,陈德民、叶晓辉、廖文艳译,中国社会科学出版社 1999 年版

[美]马克·戈特迪纳:《城市空间的社会生产》,任晖译,江苏凤凰教育出版社 2014 年版

[英]斯蒂夫·派尔:《真实城市:现代性、空间与城市生活的魅像》,孙民乐译,江苏凤凰教育出版社 2014 年版

十、专题报告

中共上海市委组织部:《上海社区党建网格化调研的情况汇报》(2004 年)

中共上海市委组织部:《本市部分街道党工委贯彻〈中国共产党上海市街道工

作委员会工作条例(试行)〉情况的调查》(1994年4月25日)

上海市统计局市民公共文化服务调查报告:《农村基本公共文化服务设施建设有成效 文化活动宣传待加强》(2016年1月)

上海市民政局:《关于〈上海市街道办事处工作暂行条例〉修订的调查报告》(1994年3月28日)

上海市政治文明办:《改革街道现有行政体制实现社区管理网格化》(2004年)

上海市住房和城乡建设管理委员会、上海市发展和改革委员会:《2016年上海市国家机关办公建筑和大型公共建筑能耗监测及分析报告》(2017年3月)

十一、政府志/统计公报

上海人民政府志编纂委员会:《上海人民政府志》,2004年版

上海统计局:《上海市2015—2017国民经济和社会发展统计公报》

十二、网络文献

《习近平主持召开深入推动长江经济带发展座谈会并发表重要讲话》(2018年4月26日),新华网,http://www.xinhuanet.com/2018-04/26/c_1122749143.htm,最后浏览日期:2021年3月3日

《习近平主持召开中央财经领导小组第十六次会议》(2017年7月17日),中国政府网,http://www.gov.cn/xinwen/2017-07/17/content_5211349.htm ,最后浏览日期:2021年3月3日

《2017中国城市资本竞争力排行揭晓》(2017年11月18日),中国经济网,http://finance.ce.cn/rolling/201711/18/t20171118_26910955.shtml,最后浏览日期:2021年3月3日

《上海市市长应勇:深入推进自贸区金改40条》(2018年2月12日),搜狐,https://www.sohu.com/a/222511398_119663,最后浏览日期:2021年3月3日

十三、外文文献

Misra S, Maheswaran M. Hashmi S. Social Governance[M]. Springer International Publishing, 2017.

Francis Fukuyama: The Origins of Political Order —— From Prehuman Times to the French Revolution[M].Farrar, Straus and Giroux, 2011.

Peter L. Berger, Thomas Luckmann. The Social Construction of reality: a treatise in The Sociology of Knowledge[J]. Sociological Analysis, 2013.

Frick A A, Fritz P, Lewis S W. Urbantransformation of a metropolis and its environmental impacts: a case study in Shanghai[J]. Environmental Science & Pollution Research, 2012.

Samuel J. What is good governance? [J]. Journal of Chromatography B Analytical Technologies in the Biomedical & Life Sciences, 2016.

后记

本书是上海市哲学社会科学规划项目"上海构建中国特色社会治理体制战略重点研究"(2014BKS005)的成果。由于2020年的疫情,本书的整理耽搁了一些时间。

城市是人类文明进步的表征。国家治理体系和治理能力现代化,很大程度上是通过超大型城市治理来体现的。超大型城市治理是人类治理革新的新地带,它对科技创新、工业、文化和艺术等的引领推动,是其他城市无法比拟的。提升超大型城市治理层级,发挥中心城市的辐射和引领,推动中国现代化进程,是非常值得研究的问题。

正是基于这样的想法,笔者近年做了一系列城市治理项目:"改革开放40周年、建国70周年、建党100周年"系列项目——建构超大城市新型社会治理体系与创新分层战略研究(ZX201709000065)、深圳市人民政府重大课题"深圳城市制度软实力研究"(深政研〔2017〕20号)、上海市哲学社会科学规划项目"上海市特大型城市社会治理能力现代化研究"(2016XAG002)、上海市人民政府决策咨询重点课题"上海建设现代化国际大都市短板问题研究"(2016-A-011-A)、上海市人民政府决策咨询重点课题"上海特大城市社会组织能力建设问题研究"(2016-A-099)、上海市人民政府决策咨询重点课题"上海加强社会体制建设的思路与对策研究"(2009-A-05)、长三角一体化课题"长三角地区社会管理创新研究"(ELAP2012-YZD-GEN-04)、上海市决策咨询委员会重点项目"建设中国特色社会主义国际大都市领导能力研究"(ZX201303000020)、上海市智库内涵建设计划战略研究项目"构建超大型城市治理体系体制的战略重点、资源整合与实施路径研究"、上海市哲学社会科学规划课题"'人民城市人民建 人民城市为人民'制度化建设发挥示范引领作用研究"(2020BCK007)等。

"上帝创造乡村,人类创造城市",在人类所有建设中,城市是能实际运行的最庞大事物。马克思在《〈黑格尔法哲学批判〉导言》中谈到:"人并不是抽象地栖息在世界以外的东西。人就是人的世界,就是国家,社会。"城市作为人类生存空间,也是文明文化发展空间。一定意义上,城市"就是人的世界,就是国家,社会",城市越大,愈具公共性及符号意义,是人类社会的一种公共方式。

"黄鹤断矶头,故人曾到否?旧江山浑是新愁。欲买桂花同载酒,终不似,少年游。"(宋·刘过《唐多令》)

总的来说,城市作为人的生居地,要更有趣味,更有弹性、模糊性、非数字化这些品质,这是人的生物性特质所要求的。城市人的心灵,要有"诗意"的栖息地。这是作者憧憬和希冀的。

感谢复旦大学出版社邬红伟先生、责任编辑朱枫为本书付出的辛劳和所做的极具专业水准的工作。

秦德君
2021年1月17日
于沪上绿隐书屋

图书在版编目(CIP)数据

公共城市的地平线:超大型城市治理的问题、特性与逻辑/秦德君著. —上海:复旦大学出版社,2021.5
ISBN 978-7-309-15465-8

Ⅰ.①公… Ⅱ.①秦… Ⅲ.①特大城市-城市管理-研究-中国 Ⅳ.①F299.23

中国版本图书馆 CIP 数据核字(2021)第 084843 号

公共城市的地平线——超大型城市治理的问题、特性与逻辑
秦德君　著
责任编辑/朱　枫

复旦大学出版社有限公司出版发行
上海市国权路 579 号　邮编:200433
网址: fupnet@fudanpress.com　http://www.fudanpress.com
门市零售: 86-21-65102580　团体订购: 86-21-65104505
出版部电话: 86-21-65642845
江苏凤凰数码印务有限公司

开本 890×1240　1/32　印张 10.75　字数 289 千
2021 年 5 月第 1 版第 1 次印刷

ISBN 978-7-309-15465-8/F·2764
定价: 55.00 元

如有印装质量问题,请向复旦大学出版社有限公司出版部调换。
版权所有　　侵权必究